国家出版基金项目
NATIONAL PUBLICATION FOUNDATION

"十三五"国家重点图书出版规划项目

城市安全风险管理丛书

编委会主任:王德学　总主编:钟志华　执行总主编:孙建平

城市舆情风险管理

Risk Management of Public Opinion in Urban Areas

陆文军　主 编

同济大学出版社
TONGJI UNIVERSITY PRESS

图书在版编目(CIP)数据

城市舆情风险管理 / 陆文军主编. —上海:同济大学出版社, 2021.3 (2021.9 重印)
(城市安全风险管理丛书 / 钟志华总主编)
"十三五"国家重点图书出版规划项目
ISBN 978-7-5608-9665-6

Ⅰ.①城… Ⅱ.①陆… Ⅲ.①突发事件—舆论—风险管理—研究—中国 Ⅳ.①G219.2

中国版本图书馆 CIP 数据核字(2020)第 268995 号

"十三五"国家重点图书出版规划项目
城市安全风险管理丛书

城市舆情风险管理

Risk Management of Public Opinion in Urban Areas

陆文军　主编

出 品 人: 华春荣
策划编辑: 高晓辉　吕　炜　马继兰
责任编辑: 高晓辉
助理编辑: 吴世强
责任校对: 徐春莲
装帧设计: 唐思雯

出版发行　同济大学出版社　www.tongjipress.com.cn
　　　　　(地址:上海市四平路 1239 号　邮编:200092　电话:021-65985622)
经　　销　全国各地新华书店、建筑书店、网络书店
排版制作　南京文脉图文设计制作有限公司
印　　刷　上海安枫印务有限公司
开　　本　787mm×1092mm　1/16
印　　张　13.5
字　　数　337 000
版　　次　2021 年 3 月第 1 版　　2021 年 9 月第 4 次印刷
书　　号　ISBN 978-7-5608-9665-6
定　　价　68.00 元

内容简介

随着信息技术飞速发展，特别是移动互联网的普及，传播产生的能量被前所未有地放大，舆情风险成为社会治理的重要课题。城市是舆情风险的高发区，风险不确定性强，传播速度快，破坏性大，影响深远。本书将风险管理理论运用于舆情风险管理，分析引发舆情风险的主要议题、传播机理和社会心理基础，为舆情风险管理奠定基础；构建出系统性的舆情风险管理框架，为舆情风险管理提供指引。事实证明，舆情风险的动力来自传播，舆情风险的化解也主要依靠传播的力量，守住底线，对触犯法律的信息要阻断其传播链，而更多的争议则要依靠引导机制解决。本书通过结合现有理论研究和舆情风险管理的实践，特别是新冠肺炎疫情中应对各类舆情风险的实践，提出舆情引导的四个关键——传播、互动、引导、融合，拓展舆情引导理论和方法，阐述舆情引导机制对舆情风险管理的核心作用。

本书是相关政府管理部门、各类组织管理者及相关从业人员了解、学习、掌握舆情风险管理的有益读物。

作者简介

陆文军

男，主任记者，历任新华社上海分社副总编辑、办公室主任，并担任上海市青年联合会常委，上海市黄浦区政协常委，上海市黄浦区青年联合会副主席。在多年新闻工作中，采写了大量具有全国影响力的新闻报道。参考报道多次获得中央领导同志的关注，并获得各级各类新闻奖多次，曾荣获上海市五一劳动奖章。在长期新闻工作中，经历多次舆情风险事件，主导采写、组织澄清事实、辨明真相的稿件，并通过有效合理的传播方式，丰富多元的传播媒介，及时传递有温度的回应和准确的信息，消弭隔阂，缓和事态，为进一步妥善处置危机争取了宝贵的时间，营造了有利的氛围，具有较为丰富的舆情风险处置经验。

“城市安全风险管理丛书”编委会

《城市舆情风险管理》编撰人员

主　　编　陆文军

副 主 编　苑　辉　盖博华　杨晓东

编　　委　段洪涛

总序

浩荡40载，悠悠城市梦。一部改革开放砥砺奋进的历史，一段中国波澜壮阔的城市化历程。40年风雨兼程，40载沧桑巨变，中国城镇化率从1978年的17.9%提高到2017年的58.52%，城市数量由193个增加到661个(截至2017年年末)，城镇人口增长近4倍，目前户籍人口超过100万的城市已经超过150个，大型、特大型城市的数量仍在不断增加，正加速形成的城市群、都市圈成为带动中国经济快速增长和参与国际经济合作与竞争的主要平台。但城市风险与城市化相伴而生，城市规模的不断扩大、人口数量的不断增长使得越来越多的城市已经或者正在成为一个庞大且复杂的运行系统，城市问题或城市危机逐渐演变成了城市风险。特别是我国用40年时间完成了西方发达国家一二百年的城市化进程，史上规模最大、速度最快的城市化基本特征，决定了我国城市安全风险更大、更集聚，一系列安全事故令人触目惊心。北京大兴区西红门镇的大火、天津港的“8·12”爆炸事故、上海“12·31”外滩踩踏事故、深圳“12·20”滑坡灾害事故等等，昭示着我们国家面临着从安全管理1.0向应急管理2.0乃至城市风险管理3.0的方向迈进的时代选择，有效防控城市中的安全风险已经成为城市发展的重要任务。

为此，党的十九大报告提出，要“坚持总体国家安全观”的基本方略，强调“统筹发展和安全，增强忧患意识，做到居安思危，是我们党治国理政的一个重大原则”，要“更加自觉地防范各种风险，坚决战胜一切在政治、经济、文化、社会等领域和自然界出现的困难和挑战”。中共中央办公厅、国务院办公厅印发的《关于推进城市安全发展的意见》，明确了城市安全发展总目标的时间表：到2020年，城市安全发展取得明显进展，建成一批与全面建成小康社会目标相适应的安全发展示范城市；在深入推进示范创建的基础上，到2035年，城市安全发展体系更加完善，安全文明程度显著提升，建成与基本实现社会主义现代化相适应的安全发展城市。

然而，受制于一直以来的习惯性思维，当前我国城市公共安全管理的重点还停留在发生事故的应急处置上，突出表现为“重应急、轻预防”，导致对风险防控的重要性认识不足，没有从城市公共安全管理战略高度对城市风险防控进行统一谋划和系统化设计。新时代要有新思路，城市安全管理迫切需要由“强化安全生产管理和监督，有效遏制重特大安全事故，完善突发事件应急管理体制”向“健全公共安全体系，完善安全生产责任制，坚决遏制重特大安全事故，提升防灾减灾救灾能力”转变，城市风险管理已经成为城市快速转型阶段的新课题、新挑战。

理论指导实践，“城市安全风险管理丛书”(以下简称“丛书”)应运而生。“丛书”结合城市安全管理应急救援与城市风险管理的具体实践，重点围绕城市运行中的传统和非传统风险等热点、痛点，对城市风险管理理论与实践进行系统化阐述，涉及城市风险管理的各个领域，涵盖城市建设、城市水资源、城市生态环境、城市地下空间、城市社会风险、城市地下管线、城市气象灾害以及城市高铁运营与维护等各个方面。“丛书”提出了城市管理新思路、新举措，虽然还未能穷尽城市风险的所有方面，但比较重要的领域基本上都有所涵盖，相信能够解城市风险管理人士之所需，对城市风险管理实践工作也具有重要的指南指引与参考借鉴作用。

“丛书”编撰汇集了行业内一批长期从事风险管理、应急救援、安全管理等领域工作或研究的业界专家、高校学者，依托同济大学丰富的教学和科研资源，完成了若干以此为指南的课题研究和实践探索。“丛书”已获批“十三五”国家重点图书出版规划项目并入选上海市文教结合“高校服务国家重大战略出版工程”项目，是一部拥有完整理论体系的教科书和有技术性、操作性的工具书。“丛书”的出版填补了城市风险管理作为新兴学科、交叉学科在系统教材上的空白，对提高城市管理理论研究、丰富城市管理内容，对提升城市风险管理水平和推进国家治理体系建设均有着重要意义。

中国工程院院士

2018 年 9 月

序言

事成于和睦，力生于团结。

在“人人都有麦克风”的社会生态下，舆情更直接地反映社会民生，是意见传播的重要渠道。但不可否认，广大网民来自四面八方，经历各不相同，想法五花八门，可能对很多问题看不准、看不清，甚至可能误信谣言、传播谣言，引发社会争议，影响社会稳定。特别是一些自然灾害、重大事故、突发群体性事件后，如果客观真实、权威主流的声音无法得到有效传播，难免出现各种谣言传播的现象，妨碍正常救助性工作，很可能引发社会恐慌；还有很多社会转型中正常产生的、原本可以理性化解的争议，经过互联网的扭曲传播、连环发酵，可能引发严重的公共安全事件。

城市人口密集，存在着传统和非传统的风险隐患，舆情容易放大风险，可能导致很多过去难以想象的后果。这些都是我们面临的新问题。对这些新问题，我们要守住底线，坚决制止那些颠倒黑白、造谣生事的言论，不能超越法律界限。我们还要树立起“灯塔”，凝聚共同理想、共同目标，这样才能使全社会方方面面同心干，全国各族人民心往一处想、劲往一处使。

事实上，我们党一直高度重视舆论宣传工作。但是在日新月异的社会发展中，人们喜欢的内容和形式不仅随着时代变化，也随着传播方式、传播渠道的变化而变化，新媒体受众量、影响力正逐步超越传统媒体。在新传播环境下，面对新问题，需要新方法、新工具。

本书的创新之处在于高度重视舆论宣传的经验、新闻传播规律，并在此基础上，将城市风险管理的理论引入舆情风险的管理当中。解析新的传播条件下舆情的传播规律，对在当前一段时期内容易引发争议的常见议题进行剖析，做到心中有数。对各类突发事件后的舆情引导，梳理出基本的管理框架，做到心中有谱。对这些议题的传播规律、传播周期进行总结，为这类事件的应对提供参考。

本书还及时总结了在新冠肺炎疫情这场新中国成立以来发生的传播速度最快、感染范围最广、防控难度最大的重大突发公共卫生事件中，面对各种突发情况，我们的传统媒体、新媒体等协同发力、融合齐动、结成共同体、凝聚共识的一些经验。

在这类重大突发公共事件中，守住舆论阵地，引导全社会统一行动，其重要性、复杂性、艰巨性不言而喻。本书结合实际提出的舆情引导的传播、互动、引导、融合四个关键是很好的探索。传播是引导的基础，所有的引导都基于传播能力；互动是这类事件中舆情引导不可或缺的手段，互联网提高了沟通的便捷性，人只要在网上就会参与互动，这也提醒我们的广大媒体尤其是传统媒体，要善于用好“互动”这一工具，在互动中廓清模糊认识，化解怨气怨言；引导是要发挥各类媒体的优势，集中人们的注意力，对错误看法要及时引导和纠正；还要通过融合，打破传播壁垒、汇聚更多声音。

网络空间是网民生活的空间，是网民共同的精神家园。面对复杂的舆情，我们要有开放包容的胸怀，倾听、回应各种声音；也要不断借鉴各个学科的新理念、新知识、新方法来理解和应对各种新现象；但从根本上来说，只有“让党的声音传得更开、传得更广、传得更深入”①，才能在复杂的舆论场中，树立起“灯塔”，拨开迷雾，凝聚力量。

（龚心瀚）

2020 年 9 月

① 网评|让党的声音传得更开、传得更广、传得更深入.求是网，2019-01-28.

前言

沃尔特·李普曼在他1922年出版的《舆论》中说，人们对于自己没有经历过的事件产生感觉的唯一途径就是借助自己的头脑为该事件勾勒影像，人们在特定的情况下会对虚构出来的事件做出和对真实事件一样剧烈的反应；而在很多时候，那些虚构出来的事件就是人们自己参与构建出来的。

百年后，在今天的传播条件下，人们被互联网包围，人们和所处环境之间的"拟态环境"几乎就是互联网所塑造的，人们对互联网塑造的世界、传递的信息做出反应，就如同对真实事件做出反应，变得再正常不过。对虚拟世界的态度再作用于现实世界，更加迅捷、直接，威力也更大。因为依赖互联网的组织能力，这种反应具有强烈的一致性，它打破了原有的行动方式，打破了地域边界、种族边界、社群边界、职业边界。在互联网的"长尾"中，因一段时间内观念的一致性指引着行动的一致性，分散的、过去看似不足为虑的力量爆发，这有时带来正面的影响，有时却带来巨大的破坏力，影响公众情绪，破坏社会秩序，损害公众利益。互联网改变了舆情的能量级，这似乎就是舆情带来的风险。

一片树叶的"选择"看似随机不可捉摸，但一簇树叶却有向背。舆情主观、动态，看似由个体塑造，实则又具有群体选择的一致性。分析舆情风险产生的原因是为化解舆情风险建立基础。更为重要的是，引发舆情风险的技术和手段，有时也为化解舆情风险提供了"解题思路"，因为它们都遵循传播的逻辑。

梳理现有研究成果，基于快速迭代的传播环境和规律，本书将风险管理理论运用于舆情风险防控，构建出舆情风险管理的框架，为舆情风险管理提供指引。面对舆情风险，很难画出一幅地图来精准标出每一处舆情转折，但如能建立分析、引导的思维框架，便会更容易在复杂的公众声音中，寻找到解决问题的具体策略。

舆情风险来自传播，舆情风险的化解也主要利用传播，守住底线，对触犯法律的信息要阻断其传播链，而处理更多的争议则要依靠引导。互联网技术下，媒介正在改变，信息的表达方式也在改变，传统的引导方式需要不断升级：提升传播能力，确保化解风险的理性声音能够触达受众；充分互动，让公众的情绪能够在沟通中得到纾解；设置议程，引导公众议题；全面融合，汇聚不同声音，以提升引导效果。我们认为，新的传播条件下，舆情风险的处置主体应从这四个维度入手，提高舆情引导能力，降低舆情风险爆发的可能性，控制舆情风险的破坏力，减少舆情风险带来的损害。

舆情风险不可避免，在高度媒介化的社会中，它会自然涌现。我们相信，未来在技术层面，人工智能将赋能舆情风险管理，高效处理海量数据，精准掌握传播路径，识别公众情绪；但是舆情风险管理的根本，仍是要回归公众的现实生活，以舆情风险的良性化解为中心，融通各类社会关系，凝聚共识，减少负面影响，进而推动舆情风险管理效能的稳健提升。

陆文军

2020 年 8 月

目录

第2篇 城市舆情风险管理框架与实践

第1篇

城市舆情风险理论

信息技术飞速发展，改变了信息传播的方式。人们获得信息、表达信息、传递信息的方式发生了翻天覆地的变化。特别是随着移动互联网的普及，传播力量被前所未有地放大。无论是在国内还是国外，因为信息聚焦、传播而引发的各类事件不断以一种不确定的方式涌现到人们面前。有时仿佛飓风，起于微末，却会骤然放大，席卷人们的认知世界；有时一波未平，一波又起，影响人们的判断，左右人们的行为，引发人们未曾预想的突发事件，有的事件甚至影响社会稳定，危及公共安全，影响产业发展，产生不可预知的经济风险、社会风险。一旦舆情爆发，无论是政府，还是企业等各类组织，乃至个人都可能受到来自舆情的压力。

舆情研究是近年来兴起的课题，但大多聚焦于传播学、信息技术等领域，关注的主要是舆情的爆发和传播机制，对舆情风险的研究有待深入。是不是舆情爆发就一定会引发风险？舆情爆发会引发什么样的风险？舆情风险产生的原因是什么？为什么城市是舆情风险的高发地？理解这些问题，有助于我们应对舆情风险。本书首先梳理舆情和舆情风险的概念和特征，这是舆情风险管理的基础。

1 舆情的概念和特点

1.1 舆情的概念

舆情是一个熟悉而又陌生的概念。从词源考证，我国自古有之。《旧唐书》卷一百七十七记载乾宁四年(897 年)唐昭宗一封诏书中有“朕采于群议，询彼舆情，有冀小康，遂登大用”之句，但“舆情”这个词并没有清晰的概念。[1]在中国传统社会治理思想和语境中，这个词倾向于指代民意。很多诗文中，如南唐李中《献乔侍郎》中“格论思名士，舆情渴直臣”，宋秦观《与苏公先生简》中“伏乞为国自重，下慰舆情”，明刘基《处州分元帅府同知副都元帅石末公德政碑颂》中“予既敬公德，又重父老请，於是述舆情而颂之”等，舆情都是指民意。中国传统社会治理思想十分重视民意，例如，“载舟覆舟”强调民意的重要性，强调民意的政治认同感；“防民之口胜于防川”强调通达民意、疏导民心的重要性。这些观点影响深远，并经受了历史检验。但值得注意的是，那个时代民意的表达实际上很可能是通过少数精英知识分子实现的，是否来自民间，其实很难判断，和今天的表达是完全不同的。

近现代社会，“舆论”这个词走入人们视野。广义来说，只要有人类社会，就有人的言论，有言论的传播，就可能形成舆论。舆论，很容易被感受，但却很难描述；几乎每个人都会受舆论影响，但每个人在发表意见时，更愿意认为这是自己的判断，而不是舆论。可以说舆论无处不在，时刻会影响人们的认知和表达。

在西方语境中，作为一门学科，舆论学兴起于 20 世纪初，美国著名学者沃尔特・李普曼教授 1922 年出版的《舆论》一书是该学科的奠基之作。他认为，理解舆论必须厘清三方面内容：行动的环境、人们头脑中关于那个环境的图景，以及人对于从环境中产生出来的那幅图景做出的反应。[2]他探索个人化的关于外部世界的图景和感受是如何转化为“公意”的，个人的、复杂多变的印象如何产生出简洁、稳定的观念。这些探索为传播学奠定了基础。

1965 年，美国学者哈伍德・切尔德斯在《公共舆论：特性、形式和作用》一书中总结的关于公共舆论的定义多达 50 种[3]，可见这一对象多么难以被定义，也表明人们对这一现象的理解过程的复杂性。

时至今日，人们对这个从古至今一直存在并能影响社会治理、日常生活的概念仍有诸多分歧和争论。例如，我国学者陈力丹[4]认为，舆论指公众意见，舆论的主体为公众，舆论的客体为现实社会现象及问题，舆论既包含公开意见也包含未公开的意见。他认为，舆论具有相对的一致性、强烈程度和持续性，对社会发展及有关事件的进程产生影响，其中混杂着理智和非理智的成分。这些是构成舆论所必需的要素。但法国的 A.吉拉尔则认为，公共舆论不是其总数，而是个人意见的混合物。它从来就不是一致的，更不是同质的。[5]可见舆论的主体、舆论是否具有一致性，这些最基本的问题使大家对舆论的概念有较为明显的分歧。

在现实语境中，长期以来，舆论的概念在我国公众中具有较强的官方属性，民意的内涵在中国古代和西方近代被高度抽象化，尤其是在现代西方，主要和选举制度高度相关。随着互联网时代的到来，舆论、民意都较难反映现实情况。互联网时代，信息传播、聚合的方式发生巨大变化，人们的认知方式、行为习惯也随之产生巨大改变。一方面，移动互联网的普及，以及各种形式的社会化媒体（如微博、论坛、博客、微信等）的出现，使人们可以随时随地利用各种终端工具向媒体平台发送文本、图片、语音、视频等信息，快速实现信息共享、意见表达、情感交流；另一方面，用户创造的内容（User Generated Content，UGC）促进人们的社会行为、社会关系向网络行为、网络关系转化。过去以地域、国家区分人群，今天很多人因为兴趣、信仰、观念的共识而聚合，原有的界限被打破，新的界限在形成，而且这种界限是动态变化的，不同国家、机构、组织和个人的言论、信息可以通过网络迅速传播、扩散、引起大范围关注，甚至引发突发事件。

因此，今天的学者延展“舆论”的概念，倾向于用“舆情”来界定今天多元、复杂的舆论环境，包含了更丰富的内容。特别是进入 21 世纪后，具有现代意义的“舆情”概念，逐渐走入人们视野。

近年来，我国学者对舆情概念有不少论述。王来华[6]认为，舆情是指在一定的社会空间内民众受中介性社会事项刺激而产生的社会政治态度，网络舆情则主要指使用网络者（俗称“网民”）的社会政治态度。这一定义中，舆情的主体是民众，舆情的客体是中介性社会事项，也就是国家管理者权力运行的结果，它揭示了舆情的政治指向性。该观点具有较强的理论价值和现实意义，影响较大。张克生[7]认为，舆情是国家决策主体在决策活动中必然涉及的、关乎民众利益的民众生活（民情）、社会生产（民力）和民众中蕴藏的知识和智力（民智）等社会客观情况，以及民众在认知、情感和意志基础上，对社会客观情况以及国家决策产生的社会政治态度，即社情民意，网络舆情则是社情民意在网络上的反应。

今天舆情受到广泛重视，还因为由舆情引发的各种不确定风险增加，尤其是政府公信力一旦遭遇舆情质疑，其危害程度往往超出预期。因此，如何在复杂而多元化的信息中辨明真伪、把握方向、占领阵地和有效治理突发公共事件网络舆情，成为政府维护公信力、提高执政能力所面临的重要问题之一，受到越来越多的重视，也被众多专家和学者关注。如 2003 年，新华社报道胡锦涛总书记、温家宝总理等中央领导对网络舆情的重视。[8]2004 年，党的十六届四中全会通过了《中共中央关于加强党的执政能力建设的决定》，明确指出“建立社会舆情汇集和分析机制，畅通社情民意反映渠道”，把建立和完善舆情信息汇集和分析机制作为一种制度性设计和安排。2007 年，党的十七大提出“加强网络文化建设和管理，营造良好网络环境”等一系列要求，为网络文化建设和管理指明了方向。2012 年，党的十八大指出要发展健康向上的网络文化，进一步强调了促进网络内容建设、增强网络社会管理、推进网络依法有序运行的重要性。2016 年 4 月 19 日，习近平总书记在网络安全和信息化工作座谈会上指出，要强化互联网思维，利用互联网扁平化、交互式、快捷性优势，推进政府决策科学化、社会治理精准化、公共服务高效化，用信息化手段更好感知社会态势、畅通沟通渠道、辅助决策施政。因此，加强网络舆情引导，对于各级政府及相关部门在面对突发事件时提高管理水平，更好化解社会矛盾，促进社会和谐发展，实现善治，具有重要的现实意义。舆情工作的重要性正随着时代变化而日益提升。

随着传播技术的进一步发展，观察各类舆情事件会发现，舆情不仅仅局限于公共治理领域，不仅仅针对政府、政党等治理国家的行为。特别是随着市场经济的发展，各种社会力量维护社会权利、实现社会利益，人们对精神文化的追求，形成的价值观念、思想意识、伦理道德等，都是舆情的指向。政府和任何组织，如企业、行业以及其他社会组织，乃至个人都有可能是舆情的客体。舆情的概念被进一步拓展。曾润喜[9]认为，网络舆情是由各种事件的刺激而产生的、通过互联网传播的人们对于该事件的所有认知、态度、情感和行为倾向的集合。刘毅[10]认为，网络舆情是由各种社会群体构成的公众，在一定的社会空间内，对自己关心或与自身利益紧密相关的各种公共事务所持有的多种情绪、态度和意见交错的总和。丁柏铨[11]认为，舆情即民意情况，涉及公众对社会生活各方面问题尤其是热点问题的公开意见（外露部分）或情绪反应（既外露又不外露的部分）。还有学者认为，舆论在舆情基础上形成，是稳定后的公众意见，是某种观点集中后出现的。[12]

本书从舆情风险管理的目标导向出发，认为不必将舆情概念狭义化。本书所说的舆情，是新的信息技术条件下的舆论概念的发展，其内涵与过去西方语境里的“公共舆论（public opinion）”对应，是新的传播技术条件下，在一定社会空间内，任何个人、群体、组织对所关心的事务所持的情绪、态度、意见的总和。

1.2　舆情的属性：舆情世界和现实世界之间存在偏差

舆情的属性，目前学界有不同角度的分析和归纳。例如，有学者认为非常规突发事件网络舆情具有爆发性、特殊性、环境复杂性、群体扩散性和演变不确定性五个特点。[13]张玉强[14]认为，突发网络舆情具有公共性、突发性等特点，网络舆情危机是负面网络舆情的极化，在虚拟性、急聚性、扩散性和变异性等方面表现得十分强烈和明显，此外还具有爆发概率高、爆发周期短、影响范围广、危害程度深和控制难度大等特点。

本书认为这些都是舆情的属性，本书重点关注舆情风险，因此本书探讨的出发点和目的是为了更好地认识舆情风险、实现舆情风险管理。我们关注舆情爆发后产生的巨大能量，这是舆情引发风险的原因所在。更需要注意的是，舆情世界反映客观现实世界，但并不等同于客观现实世界。舆情世界存在于人们的意识中，它和客观现实世界之间常常存在巨大偏差，这种偏差造成了舆情风险的独特性。在分析其他类别的风险时，基本可以找到客观的、可测量的指标，从而识别风险源，在一定程度上对风险进行评估，对各类风险源进行排查，着力避免风险发生；在事件发生时，运用各种技术手段将可能产生的风险危害降到最低[15]；事件发生后，可以依据相关的工程技术进行处置，评估风险处置方案的收益成本和成本效率。不可否认的是，舆情风险的处置可以借鉴风险管理的通用框架，但是正如前文所述，舆情世界是一个复杂群体的主观世界的集合，它与客观现实世界有很大不同，有些规律甚至完全相反，运用风险管理理论来防控舆情风险，首先要熟悉舆情的基本属性，才能为舆情风险防控奠定基础。

1.2.1 舆情的能量

1. 个体数量决定了舆情的能量

物质的运动形式多种多样，每一种具体的物质运动形式存在相应的能量形式。在物理学中，能量与质量有内在联系。当某物质质量发生变化时，必然伴随着能量的变化。[16]舆情的能量来自群体的共识。

舆情是主观世界的集合，一旦一个群体形成了对某个事件的共识，就能产生巨大的能量，这种能量随着群体中个体的数量而变化。从广义上来说，宗教、信仰都是一种共识。在不同场景中，这些共识能产生不同的效果。

例如在商业社会，一旦形成相对一致的舆论，就能产生直接的商业价值，哪怕这种共识并不正确。20 世纪 20 年代，美国某烟草公司开发了一种主要针对女性客户的好彩香烟（Lucky Strike），试图打开女性客户这一蓝海市场，但是这家公司面临一个巨大的麻烦，就是当时的法律禁止女性在公共场合吸烟。这一规定几乎让好彩香烟的女性市场归零。于是 1929 年，好彩香烟策划了一场著名的公关活动。纽约的一次节日游行中，公司召集了一群来自纽约的时尚女孩，组成了一只游行队伍。这些女孩要做的事情很简单，就是走在纽约第五大道上，点燃一支好彩香烟，吸一口，然后高举过头顶。好彩香烟公司对到场的记者们说，这些女孩手里拿着的，其实根本不是香烟，而是象征权力的火炬。她们的姿态，甚至和自由女神像一模一样。《纽约时报》在对游行的报道中描述了这一场景。好彩香烟也借着这个机会，推出了一支广告，说正是因为自己的香烟，“一个旷日持久的偏见终于拨云见日”。这场公关活动顺应了当时女权运动的社会潮流，又赢得了女性对好彩香烟的好感。这一年，好彩香烟的销售收入大幅增加，其他品牌也开始效仿这种宣传，女性吸烟率在 20 世纪 20 年代到 30 年代中期迅速上升。[17]其实以今天的观点看，这完全是对女权的误读，从健康角度说，这一认知也完全错误，可以说是“操纵”民意，形成一种错误的舆论。但不可否认的是，一旦某个认知在某个群体中达成了一定的一致性，它就能产生巨大的能量，这一风潮甚至延伸到全世界，在中国 20 世纪 40 年代也出现过“吸烟美人”的广告。

孤立的个体意识放大为群体的合议，这是舆情的能量，也是舆情能够对社会产生负面影响，带来不确定风险的原因所在。

2. 注意力产生能量

舆情的能量来自关注，也就是人们的注意力。“一个事件，无须表明态度或意见，只要曝光，就足以形成舆论压力。曝光引发关注，是舆论最初始的也是最基本的压力施加。”[18]也就是说，舆情的能量不在于舆情的主体针对某一个具体对象发表了什么意见，而在于以公开的方式表达了这种关注。例如，我们常在外交场合听到中方发言人公开表示“中方高度关注……”。在今天新的传播条件下，文章的阅读量、点击数、转发数、点赞数，都是一种公开表达关注的体现，也是量化注意力的一种形式。人们甚至用一个事件、一个人物是否上“热搜”来衡量这个事件或人物的影响力，而并不在乎搜索者对这个人或者这个事件持什么态度，这些意见是否一致；就算搜索者没有发表意见，也已经催生了舆情的力量。“桃李不言，下自成蹊”就说明对象已经被关注，舆情的能量已经产生。

舆情世界的博弈是注意力争夺战。每个人的时间资源、注意力资源是固定的，所以商家、媒体等传播者，都在争夺人们的注意力。从这个角度看，这场争夺战是一场不折不扣的零和博弈。

理解舆情的这一属性，是为了更好地理解受众特征，不仅可以帮助我们分析在突发事件爆发时，什么类型的信息会迅速得到传播，也可以以此建立舆论引导机制的核心，即要在重大突发事件爆发时，以客观、真实、理性的信息争夺人们的注意力，避免谣言、不实信息、煽动性信息抢占公众注意力。

对人们注意力的争夺，一直是传播领域基本的问题。古往今来，我们能看到的经典传播案例是宗教信仰的传播。大众媒体的诞生使占领人们注意力具有了商业价值，报纸时代、电视时代乃至今天的互联网时代，人们利用技术手段的进步来不断改进争夺注意力的手段。1833 年，纽约有 30 万人口，一份报纸的定价是 6 美分，属于小众市场。有位 23 岁的年轻人本杰明・戴，创办了一份报纸《纽约太阳报》，只卖 1 美分。1 美分连印刷成本都不够，同行们愕然，但他靠低价把发行量做上去，然后靠广告赚钱。[17]这个逻辑到今天仍然适用，发行量反映了报纸时代人们的注意力，广告费是为了购买人们的注意力而支付的费用。到了互联网时代，注意力的争夺战继续升级，全世界都在探索如何争夺人们的注意力。博客兴起又没落，微博也日渐从爆发期走向衰落，从长文到不超过 140 字的微博，再到短视频，人们争夺注意力的探索从未停止。目前，社交网站和搜索引擎互联网巨头在注意力争夺战中暂处优势。发布信息的主体也从过去较为单一的主体，变为了更为复杂的主体，造成了舆情世界的复杂性。占据多少注意力，就有多少能量——熟悉这一特性，也就抓住了舆论引导机制建立的逻辑。

1.2.2 舆情的天平向“弱者”倾斜

我们通常认为舆情世界十分混乱，这一点很容易被直观感受到。在传统媒体时代，民意、舆论的集中性相对较强，与其说舆论是多数人的意见，不如说仍是少数群体的意见，或者说，多数人的意见只能通过少数表达者表达。到了互联网时代，表达者变成了大多数人，超过了以往任何一个时代。这也决定了舆情与权力机关的表达相对应，是普通人的表达，是相对弱势群体的表达，在很多情况下，被认为是每一名普通人争取权益的渠道。因此在有争议的议题中，舆情总是向矛盾双方中的“弱者”倾斜。

我们可以先看一个例子——医患矛盾在舆情世界中的演化。

在现实世界中，我国的医疗水平在近几十年内迅速提高。新中国成立之初，中国人的人均预期寿命只有 35 岁①；2020 年，国家卫生健康委员会发布的《2019 年我国卫生健康事业发展统计公报》显示，居民人均预期寿命由 2018 年的 77.0 岁提高到 2019 年的 77.3 岁，可以说这是整个中国基础医疗保健领域的进步。虽然我国在新药研发等基础研究领域还需要继续投入，但是不可否认的是，在很多疾病的临床诊断方面，已经达到了世界先进水平。这是现实世界的情况，但是这些现实世界里显而易见的成就却较难在舆情世界里被高度关注。

与之对应的是，医生的公众形象在近几年不断被解构，看病难、看病贵、看病乱的现象没有得到根本解决，居民对医疗卫生服务的满意度提高还不明显，住院患者医保报销比例仍处在较低水平，公立医院公益性的核心体制与机制还没有建立等情况，在舆情世界里更容易传播。近年来，关于医患矛盾的报道大幅增加，例如 2001—2016 年，《中国青年报》关于医患关系一共有 459 篇报道，医患关系新闻报道的数量在这期间有较大幅度的波动起伏，但总体呈现上升趋势。2001—2005 年，医患关系报道数量较少，五年下来平均每年有 9 篇医患关系的新闻报道。而从 2006 年开始，医患关系报道数量有了大幅度增长，此后均保持在每年 20 篇以上的水平，2012 年报道数量最多，为 62 篇。从 2011 年开始，医患关系报道数量呈现升降交错的变化情况。[19] 医患关系议题的增加，反映了现实世界中医患矛盾的增加。

这一时期，从内容的倾向性来看，公众很少关注患者行为，大多希望医院方能够做出改善。这一时期也确实出现个别医院发生在全国都影响颇大的违纪违法行为，但毕竟是少数。现实世界无法用具体数据来衡量“好医生”和“坏医生”的数量比，但是在舆情世界里，很长一段时间内，医生的公众形象相对下降，很多针对医生的负面信息通过各种媒介包括各种自媒体传播。这样的变化，并非只是大众传播关注负面消息导致的，而是在医生和患者这对矛盾中，在合法范围之内，公众天然认为患者处于相对弱势地位，大众传播会不自觉地偏向患者。如果上升到医闹甚至伤害医生等违法行为时，矛盾关系中双方的强弱发生了改变，舆情会毫无疑问地偏向医生。

舆情在矛盾中产生，而矛盾关系是动态变化的。在 2019 年 4 月 24 日上海仁济医院医生和执法警方的纠纷中，原本并不复杂的事件却引起轩然大波。很多传播者只注重渲染气氛，对事实的全过程并不关心。事情发生后，中国医师协会发表声明，人民日报微博多次发声。在传播的过程中，对事件的事实判断，转变为对医生是否该被尊重的价值判断，还有对个体医生遭遇的情感共振。

仅从舆情的倾向性来看，中国医师协会声明在微信公众号中阅读量“10 万+”，“在看”点击量也在万次以上，该声明也被多家主流媒体引用。虽然其他各类信息繁杂，从不同角度评述此事，但总体看，在事件发生 3 天之内“尊医重卫”呼声强烈，或者说强调“尊医重卫”的观点得到了

① 人均预期寿命：35 到 77 的嬗变背后.澎湃，2019-09-15.

更广泛的传播。这种传播效果很大程度上是因为在这一事件中，在这对矛盾中，医生在公众的认知中为弱势。这种在矛盾中相对弱势的地位，非常容易在舆情世界中获得更多的关注。特别是当今天的传播转变成多数人向多数人传播时，无论传播者还是接受者，都会倾向于支持矛盾中相对的弱者，这符合群体心理的同理心，是人们共情能力的体现。

从这个角度理解传播现象，很多困惑即可迎刃而解。舆情来自现实世界，但是舆情世界和现实世界之间存在偏差。在传播过程中，最初的事实判断往往会演化成价值判断，在价值判断中，社会心理、地域、社会圈层、社会发展阶段、事件发生时期都会影响个体观点，对舆情的演化产生影响。但作为普通人自我表达的渠道，在某一对特定矛盾关系中，舆情的天平会更多关注这对矛盾关系中的弱者。如果我们在遇到重大舆情争议时感到困惑，很大原因是因为没有找到事件背后真正的矛盾关系，没有看到这对矛盾关系中谁更处于相对“弱”的地位。不能理解这种强弱，也就很难处理好舆情引发的争议。

相关链接　中国医师协会就上海仁济医院 4・24 冲突的声明①

2019 年 4 月 25 日，网络上出现了一则“拒绝插队引发矛盾，仁济医院专家竟被戴上手铐带走”的帖子，引发网络热议。

综观该起事件，我们认为：

1. 在医疗机构内如果发生患者不遵守诊疗秩序的行为，首先应当由职能部门或安保部门协助维持秩序，以防事态扩大，这也是处理突发事件的一个基本原则，医院相关部门在处理类似事件时不应当缺位。

2. 发生在医疗机构内的医患冲突不同于普通的民事冲突，“尊医重卫”不只是一句口号，还应表现在具体行动中，对医务人员慎用械具也是“尊医重卫”的应有之意。

3. 医生护佑人民的健康权和生命权，警察维护社会秩序和法律的尊严。“白大褂”和“蓝警服”都是人民群众最值得信赖的职业群体，应当彼此互相支持配合。在维护医疗秩序的前提下，“尊医重卫”和尊重警察的执法权应当兼顾，医务人员应行使和遵守公民的权利和义务，配合警方执法行为。

4. 上海仁济医院 4・24 冲突作为个案应引起相关各方的思考：我们如何杜绝类似事件再次发生！相信上海警方、上海仁济医院以及本事件的患方能够互相理解、各自反思，用理性构建美好的社会氛围。

特此声明。

参考文献

[1] 孙玲芳，周加波，徐会，等.网络舆情危机的概念辨析及指标设定[J].现代情报，2014，34(11)：25-28.
[2] 李普曼.舆论[M].常江，肖寒，译.北京：北京大学出版社，2018.

① 中国医师协会就上海仁济医院 4・24 冲突的声明.“中国医师协会”微信公众号，2019-04-27.

[3] CHILDS H L. Public Opinion: Nature, Formation and Role[M]. New York: D. Van Nostrand Company, INC,1965.
[4] 陈力丹.关于舆论的基本理念[J].新闻理论,2012(5):6-11,21.
[5] 徐向红.现代舆论学[M].北京:中国国际广播出版社,1991.
[6] 王来华.论网络舆情与舆论的转换及其影响[J].天津社会科学,2008(4):66-69.
[7] 张克生.舆情机制是国家决策的根本机制[J].理论与现代化,2004(4):71-73.
[8] 刘毅.网络舆情与政府治理范式的转变[J].前沿,2006(10):140-143.
[9] 曾润喜.网络舆情管控工作机制研究[J].图书情报工作,2009,53(18):79-82.
[10] 刘毅.略论网络舆情的概念、特点、表达与传播[J].理论界,2007(1):11-12.
[11] 丁柏铨.略论舆情:兼及它与舆论、新闻的关系[J].新闻记者,2007(6):8-11.
[12] 李纲,陈璟浩.突发公共事件网络舆情研究综述[J].图书情报知识,2014(2):111-119.
[13] 张一文,齐佳音,方滨兴,等.非常规突发事件网络舆情热度评价指标体系构建[J].情报杂志,2010,29(11):71-75,117.
[14] 张玉强.网络舆情危机引导策略研究[J].理论导刊,2012(1):23-25,28.
[15] 中华人民共和国国家质量监督检验检疫总局,中国国家标准化管理委员会.风险管理 风险评估技术:GB/T 27921—2011[S].北京:中国标准出版社,2011.
[16] 李庆臻.简明自然辩证法词典[M].济南:山东人民出版社,1986.
[17] 吴修铭.注意力经济:如何把大众的注意力变成生意[M].李梁,译.北京:中信出版社,2018.
[18] 邹振东.弱传播[M].北京:国家行政学院出版社,2018.
[19] 李卓倧.新闻框架视角下医患关系报道研究[D].兰州:兰州大学,2017.

2　舆情风险的概念和特点

风险，通常指既定条件下的一定时间段内，某些随机因素可能引起的实际情况与预定目标产生偏离的情况。其概念包含两方面内容：一是风险意味着损失；二是损失出现与否是一种随机现象，无法判断损失是否出现，只能用概率表示出现的可能性大小。其数学表达式为

$$R = P \cdot C \tag{2-1}$$

式中，R 为该行动中风险的数值度量；P 为该行动中风险事件发生的概率；C 为该行动中风险事件发生造成的损失（负面影响）。

随着人类社会活动的复杂性和深刻性的加剧，风险的定义不断演化，目前学界的共识是，风险的基本核心是未来结果的不确定性和损失，风险管理就是要降低这种不确定性和损失发生的概率。20 世纪以来，风险管理在军事、企业经营管理、金融、工程技术等领域都有了长足的发展。

德国著名社会学家乌尔里希·贝克在 20 世纪 80 年代提出“风险社会”概念，丰富了风险理论，这一理论对于我们理解今天社会风险多发具有重要意义，对我们理解今天面临的舆情风险也很有启发。他提出，风险不同于 19 世纪到 20 世纪上半叶的工厂或职业危机，不再局限于特定的地域或团体，而是呈现全球化趋势。它不仅跨越民族、国家的边界，也模糊了生产和再生产的界限。[1]他在宏观层面，从科技、政治制度、全球化、工业社会去传统化的生活方式等维度分析了风险社会，并认为新社会的影响可能来自微电子学、遗传工程和信息媒介的运用。可以说，在当时他就敏锐洞悉了未来社会的变化，剖析了现代社会的复杂性、多样性，为我们理解舆情风险奠定了基石。

舆情风险与其他风险类别相比，发生在主观世界，是作用于群体行为的风险，经常伴随其他风险事件爆发，十分特殊。因此，在厘清舆情风险概念时，本书首先分析舆情爆发可能产生的不确定性风险。

2.1　舆情风险是现代社会重要的风险类型

风险社会是一个高度媒介化的社会，用麦克卢汉的著名论断来概括，“不是我们创造了媒介，而是媒介塑造了我们”，“媒介是人的延伸”。以互联网为代表的“网络媒介”和以手机为代表的“随身移动媒介”的兴起，把人们裹挟到一种媒介高度饱和的生存状态中。媒介像空气一样无

所不在，人们越来越多地依赖媒介获得体验和认知，媒介为公众设置值得关注和探讨的议题，影响群体行为。例如在社交媒体上，不仅有网红景点，还有网红拍照姿势，旅游的目的甚至就是在网红景点摆拍一张网红姿势照片，实现媒介为公众设置的目的。媒介对社会、对人们的行为产生越来越深刻的影响。媒介如此嵌入人类社会，由媒介引发的不确定性风险也越来越多。

2.1.1 高度媒介化的风险社会

我国处在高速发展时期，社会生活的巨大变革增加了各类风险爆发的可能性。外部而言，我们经历了经济全球化带来的发展机遇，也面临着全球化的新走向。内部而言，我们经过 40 余年改革开放和史无前例的经济高增长，从一个农业大国发展为制造业大国，综合国力和国际地位有了大幅提升。国家统计局 2020 年年初发布的数据显示，2019 年我国国内生产总值达 990 865 亿元，按年平均汇率折算达 14.4 万亿美元，稳居世界第二位；人均国内生产总值为 70 892元，按年平均汇率折算达 10 276 美元，首次突破 1 万美元大关，与高收入国家差距进一步缩小；经济增速在世界主要经济体中名列前茅。但经济高度发展带来的各种社会矛盾，城市化进程带来的人们生活方式的改变，40 余年来现代化进程中积累的各种潜在“症候”开始显现。同时，来自自然界的各种不确定性风险依旧时常干扰人类社会。虽然人类在处置各种自然灾害、全新病毒等方面已经有了很大的进步，但人类社会的很多新问题在遇到这些风险时，仍然会叠加出新的风险，对社会、经济发展造成巨大危害。

这样的时代变革叠加现代传播技术变革，使中国也进入了贝克所说的风险社会——我们是现代信息技术的受益者，也必须面对现代传播技术对社会治理提出的新问题。

在高度媒介化的社会，风险的呈现形态会发生变化。高度媒介化，是今天风险社会的一个重要形成条件。传播具有天然的“反常放大”效应，各种风险、危机和灾难在经过舆情世界后，非常容易被放大和扩散。在过去的传播条件下，突发事件的影响范围有限，但是新的媒介让整个社会耦合得更加紧密。在系统论中，一方面，高度耦合的系统非常有效率；另一方面，当危机爆发时，整个系统都受其影响，甚至发生崩塌。

在高度媒介化的风险社会，传媒由边缘走向中心，成为“软实力”的重要组成部分。在危机事件的处理过程中，媒介拥有了强大的话语权和影响力，影响事件的发展，产生新的影响。2003 年暴发的“非典”引发全球关注，其中不乏媒介恶意渲染北京、广州、香港等城市疫情的情况，将这些城市描述成人人唯恐避之不及的“鬼城”。

本书成稿时，新冠肺炎疫情的影响还在继续。疫情涉及地区战线长、面积广，情况复杂。2020 年 1 月 23 日 10 时起，武汉市城市公交、地铁、轮渡、长途客运暂停运营；无特殊原因，市民不要离开武汉，机场、火车站离汉通道暂时关闭。① 当日全国各地陆续启动新冠肺炎疫情防控突发公共卫生事件一级应急响应，举国抗疫。截至 3 月 10 日 24 时，据 31 个省（自治区、直辖市）和新疆生产建设兵团报告，有确诊病例 16 145 例（其中重症病例 4 492 例），累计治愈出院病

① 今日10时起 武汉市公交地铁等暂停运营 机场火车站离汉通道暂时关闭.国际在线，2020-01-23.

例 61 475 例，累计死亡病例 3 158 例，累计报告确诊病例 80 778 例，现有疑似病例 285 例。累计追踪到密切接触者 675 886 人，尚在医学观察的密切接触者 14 607 人。① 疫情带来的影响远远超过 2003 年的“非典”。这次疫情期间，居民普遍宅家，有更多的时间关注各类疫情的信息、表达意见，评论并转发。在这样的举国抗疫过程中，信息的发布量、点击率、转载量等都创下了纪录。仅以新华网截至 2020 年 2 月 24 日的统计数据为例，关于疫情的稿件累计播发 3 万余条，总访问量超过 70 亿；新华网官方微博、微信公众号、抖音号等社交媒体账号和客户端累计发布稿件 1.5 万余条，总访问量超过 31 亿；重磅微视频《人民战“疫”》《天使的逆行》《中国之诺》总访问量近 10 亿；“新华网连线湖北”总访问量超过 2.5 亿。② 截至 2020 年 2 月 24 日，央广网全平台全媒体累计浏览量、话题量达 7.4 亿；央广网全平台发布各地抗击疫情的相关报道 24 000 篇，所属地方频道发布相关报道达 21 000 篇。③ 其他各类媒体纷纷发力，整个社会都被海量的信息包围。公众情绪复杂，恐慌、焦虑、愤怒、悲观与理性、感动、积极应对交织，人们普遍通过媒介来获得信息，情绪随着这些信息起伏，极易引发各种风险。舆情世界和现实世界高度融合在一起，所能发酵的风险的不确定性增加。

传播的便利和传播门槛的降低，使子虚乌有的谣言更容易变成言之凿凿的“真相”，伴随舆情爆发产生大量不可知的风险，常常出乎人们意料。我们可以发现，今天许多危机事件的爆发就是由于政府部门或相关主体对媒体尤其是各种新媒体的影响力估计不足，应对不及时，使一些本可以平息的“茶杯里的风暴”逐步演变成大规模的公共群体危机事件。2009 年 7 月，河南钴 60 泄漏的谣言引发群众大量外出，就是这方面的典型例子。④

2.1.2 高度媒介化社会舆情风险频发

今天，风险社会与传播媒介之间的关系变得更加微妙和复杂。媒介技术的不断更新和演化有目共睹，其中最引人注目的是移动互联网技术，即第三代(3G)、第四代(4G)移动通信技术乃至第五代(5G)移动通信技术，已经或将要在我国普及。移动互联网技术把互联网视频和移动通信技术结合起来，实现了影像的即时传输，也赋予自媒体消解传统媒体话语权的强大力量。2009 年元宵节之夜，央视对其新台址大火仅有数十秒的“口播”报道，而网民则利用移动互联网技术上传了海量的图片和视频。人们甚至可以在自己的办公室里，利用手机和博客对发生在一街之隔的央视大火进行现场直播，并获得数以百万计的点击量。

同时以微博、Twitter 为代表的社交互动媒介(Social Networking Services, SNS)影响范围已经超出了私人生活领域，对政治和公共事务产生越来越大的影响。“Twitter 革命”效应在全球发酵。无论发达国家还是发展中国家，我们熟知的传统边界完全被打破，社会圈层的组合呈

---

① 国家卫健委:3 月 10 日 0—24 时新增确诊病例 24 例 累计治愈出院病例 61 475 例.人民健康网，2020-03-11.

② 抗“疫”大考，新华网如何答卷？“网络传播杂志”微信公众号，2020-02-27.

③ 疫情报道“前中后期”有何不同？这家央媒告诉你！“网络传播杂志”微信公众号，2020-02-29.

④ 河南杞县谣传“钴 60 泄漏” 民众受影响大量外迁.搜狐新闻，2009-07-19.

现一种动态性的特征，有时是一条地铁线的工作人员，有时是有共同爱好的群体。人们可以依赖丰富的传播条件不断组合，形成意见一致的群体，对某一社会现象发出声音，从而对现实世界产生深刻影响。2011 年 9 月发端于纽约、波及全美并进而席卷全球 50 多座城市的“占领华尔街”运动①，2010 年年末至 2011 年年初在中东和阿拉伯多个国家发生的“茉莉花革命”，2011 年肇始自伦敦郊区进而扩散到英国多座城市的“8 · 6”骚乱②等，都证明了这种边界的模糊性，也证明了 Facebook、Twitter 等社交媒体强大的动员力量。

在全球传播的时代，任何一次地方性的突发事件都有可能借助于传媒的力量而演变为全国性乃至全球性的危机。反过来，在这些重大事件中，新的传播媒介也获得了更广泛的关注，成为公众的宠儿，有了在舆情世界的“江湖地位”。

正是因为这些变化，才需要高度重视舆情风险，它的不确定性给整个社会生活带来的影响越来越大。无论媒介形式如何更新迭代，媒介在风险社会中将会扮演越来越重要的角色，对政治和公共事务的影响会越来越大；我们还会发现在风险社会中，当人人都可以成为“网络记者”，人人都可以凭借一部手机成为“电视台”的时候，进行媒体操控和管制的成本会越来越高昂，任何单一维度的治理方式都不可能达到控制风险的目标。因此，我们对舆情风险要有清晰的认识，要不断探索解决路径。

2.2 舆情热点和舆情风险

2.2.1 舆情热点

舆情热点难以描述，但很容易被感知，当它出现时，你就知道。本书认为，引起广泛关注的事件就是热点事件，信息的热度就是它受关注的程度。有研究者认为，“热点事件通常起源于某一核心的社会事件，当这个事件的发生引发了足够多的相关话题，话题在信息传播和新闻报道的过程中逐步升温，受到社会较为深入广泛的关注时，便会将事件本身推向热点，在网络上成为热门话题。”[2] 社交媒体中的舆情热点通常是指那些具有较快传播速度，且具有一定波及范围的事件。[3] 随着信息技术的完善，大数据处理能力的提升，我们对热点事件的判断日益量化，信息的热度、受关注程度可以通过大数据技术予以衡量。通常情况下，点击率、转载率都是衡量信息热度的指标。各类信息平台、数据服务机构已经广泛开展针对信息传播热度的跟踪、排行。随着大数据处理能力的提高，各个平台针对信息热度的算法将不断迭代，实现对信息传播效果的精准衡量。

今天，除了定向服务，越来越多的公共数据平台可以帮助识别信息的热度。例如，百度有百度搜索风云榜，通过人们的搜索行为识别人们关注什么信息，该平台包括实时热点、七日关注，内容分为风云时讯、娱乐等板块。新浪微博有热搜榜，通过大数据模型评价事件的热度，而它本

① “占领华尔街”示威者举行最大规模游行 或达上万人.中国新闻网，2011-10-06.

② 英国，骚乱后的反思.半月谈，2011-08-28.

身已成为某种评价指标,很多演艺人士以上热搜来证明自己的影响力。微信推出的"看一看"功能,也会通过"熟人圈"的"在看",把信息推到"看一看"的置顶位置。如新冠肺炎疫情期间,"看一看"的置顶话题毫无疑问是"肺炎疫情实时动态"。人民网的舆情频道设置舆情榜单,主要展现的是发布主体传播效果的排行。例如,政法系统微博榜周榜、全国政务指数排行榜周榜、中国保险业新媒体月排行榜、中国银行业新媒体 1 月传播报告等对不同主体的传播能力进行评估、排行,而这些主体发布信息的热度,也是重要的衡量指标。此外,还有各类舆情监测平台对热点事件进行监测,甚至已经形成了一套完整的信息监测生态系统,几乎在每个主题之下,都能找到所谓"热搜",都能了解人们最关注什么。

能够形成这样的局面,主要还是因为对舆情热点的识别是具有较大应用价值的课题。对良性舆情热点的识别可以帮助运营者向用户推荐内容,加速信息传播;对恶性舆情热点的识别可以帮助监管者及时介入,研判波及程度,管控信息传播。对舆情热点的识别还有助于内容提供商策划选题,提升运营质量。[4]因此,广大学者从多个角度对舆情热点进行了研究,并积累了一定的成果。在应用层面,企业、商家也有动力开展相关的业务。在社会治理方面,舆情热点是治理反馈系统中的重要一环,对提升社会治理能力有重要价值。

2.2.2 舆情风险

舆情热点对社会产生的影响是不同的,有些热点事件仅仅引发关注,或是表明了多数人的意见,但并不会引发风险。

当前新的舆情现象层出不穷,学界对舆情风险的研究也在迅速发展。有研究者认为,在信息化程度不断提高的社会,不同利益团体主动进行网络倾诉,在多个舆论场的相互作用下,传播着代表各自利益的言论,可能对当今的主流文化、道德伦理、国家和集体的利益造成影响甚至侵犯,因此,了解舆情风险的表现形式和规避方法已成为当代所需。其表现形式主要为对社会稳定的破坏、对当今政治构成威胁,规避策略主要为提高网络媒体的社会责任意识、引导网络群体共鸣方向、政府加大管控力度。[5]还有研究者认为,舆情风险是由人类实践而导致的风险,是人类发展过程中不可避免的风险。风险可分为技术性风险和社会性风险,技术性风险指人类活动对自然环境、社会环境造成损害的可能性,社会性风险指对人类社会生活方式、思维意识、文化道德和宗教信仰造成改变的可能性。舆情既会影响经济政策行为,也会影响社会意识、文化和宗教信仰。因此,舆情风险既属于技术性风险,又属于社会性风险。[6]

正如本书前文所述,舆情具有能量,这种能量表现为大规模的舆情爆发。当全社会的注意力集中到某一个对象时,其本身就会产生巨大的压力并作用于客观世界,对客观世界产生了不确定的、负面的影响时,舆情风险就形成了。尤其很多虚假信息、极具煽动性的信息,特别容易传播,从而成为热点,由此引发的风险危害巨大。而舆情风险的受害者可能是各种群体,公共事件中,政府的公信力可能遭受损害,群体的利益遭受损失;企业或其他各类组织也可能遭遇舆情风险;随着个人行为日趋公共化,个人遭遇舆情风险的可能性也在增加。

基于这些现象和风险理论，本书认为，舆情风险是指一定时间内在传播媒介作用下，个人、群体、组织对所关心事件的发生、发展、处置等问题所持的情绪、态度、意见等信息的总和，对经济、社会秩序以及各类承担主体产生负面影响等情况的可能性。负面影响通常包括激发不可控负面情绪、导致非理性群体行为、影响事件处置、引发次生灾害、导致政府公信力下降等。风险强调可能性，在表述上，本书将那些已经广泛传播并开始产生明确负面影响的舆情事件称为舆情危机。

值得一提的是，这种舆情风险对城市发展的危害性巨大，这是由于城市本身的特点和舆情风险自身的特性造成的，本书将在后文中论述。

2.3 舆情事件引发的风险

2.3.1 对经济运行秩序产生负面影响

舆情风险在很多情况下伴生在其他风险事件中，过去通常不单独分析，而是把他作为其他风险事件过程中的一个现象来分析。在如今高度媒介化的社会，舆情对其他风险事件的放大作用不可估量，舆情甚至会脱离事件本身，“无中生有”般产生内容，而公众对拟态环境中各种认知做出反应，再作用于现实世界，对现实秩序造成破坏。

舆情爆发，特别是涉及经济行为、经济活动的舆情热点，经常会因一个点波及一个行业，放大经济损失，引起公众恐慌，使原本有序运行的市场出现混乱，对社会经济运行秩序产生负面影响，引发风险。例如食品产业工业化的过程中频出的质量问题，经过舆论发酵后，个体性事件往往波及全产业链的发展。

2008 年 5 月 20 日，一位网友在天涯社区发了个帖子说，他在浙江泰顺县城的一家超市陆续买了 15 包三鹿奶粉，13 岁的女儿每次只要睡前喝了三鹿儿童高钙配方奶粉，第二天小便就会变得浑浊，甚至拉肚子。此事掀开了三聚氰胺事件的一角。后来投诉三鹿奶粉质量的家长越来越多，各种证据显示，食用石家庄三鹿集团股份有限公司（以下简称“三鹿集团”）生产的婴幼儿奶粉的婴儿被发现患有肾结石，随后在其奶粉中发现化工原料三聚氰胺。2008 年 9 月 13 日，国务院启动国家重大食品安全事故Ⅰ级响应机制（“Ⅰ级”为最高级，指特别重大食品安全事故）处置三鹿奶粉污染事件。患病婴幼儿实行免费救治，所需费用由财政承担。有关部门对三鹿婴幼儿奶粉生产中的奶牛养殖、原料奶收购、乳品加工等环节开展检查。国家质量监督检验检疫总局（以下简称“国家质检总局”）会同有关部门对市场上所有婴幼儿奶粉进行了全面检查。2008 年 9 月 24 日，国家质检总局表示，牛奶事件已得到控制，2008 年 9 月 14 日以后新生产的酸乳、巴氏杀菌乳、灭菌乳等主要品种的液态奶样本的三聚氰胺抽样检测中均未检出三聚氰胺。2009 年 1 月 22 日，河北省石家庄市中级人民法院一审宣判，三鹿集团前董事长田文华被判处无期徒刑，相关涉案人员均受到法律制裁。①

① 三鹿奶粉事件始末.中国网，2014-03-05.

虽然事件结束,但是事件在舆论场中的影响十分深远。事件爆发的过程中,英国的《泰晤士报》、美国的《纽约时报》、日本的《朝日新闻》等西方主流媒体都给予了连续的跟踪式报道[7]。国际舆论过度放大这次危机的言论,甚至因此将中国描绘成“万恶之源”。世界卫生组织为此专门在2008年9月26日指出,不要把中国描绘成“万恶之源”,这些问题会出现在发达国家,同样也会出现在新兴工业国家,它们正在帮助中国对相关机制进行完善。宣称所有食品安全问题都源于中国,则是完全错误的。

当时多个国家和地区开始全面或部分禁止中国奶制品及相关产品(糖果、咖啡和巧克力等)的销售或进口,包括加拿大、英国、意大利、法国、俄罗斯、日本、马来西亚、越南、印度、印尼、不丹、缅甸、马尔代夫、科特迪瓦、尼泊尔、巴布亚新几内亚、苏里南、多哥、加纳、菲律宾、孟加拉国、文莱、新加坡、坦桑尼亚、加蓬和布隆迪等。欧盟也宣布,全面禁止进口含牛奶成分的中国制婴儿产品。

在国内消费品市场上,国产奶粉的信誉受到严重冲击。不少消费者抱着宁可信其有,不可信其无的态度,坚持购买国外品牌,或直接海外带货。由于这一事件受到全社会的关注,消费信心遭受严重打击,婴幼儿奶粉市场上,所有中国企业处境艰难。这种负面影响至今仍未完全消除。根据中信证券研究部2017年的研究,因传播而产生的放大效应十分明显,对整个行业发展的伤害是长期的,一件食品安全事故在舆论场发酵后,影响范围广,影响时间长,彻底改变了很多消费者的消费习惯。此后,我国奶粉市场一直发展艰难,很多乳制品企业只能开发新的产品迎合市场。

这次事件引发全社会高度关注,推动了整个行业管理水平的提升。2008年以来,国务院及相关部门陆续颁布了一系列涉及乳制品的法律法规及标准,形成了完善的法规标准体系。这些法规政策及标准包括《乳品质量安全监督管理条例》《奶业整顿和振兴规划纲要》《生鲜乳生产收购管理办法》等,涵盖了奶牛养殖、原料乳收购、乳制品加工、质量控制、市场监督、产品销售及广告宣传等方面。陆续颁布的乳品安全国家标准达74项,其中产品标准21项、生产规范标准3项、检验方法标准50项。特别是我国第四代婴幼儿配方乳粉标准,参照国际食品法典委员会和欧盟相关标准制定,是世界要求最严、技术含量最高的标准之一。①

2.3.2 引发公众宣泄负面情绪

公众情绪是舆情事件中的关键因素,舆情在某种程度上可以说是情绪的表达。从传播的角度看,情绪是最容易传播的,人们接收信息时,最容易被信息中蕴含的情绪感染。面对海量信息时,人们往往首先通过大脑中依赖情感、记忆和经验的“系统1”做出判断,甚至根本不会调动相对缓慢的包含复杂运算、理性思考的“系统2”来分析信息[8],这决定了快速传播的舆情,很大程度上就是一种情感的传递。舆情能够引发各种不确定事件,在于它能造成群体性的负面情绪爆发,对社会经济生活、政府公信力等都有重大影响。

我国文化中自古就有“七情说”的划分方式,即喜、怒、哀、惧、爱、恶、欲(《礼记》说法)或喜、

① 乳殇十年 沧桑巨变 中国乳业从生死困局到浴火重生.食品界,2018-01-19.

怒、忧、惧、爱、憎、欲(佛教说法)。达尔文将情绪分为快乐、悲伤、愤怒、恐惧、厌恶、惊奇等六种基本类型。其他分类方式或是拆解,或是联合。一些学者划分出了不同的情绪维度模型,使情绪便于识别。其中,较具代表性的划分方式为"积极-消极情感(Positive and Negative Affect, PANA)"模型[9],"愉悦度-唤醒度-支配度(Pleasure-Arousal-Dominance, PAD)"模型[10]等。

群体角度的社会情绪可视为社会成员之间相互作用而形成的,较大范围内甚至全社会较为一致的情绪体验。[11]这种一致性的情绪体验,在今天的传播条件下,非常容易形成,尤其是各类负面的、消极的情绪十分容易传播。西方社会心理学家的实验证明,在有他人在场的情况下,个人活动能量明显超过个人单独活动时的能量,并且会表现出更多冒险的倾向。

舆情事件中负面情绪主要有两种发挥作用的机制。

一是重大灾害本身诱发负面情绪,传播放大负面情绪,如果不及时应对处置,易产生不良后果。例如,一些灾害性画面的传播对公众心理产生强烈影响,引发恐惧、焦虑、愤怒、抑郁等负面情绪。在汶川地震等灾害之后,有不少这样的案例。一方面,亲历者会遭受不同程度的心理创伤,较为严重的会出现如急性应激障碍 (Acute Stress Disorder, ASD)、创伤后应激障碍 (Post Traumatic Stress Disorder, PTSD)等严重心理应激反应。[12]相关人员也容易出现焦虑等情绪反应,主体的焦虑实际上是一种担忧,是对将要发生的、与己密切相关的事情产生的一种焦躁、不安、忧虑、抑郁等感受交织成的复杂情绪状态[13],并引发社会高度关注。另一方面,很多人并未亲历灾难,但在舆情的影响下,产生不同程度的情绪反应,他们还会接过这些负面情绪传递的接力棒,继续在舆论场中放大这种情绪。人们的各种焦虑情绪容易被激发出来,人们对负面事件的体验更为真切,那些触动人们心情的内容更容易被关注、被转发,这种情绪被传染和放大,个体情绪转化为公众情绪。于是更多人被各种负面情绪裹挟,这不仅影响个人身心健康,也影响公众判断力。新冠肺炎疫情中,人们长时间宅家,长时间被各种网络信息冲刷,沉浸在各种网络情绪中,很多人出现失眠、无力等症状,情绪上出现抑郁、焦虑,全国各地也因此广泛开展心理疏导公共热线服务。

二是公众会借舆情事件,肆意宣泄负面情绪,助推舆情事件扩散。一些涉及社会治理、政府公信力的舆情事件中,宣泄性的负面社会情绪表达普遍存在,且占较大比重。譬如,有学者对"李某某案"事件中网民评论、转发信息中的社会情绪结构进行考察,发现具有较为明显的情绪色彩的评论信息(愤怒、感叹、讥讽等信息)占比高达 48.4%,包含一定情绪的信息(疑问、求证、定性等信息)占比 25%,无情绪色彩的信息(转发、求助、强调等信息)只占比 26.6%。[14]可见消极倾向的社会情绪构成了这类舆情的氛围基调。质疑、反对、愤怒情绪对公众行为都可能产生深远影响,极端的外化形式就可能是各类突发的群体事件。

从这些现象看,公众负面情绪是舆情风险的动因,也是结果,不断循环,助推风险扩散。

2.3.3　引发非理性群体行为

舆情发酵通常会造成两种情况:一是群体对信息真实性的误判,对谣言的盲从,进而导致非理性的群体行为，很多事事后稍加反思、分析，就能判断对错，但在舆情压力下，很多人会丧失判断信息的能力。二是舆情导致公众情绪极端化，法国当代哲学家桑坦斯的群体极化理论认为，“团体成员一开始即有某些倾向，在商议后会向偏向的方向移动，形成极端观点”[15]。公众情绪的过激或者缓和，直接影响和决定群体事件以哪种表现形式出现。[16]

例如，一般灾害事件都会引发各类物资抢购风潮。公众在复杂的信息面前，很难判断其真伪，同时在灾害事件中，公众普遍具有恐惧心理。为了增强对未知世界的掌控感，稍有谣言传出，就会吸引大量关注，公众普遍采取的策略是“宁可信其有，不可信其无”。这对个体来说是成本较低的选择，但对全社会来说却不是最优选，而会造成资源挤兑，进一步引发恐慌。

再如，很多骚乱事件都是由不确定、不准确的信息引发，在各种情感强烈的信息引导下，公众情绪变得极端化。2011 年 8 月 6 日晚，开始于伦敦北部彻特纳姆的街头骚乱，起因是彻特纳姆 29 岁男子达根被警方击毙。警方公布的信息中有大量细节未透露，给公众巨大的想象空间，很快关于达根被击毙的原因和细节在互联网上有了各种“故事版本”，普遍认为达根的死是英国警方有意为之。① 事件在互联网发酵后引发骚乱。骚乱过程中网民大量上传、转发骚乱照片和视频，还有人煽动网民一起去“打、砸、抢”，一些行为被包装成“勇气”，事态由此进一步恶化。

相关链接　2011 年抢盐事件

2011 年 3 月 11 日，日本东北太平洋地区发生里氏 9.0 级地震，继而发生海啸，该地震导致福岛第一核电站、福岛第二核电站受到严重的影响。这样一起事故看上去对中国不会有任何影响，然而在我国却引发了全国各地的“抢盐”风波。

日本福岛核电站爆炸，日本政府宣布“核能紧急事态”。众多国家陷入核辐射危机的恐慌中，防辐射风潮席卷各国。3 月 15 日，核危机的不断升级已引发全球恐慌，各大媒体都出现了各国的抗辐射报道，如“日本根据福岛核电站周围检测到的放射性物质，拟向居民发放碘片防辐射”“芬兰的防辐射碘药片脱销”等。

我国某主流网络媒体还专门开设了一间聊天室，邀请嘉宾对此次灾难进行详细解说。在此过程中，嘉宾虽表示“我国应该不会受到太大核辐射影响”，也指出“如果实在不放心，可服用一定的稳定性碘来预防”，但并未说明摄入“稳定性碘”具体应该服用哪些药物以及如何科学服用。由于信息的不对称，此时一些谣言正通过手机短信传播开来：“BBC 报道，日本政府已经确认核泄漏严重，所有亚洲国家应该立即采取必要措施……”这条短信被竞相转发，使谣言成几何级数增长。尽管 BBC 发表声明澄清，称从未发布日本核泄漏将影响亚洲邻国的消息，但绝大部分人都不知道事情真相，将对核辐射的恐慌心理推到顶点。随后有关“吃加碘盐可防核辐射”“日本核辐射会污染海水，导致以后生产的碘盐都不能食用”的消息开始在网络上零星出现。同时，浙江省的一些地区开始出现一些非正常购买食用碘盐的现象。[17]

3 月 16 日，“专家称服用稳定性碘可防辐射”“吃加碘盐可防核辐射”“日本核辐射会污染海

① 伦敦冲突被指类似“推特骚乱”.腾讯财经，2011-08-09.

水，导致以后生产的碘盐都无法食用”的谣言开始在网络大量扩散。此时，已经有部分人群开始购买碘片来预防辐射，但由于人们对食盐更为熟悉，出于对核辐射的不了解和恐慌心理，更多的人选择加入抢购食盐的队伍中。浙江省的宁海、诸暨、萧山、永嘉、三门、临海、庆元、江山等市县开始出现排队抢购食盐现象。① 这一抢购风潮迅速向浙江省相邻周边地区如安徽、江苏、上海扩散，各大超市、便利店的食盐销售量暴增，一度出现食盐供货紧张，造成抢购食盐的集体恐慌，严重扰乱了民众的正常生活。虽然食盐属于政府定价商品，施行全国统一销售价格，但还是出现了不少商贩私自哄抬物价的违法行为。各大媒体对此次抢购风潮也纷纷展开大规模报道，并引起了政府部门的注意，开始有个别地方政府在其管辖区域内发布保障食盐供应的公开信息，但并未取得太大成效。

3 月 17 日，食盐抢购风潮迅速向全国各地蔓延，河南、广东、北京、福建等地也纷纷受到影响，出现了大规模的抢购行为。食盐供应异常愈发明显，许多地区的食盐已经脱销，出现盐荒现象。部分不法商贩趁机提高价格，更加加剧了群体抢购行为，有人购买的食盐量甚至足够其一家食用几十年。② 随着这些信息蔓延到四川等西南地区，结合当地的井盐传统，有网友开始谣传井盐会因为海盐的涨价而提价，进而引起了第二轮谣言的传播。

在这次“抢盐潮”中，购买者主要是一些时间相对宽裕的老年群体，信息获取和甄别上的弱势地位使得他们在做出相关决策时处于不利地位，并容易受到其他人的影响。再者，即便采取类似于“抢盐”的这种模仿行为，他们自身损失也不是很大，相对损失更是微乎其微。相反，采取与大多数人不一致的做法意味着受到来自周围人的压力。还有些网民发帖子认为“抢盐”可笑，但自己仍然跟风买盐。

与此同时，我国政府部门高度重视，积极展开回应。卫生部办公厅公开发布了“放射防护中的碘知识问答”，通过来源于中国疾病预防控制中心的专业科学解释，向人们介绍了“如何通过科学服用稳定性碘来预防辐射”“过量服用碘的危害性”以及“通过食用碘盐来预防放射性碘摄入的不可实现性”。工业和信息化部发布新闻公告，指出目前我国加碘食盐 90%以上是井矿盐，供应完全可以保障。国家发展和改革委员会（以下简称“国家发改委”）也发出紧急通知，要求各地立即开展市场检查，坚决打击造谣惑众、哄抬食用盐价格等违法行为。商务部启动了生活必需品的市场供应应急预案，并印发了《商务部关于进一步做好食盐等重要商品市场供应工作的紧急通知》。各地方政府相关部门对这些信息进行了公开转发，并纷纷采取限购、价格监管、紧急调拨资源等实际措施。各类食盐生产厂家也纷纷加大生产并扩大食盐供应量。3 月 17 日 13 时，中国盐业集团有限公司（以下简称“中盐公司”）还开通了新浪实名认证微博，通过新渠道发布信息，强调抢购风潮是非理性的，中国完全有能力保障食盐供应，碘盐防核辐射、海水被污染等说法没有科学依据，请大家不要信谣传谣，并表示囤积居奇、哄抬物价的行为，将受

① 浙江盐务局：有能力确保食盐市场供应 价格不涨.搜狐新闻，2011-03-17.
② 男子 1 次购 13 000 斤食盐难退货 网友热议引爆网络.搜狐新闻，2011-03-24.

到国家有关部门的处罚。①

各大媒体纷纷转载了政府部门的公开信息，卫生部、商业部、国家发改委及中盐公司均有关于食盐相关信息的通知。3月18日，我国各地食盐的市场供应情况明显好转，如山西等17个省、区、市食盐市场供应量增加，价格稳定；北京等18个省、区、市食盐供应紧张状况也明显缓解；其他的一些大城市经过积极补货、加紧配送，排队购买现象已明显减少；全国大中型超市的食盐供应基本充足，少数便利店和农村地区的供给也正在逐步恢复。3月19日，食盐抢购风潮已基本消退，部分地区的购盐潮甚至变成了退盐潮。

2.3.4 打破原有秩序，阻碍新秩序形成

现代社会专业分工明确，广泛使用各种复杂技术，受各种秩序规范约束，是一个高度耦合的复杂系统。特别是突发事件处置，需要提高整个运行系统的效率，但系统往往缺乏冗余，这就意味着微小的差错可能引发次生灾害甚至导致整个系统的崩溃。因此在突发事件中，舆情风险管理格外重要。负面、无效信息的传播，严重阻碍事件处置的正常进程，影响救援，甚至使危机从一个领域扩散到另一个领域。

秩序的建立有赖于公众的共识，突发事件中资源分配、权力分配都可能出现变化，原有运行秩序难免面临调整。如果准确信息无法触达公众，公众共识极易被各种信息干扰，导致新的运行秩序难以建立，整个社会极易陷入混乱的状态。一旦出现这种状况，每一个人都将深受其害。

在新冠肺炎疫情期间，有海量信息流传，也曾出现各种谣言、失真信息误导公众的现象。在抗击疫情的早期，由于人们对这种新型病毒十分陌生，关于病毒本身和各种抗病毒方法的谣言非常多。例如2020年1月21日，人民日报发布的辟谣信息中，就收集了广泛传播的9条谣言：①武汉暴发的神秘病毒已被证实为新型SARS病毒；②新型冠状病毒基因序列与SARS病毒相似度达80%；③SARS病毒没有消失过，一直寄生蝙蝠体内；④喝板蓝根可以预防新型冠状病毒；⑤熏醋可以预防新型冠状病毒；⑥吸烟能预防病毒感染；⑦没有吸烟者因SARS病毒死亡；⑧吃维C能提高免疫力；⑨戴多层口罩才能防住病毒。随着新冠肺炎疫情的发展，患者数量暴增，各种真假信息也海量增长，专业性强，越来越难以判断，谣言内容涉及市民生活、疫情防控乃至社会复工各个方面，比如"鼻孔滴香油""全城闭门，飞机撒消毒粉"，疫情防控后期的"武汉青山区某隔离点有32名因疫情失去监护人的孤儿需要社会捐助"等。

这些谣言、失真信息，有的会造成防疫不当，比如过度使用消毒液；有的会引发恐慌，例如诱发资源挤兑；有的会增加抗疫成本，打乱公众正常生活秩序；有的影响经济秩序恢复。这场全国性的抗疫战斗中，如果出现非理性的群体行为，造成的影响将不可估量。同时，当这些信息占据人们的注意力时，公众很难再去接受真实、准确的信心，使真实信息的流动出现梗阻，阻碍防疫、抗疫秩序的形成，影响整个防疫、抗疫工作。

① 中盐总公司：食盐80%以上是井盐.新浪财经，2011-03-18.

为了将谣言对疫情处置的影响降到最低，新冠肺炎疫情期间，学习强国 App、各类权威媒体、政府网站，以及知乎、微博、支付宝、微信等信息服务平台都开辟了“辟谣板块”，不仅依靠权威部门对信息的掌握发布辟谣信息，还发动全社会的专业人士参与信息真假辨别，成功将谣言的影响降到了最低。

2.3.5 损害各类组织的公信力，形成刻板印象

公信力就是公众信服力，《现代汉语词典》对“公信力”的界定是“使公众信任的力量”。就政府来说，公信力可以理解为公众对政府行为的一种评价或信任程度。[18] 作为一种社会系统信任，公信力真实地表达了公共权威，也是政治伦理范畴的内容。政府公信力具体来说是公众对政府提供公共服务、社会治理、宏观调控经济等方面表现的一种心理支持或者信任，相信在没有公众监督下的政府服务行为自觉性的主观价值判断。[19] 舆情爆发引发各种风险，其中指向政府公信力危害最为严重，一旦形成刻板印象，改变的成本非常高昂。“刻板印象”的概念于 20 世纪 20 年代提出，几经发展，主要指根据性别、种族、年龄、职业、身份等形成的固定印象或内隐观念，一般与某些特征和行为相关联。

2012 年 8 月 26 日凌晨，陕西延安境内发生重大车祸，致 36 人死，3 人受伤。① 此后，网络上出现了对肇事油罐车司机的谴责。这本来是一起偶发的、孤立的交通事故，但是事故现场陕西省安全生产监督管理局局长不合时宜的笑容被公众通过网络捕捉到，引发了一场爆发于网络并蔓延至现实世界的危机。网友们将事故中积聚的愤怒情绪发泄于该局长的不当微笑之上，网友们还对其所佩戴的价格昂贵的手表进行了信息挖掘。“微笑门”危机引发了“手表门”危机。陕西省纪委没有及时公布对其严肃处理的信息，网络上很快又出现了“其后台很硬”等传闻，危机正式波及政府，对个人言行的不满升级为对政府公信力的质疑。网络舆情一旦涉及政府公信力，就会引发各种联想，导致政府部门陷入“塔西佗陷阱”的尴尬境地——当政府不受信任的时候，无论说真话还是假话，做好事还是坏事，都会被认为是说假话、做坏事。一旦公众形成这种刻板印象，政府部门在很长一段时间内，都将处于这种境地。这样的刻板印象还将是下一次舆情事件的“起点”，改变的成本高昂。

对于其他各类组织来说，舆情风险损害信誉。2011 年 6 月 21 日，新浪微博上一位网名叫作“郭美美 baby”、自称“住大别墅，开玛莎拉蒂”的 20 岁女孩，其认证身份为“红十字会商业总经理”。根据警方的调查和郭美美本人的供述，她以及她的资金来源都与中国红十字会毫无关系。红十字会多次发布声明强调，“中国红十字会没有‘红十字商会’的机构，也未设有‘商业总经理’的职位，更没有‘郭美美’其人。”②新浪微博也发布声明：“经查，用户@郭美美 baby 原认证说明为演员，后经本人申请将认证说明更改为‘红十字会商业总经理’，此过程中新浪微博没有进行严格审核。新浪微博对红十字会、相关人员、广大新浪微博用户深表歉意。”虽经多方反复澄清，

① 国务院安委会：严查陕西延安特大道路交通事故.人民网，2012-08-28.

② 摘自中国红十字会 2011 年 6 月 22 日声明。

但公众对红十字会的信任度还是跌到了冰点。

对于企业来说，舆情风险也会引发信誉危机，进而影响企业运营。1989年，有媒体质疑扬子江药业集团“蛇胆川贝液”中一种原料的功效，引起广泛关注。事实上，在当时的相关中药炮制规范中，对这种原料的使用采取宽容态度。企业即便依据相关规定生产，但是在舆情层面，只要有质疑出现，公众对企业的信任度就会产生严重波动。扬子江药业集团的经营活动因此受到严重冲击，此后三年间，企业效益一落千丈，产值、效益均从高峰跌到了低谷。后经过调整，扬子江药业集团走出低谷，高度重视产品质量，执行最严格标准，逐步恢复市场信誉，再没有类似事件发生。

2.4 舆情风险的不确定性

复杂系统如同一个“黑盒”，不仅公众无法了解，即便是专业人士也很难准确、全面地知道它内部发生了什么，而这样的认识偏差很可能以令人费解的方式与其他失误耦合，造成的崩溃常常令人始料未及。[20]舆情是一个典型的复杂系统，风险看似自发“涌现”，难以捉摸。这种在新的传播技术条件下，由人们主观认知、主观行为引发的风险，它的随机性和动态性给风险的管理带来了难度。

2.4.1 爆发的随机性

随着互联网技术的发展，人们可以随时随地上网，空间边界正在被打破，传播趋向实时，舆情会在哪一个节点上爆发，很难判断。因此，舆情风险的爆发常表现为一种随机性，多以出乎意料的方式出现。

很多舆情事件是伴随着突发事件产生的，但造成舆情风险的可能是突发事件中的一个微小事件。如前文所说的“微笑门”“手表门”事件，就是由突发事件中看似与事故救援不太相关的一个微小细节引发，很难预测。

在一些常规事件中，也会出现意想不到的舆情风险。例如电视节目有广告，在业内是常规思维，中国中央电视台（以下简称“央视”）的《开学第一课》是“常规”节目，所以有广告符合“业内”思维。然而2018年9月1日晚，《开学第一课》在全国上亿学生和家长的瞩目下开播，在全国网收视率2.95%的情况下，这堂课却因节目延后、13分钟的教育商业广告和部分嘉宾形象与节目不符等问题被众多网友认为“上砸”了，被吐槽为“广告第一课”，引发媒体和网友高度关注和广泛争议（图2-1）。

《开学第一课》是教育部与央视合作的大型公益节目，自2008年起于每年新学年开学之际推出。这一节目针对中小学生的特点而设计，用他们喜欢的方式，使他们在潜移默化中受到陶冶，有利于提高教育的针对性。我们跟踪发现，广告引来的讨论超出各方预期，“说是减负，可节目前面那么多培训广告是逗我们吗？补习班还敢停吗？上哪个好？节目放到晚上快十点，是默认了小学生应该这个点儿睡觉吗？那个明星谁和谁会不会把我们娃的审美带跑啊？不怎样怎样会不会就被时代抛在后面了……”其后，央视不得不为此事致歉。

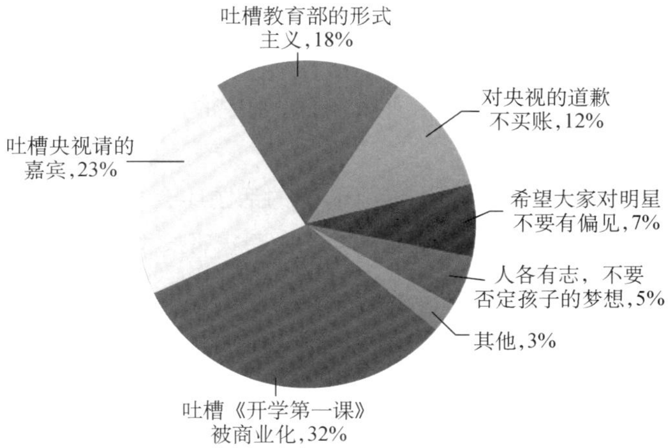

图 2-1 网民观点分布

类似的舆情风险还会反复出现。在新冠肺炎疫情暴发期间,多地开展网课,一些平台在网课前推送的广告过于成人化,和这个案例类似,再次引发舆论关注。① 由此可见,即便是类似的问题,仍可能反复上演。舆情风险爆发难以预测。

2.4.2 演化过程的不确定性

舆情风险变异程度很高,有学者总结这种演化为"扩音效应"[21]"蝴蝶效应"[22]或"涟漪效应"[23]。回顾近年来的舆情事件,有些即便事后也无法准确分析出舆情爆发的原因,似乎是不相干的原因导致舆情的爆发,类似自然界的"蝴蝶效应"——飓风的形成中包含大量无法预测、测算的影响因子,爆发后的走向也常常出乎意料。有的舆情事件则一波未平,一波又起,如同水面涟漪。这些不同角度的总结都说明了舆情风险演化过程的不确定性,在舆情事件中能直观地感受到。

这种不断变化的特性主要由以下原因造成:

一是事件中相关方众多,利益不同,诉求不同。比如在食品安全舆情事件中,随着事件信息的发布,事件相关方都在舆情漩涡中博弈,舆情走向复杂多变。有研究针对食品供应链面临的舆情压力进行静态博弈分析发现,供应链各主体的经济人特点很明显,当食品安全信息披露带给企业的收益超过因此而产生的成本时,企业才会选择对自身食品的质量信息进行披露,否则不披露是其最优策略。当政府将公众满意度和信任度也作为其对食品安全监管的收益时,政府实施监管的积极性增大。[24]相关方的诉求不同、声音不同,对舆情的影响也不同,这时的舆情是对现实世界的截取,公众很难看到全貌,也会因此产生各种误解。在同一事件中,不同相关方不断发声,也会引发新的舆情风险。

① 白田田,周楠.要看少儿视频先看"少儿不宜"? 视频 App 不能一边赚流量一边耍流氓."新华每日电讯"微信公众号,2020-3-15.

二是传播者对信息的接受度不同。由于认知水平、知识水平和职业的差异，不同阶层和不同背景的群众会对同一事件作出不同的判断，这种判断还会伴随着事件的发展而变化。政府部门、专家、公众、灾难受害者等角色不同，评价不同，关注的信息也不同，造成舆情风险会不断变化。

三是事件发生后不同阶段舆论关注点不同，旧的话题还会成为新的话题的起点，形成舆情的接力。例如在自然灾害舆情事件中，舆情热点会随着灾害发生、灾害救援、社会捐助等不断涌现、转移，其中可能引发的风险也会不断变化。

相关链接　雅安地震[25]

灾后舆情在七天时间内总体以“祈福与加油”“捐款”“信息发布与转发”为主，但每天舆论的主要关注点也有差异。

雅安地震发生后的第一天，除了表达祝福和感想外，呼吁理性救援的声音较大，许多网民都发微博呼吁“将通信资源和生命通道留给救援”。震后越来越多的灾害经历者在经过第一天的慌乱之后，开始在微博上回忆震时场景和救灾现状。这些现场描述从地震第五天（24 日）开始大量减少，因为救援工作接近尾声，亲历者也开始着手恢复正常生活，对场景的回忆趋于结束。

雅安地震第二天，伴随救援工作的推进，捐款、反思、问责及描述地震场景的微博开始增加。22 日开始有 8% 的微博与捐款有关，其中大部分是网民自发为灾区捐款。而随着救援的深入和灾后重建问题的出现，网民开始反思在救援和防震上出现的问题。4 月 26 日即震后第七天，关于捐款和反思、质疑的话题达到七天中的最高值。

灾后的短期舆情总体上以网民的情绪化表达为主，但在一周时间内，也不断有新的议题出现。关于捐款的话题在 23 日出现第一个高峰，尤其是 22 日，占领中国市场的两家最大手机终端竞争对手——苹果和三星分别宣布向地震灾区捐款 5 000 万元和 6 000 万元，引发网民的热烈讨论。此后，各种明星企业捐款的消息相继传出，经过传播酝酿，终于在 23 日爆发，形成捐款话题的第一个峰值。4 月 25 日开始，大量网友在微博上调侃加多宝凉茶，“邀请”曾在汶川地震中捐款 1 亿元的加多宝集团“再捐 1 亿”，引发网民的“参与”和“围观”，产生大量转发微博和评论。4 月 26 日，加多宝集团正式宣布向雅安地震灾区捐款 1 亿元。从“逼捐”到“认捐”的整个过程，造就了微博上捐款话题的最高峰。

参考文献

[1] 贝克.风险社会：新的现代性之路[M].张文杰，何博闻，译.南京：译林出版社，2018.

[2] 薛可，许桂苹，赵袁军.热点事件中的网络舆论：缘起、产生、内涵与层次研究[J].情报杂志，2018，37(8)：78-83，55.

[3] MA T，ZHOU J，TANG M，et al. Social network and tag sources based augmenting collaborative recommender system[J]. IEICE Transactions on Information and Systems，2015，E98-D(4)：902-910.

[4] 游丹丹，陈福集.我国网络舆情热点话题发现研究综述[J].现代情报，2017，37(3)：165-171.

[5] 王秋菊，师静，王文艳.网络舆情风险的表现及规避策略[J].青年记者，2014(16)：58-59.

[6] 傅昌波，郭晓科.基于层次分析法的舆情风险评估指标体系研究[J].北京师范大学学报（社会科学版），2017(6)：150-157.

[7] 戴静.《人民日报》和《纽约时报》三鹿奶粉事件报道的比较研究[J].河海大学学报（哲学社会科学版），2010，12(3)：85-89.

[8] 卡尼曼.思考，快与慢[M].胡晓姣，李爱民，何梦莹，译.北京：中信出版社，2012.

[9] WATSON D，TELLEGEN A. Toward a consensual structure of mood [J]. Psychological Bulletin，1985，98(2)：219-235.

[10] MEHRABIAN A，RUSSELL J. An approach to environment psychology[M]. Cambridge：MIT Press，1974.

[11] 李慧龙.政务舆情中的社会情绪治理研究[D].长春：吉林大学，2019.

[12] 童辉杰."非典(SARS)"应激反应模式及其特征[J].心理学报，2004，36(1)：103-109.

[13] 魏传光.现代人的生存焦虑及其排解[J].理论与现代化，2010(5)：104-107.

[14] 廖卫民.网络舆情暴发时的社会情绪测量及其结构分析：以李某某案为例[J].浙江理工大学学报（社会科学版），2016，36(2)：144-150.

[15] 张磊.和谐社会、公民社会与大众媒介[M].北京：中国传媒大学出版社，2009.

[16] 姜胜洪.网络谣言应对与舆情引导[M].北京：社会科学文献出版社，2000.

[17] 魏玖长，周磊，周鑫.公共危机状态下群体抢购行为的演化机理研究：基于日本核危机中我国食盐抢购事件的案例分析[J].管理案例研究与评论，2011，4(16)：478-486.

[18] 陶振.试论政府公信力的生成基础[J].学术交流，2012(2)：1-5.

[19] 李铮.我国地方政府公信力建设研究[D].乌鲁木齐：新疆大学，2019.

[20] 克利尔菲尔德，蒂尔克斯.崩溃[M].李永学，译.成都：四川人民出版社，2019.

[21] 张淑华.节点与变量：突发事件网络"扩音效应"产生的过程考察和一般模式——基于对"鲁山大火"和"兰考大火"的比较研究[J].新闻与传播研究，2016(7)：60-76.

[22] 匡文波.论新媒体传播中的"蝴蝶效应"及其对策[J].国际新闻界，2009，6(8)：72-75.

[23] 童清艳，茅中元.社会化媒体之涟漪效应研究：基于2013年《中国好声音》的微博口碑数据分析[J].新闻与传播研究，2015(1)：38-57.

[24] 黄卫东，洪小娟，林萍.动力学视域下的网络舆情演化研究[M].北京：中国社会科学出版社，2015.

[25] 张悦.突发灾难事件舆情在社会化媒体上的呈现与管理[J].西南民族大学学报（人文社会科学版），2014，35(5)：140-144.

3 舆情风险产生的原因

前文论述已涉及舆情风险和它呈现动态变化的原因。舆情是高度主观的,其复杂性有目共睹,深入分析舆情风险产生的原因,是为了更好地实现舆情风险管理,利用舆情风险的规律来抑制风险,从而为建立舆情引导机制奠定基础,提供解决问题的思路。

舆情风险的产生原因有很多,我们认为,舆情是一个动态演化的生命体系,是较复杂的体系,这种复杂性来源于现代社会分工的细化、社会运行系统的复杂,来源于传播技术的飞速发展,来源于人们主观世界的复杂,当这些因素叠加时,舆情风险必然涌现。

本章重点从以下几个维度分析舆情风险产生的主要原因:传播的媒介;舆情的主体,也就是舆情的生产者;舆情的客体,也就是舆情所关注和表达的内容;城市对舆情风险的影响;等等。

3.1 传播手段迅速迭代

世界是物质的,物质由能量组成,语言、文字、公式等信息是组织、调动能量的法则,信息传播方式的每一次重大改变,都会给人类社会带来深刻变化。传播手段的改变,使舆情在今天有了新的意义和特征,它更容易产生风险的原因也在于此。特别是当代传播手段快速迭代,全社会对信息传播方式改变带来的影响还在适应和探索阶段,缺乏治理经验,各种风险高发。

3.1.1 传播速度快,范围广

在信息时代,传播的时空性被打乱。哈罗德·伊尼斯[1]认为,可以把媒介的属性从时间和空间两个维度来划分:有的传播媒介空间性强大,比如广播,但信息的保存难度较大;有的媒介在时间维度更有优势,比如莎草纸、石碑都是更适合传承的媒介。从这个角度来分析互联网的媒介属性可以发现,它的优势在空间性;随着存储技术的完善,它在时间性上也渐渐表现出优势。互联网传播无论是实时传播还是长期保存都不是问题,这是以往任何一种媒介都无法比拟的。它的连接能力和对信息的传播能力也是历史上任何一种媒介都无法比拟的。

由于互联网是一种超时空的信息链接,理论上讲,网络中的任何一个节点都可能成为网络舆情风险的爆发点或传播点。不管信息是真是假,只要具有足够的吸引力,信息就会以核裂变的方式在网络中迅速地传播,无论在世界的哪个地方,只要有互联网,人们就可以即时看到这些信息并发表评论。也因为这一点,很多舆情事件都表现出全球化的特性。

在传统传播条件下，一条谣言要经过长时间的发酵才能形成。《谣言：世界最古老的传媒》[2]一书，曾系统调研、分析法国一则“妇女在试衣间失踪”的谣言的产生过程。20 世纪 70 年代，某位活动家在法国各处警告人们警惕那些贩卖白人妇女的罪恶。几年后一本通俗杂志《黑与白》刊登了一部通俗小说：丈夫陪妻子逛街，妻子在试衣间中久久不出来，丈夫询问服务员，被告知从未见过他的妻子——妻子失踪了。一个星期后，奥尔良开始大范围流行类似的谣言。几年后，1985 年，另一座城市开始出现类似谣言。这些谣言都是那部小说的翻版，甚至我们今天在互联网上仍能看到类似情节的谣言。研究小组最后确定这则谣言的发源地是法国某个相对封闭的教会中学或公立中学的女子班级，她们受到杂志中小说的提醒，对应内心深处的幻想，结合合情合理的场景，在封闭的教育环境中发酵出了这则谣言。

这个案例的研究让我们看到了谣言产生的路径，不可否认，在传统传播条件下，这则谣言要经过漫长的发酵过程，几年甚至是十几年，缓慢演化，在各种条件共同作用下才可能广泛流传。但在互联网时代，这个漫长过程不复存在，整个过程被高度凝结在很短的时间内，从几年到几个月，乃至几天，几个小时，几十分钟。

新冠肺炎疫情暴发后，记者于 2020 年 1 月 22 日中午在采访国家卫生健康委员会（以下简称“国家卫健委”）专家李兰娟院士时，询问用医用酒精擦拭手机和双手进行消毒这种做法是否有用。李兰娟院士回答，浓度为 75%的酒精是能够杀灭这个病毒的，所以大家如果去买这些东西，在日常经常接触的地方，想要定期消毒一下，都是可以的。几乎同时，关于喝高度数的酒可以杀灭病毒的谣言就开始流传，而且当天下午就产生广泛影响。22 日，央视播出的《新闻 1+1》对这一谣言进行了辟谣。① 之后很长一段时间，这一谣言仍在传播，各大主流媒体又不得不对此反复辟谣。

可见随着微博、微信、论坛以及 QQ 等网络媒体的出现，一旦危机事件发生，相关信息就会迅速被网络媒体报道，并以几何级数的速度在网络世界里传播。因此，网络舆情风险的整个演化周期较传统舆情风险大大缩短，增加了风险管理的难度。

3.1.2 信息形式丰富多样

信息的形式在新的技术条件下产生了新的变化，各种形式的信息都可以实现高效传播。

传统媒体强调内容是王道，好的主题、好的表现手法是好内容的基本构成。新的传播技术，丰富了原有主题的表现手法。图像、视频、音频等可以对文字内容形成更好的补充，提高内容的可信度，增强内容的吸引力。

然而，随着各种技术的发展，视频、音频、图像的制作成本和制作的技术门槛大幅下降，视频、音频的获取也更加便捷（图 3-1）。社交平台分类更加丰富：有的以音频为主，比如喜马拉雅这一平台，可以收听广播，也可以自己发布音频内容；有的以短视频为主，比如抖音、快手等平台；还有很多综合平台，比如微信平台可以兼容各种形式的内容，过去微博以文字、图片为主，现

① 白岩松辟谣！抽烟、喝酒不能抵抗新型冠状病毒肺炎！央视网，2020-01-23.

在也兼容各种形式的内容；还有 bilibili（国内知名的视频弹幕网站，以下简称“B 站”）这样包含大量 Vlog 的平台，这类平台大多附带简单的制作工具，不用接受专门训练，仅需要简单学习，就可以便捷地制作各种形式的内容，这些导致了这两年视频传播迅速增加。这些手段也让各种不可信信息出现的风险和识别的难度增大了。

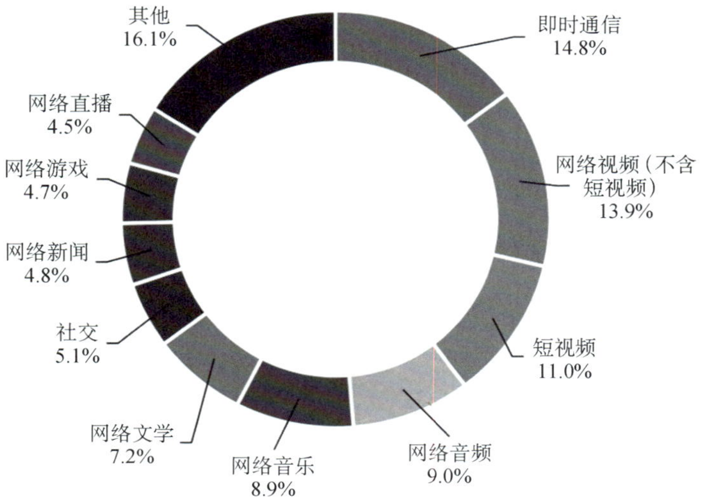

图 3-1　各类应用使用时长占比

（资料来源：第 45 次《中国互联网络发展状况统计报告》，2020-04）

例如，原本大家一致认为“有图有真相”，但随着图片编辑技术的发展，出现大量嫁接、修图、旧闻做新闻的情况，以至于“有图未必有真相”。但是，这样的内容却更容易引起关注。特别是有视频的内容，非常容易被认为是真相，加之现在传播成本低，能够很便捷地实现传播，信息容易被接受。

新冠肺炎期间，一段“湖北天门将外省捐赠的萝卜倒入垃圾站”的视频在网上流传。该视频内容称，湖北天门将捐赠的蔬菜随意处置，不给居民反而全部倒入垃圾站。经公安部门调查，该视频最早于 2020 年 2 月 23 日在天门富贵世家小区业主群传出，发布人为天门华西农商城蔬菜经营户，其于 2 月 19 日购入一批白萝卜销售，行情不佳导致很多萝卜烂掉无法售出，所以倾倒进旁边垃圾站。①

新冠肺炎疫情期间，社交平台 Twitter 上流传一组海豚、天鹅的图片、视频，称威尼斯“因祸得福”，因为疫情的关系，人类活动减少，不少动物重新出现在城市里，威尼斯运河有天鹅和海豚游泳，后众多网站转载。《国家地理》杂志对这些图片进行了查证，天鹅游泳的照片是在布拉诺岛拍摄，那是大威尼斯地区的一座小岛，和我们熟知的威尼斯市并不一样。海豚游泳的视频则

① 外省捐赠蔬菜倒入垃圾站？湖北当地回应.搜狐，2020-02-26.

是在撒丁岛拍摄的，这座岛在意大利西南部，是地中海的第二大岛，距离威尼斯800公里。①

这些有图、有视频的谣言，非常适合传播，也容易让人相信。如果没有现代传播技术它们很难传播，同样，没有专业支持很难判断其真伪。谣言传播成本降低，识别、阻断谣言的成本却在上升。

相关链接 Vlog[3]

Vlog全称为"Video blog"，中文名译为视频博客或视频日志。2012年，YouTube上出现了第一条Vlog。创作者通过拍摄视频记录日常生活，他们被称为Vlogger。

在国外，Vlog已经成为成熟且有持续盈利模式的产品。2018年，YouTube每小时就会诞生2 000多条Vlog作品。截至目前，B站成了国内最大的Vlog作品集聚地，日均产量达上千条。Vlog时长介于短视频与微电影之间，短视频一般为15～60秒，微电影在几分钟到一个小时之间，Vlog的长度则多为4～10分钟，其内容主要与拍摄者亲身经历相关，受众在观看的过程中更有生活代入感。

2018年，新浪微博和腾讯把目光放到了Vlog上，"微博VLOG"官方在2018年9月发出Vlog正式召集令：在过往30天里，发布超过4条Vlog，就可以申请成为微博认证的Vlogger。微博还发起了"明星制片人微计划"，依靠具有超大流量的明星和大V进行Vlog的宣传，使Vlog进入大众视线。腾讯则上线了一款叫作"yoo视频"的短视频产品，以"Vlog＋Vstory"的内容革新和对作品进行创作补贴的方式引导Vlogger入驻创作。

3.1.3 信息茧房影响受众判断力

"信息茧房"概念由哈佛大学法学院教授、奥巴马总统的法律顾问凯斯·桑斯坦在其2008年出版的著作《信息乌托邦——众人如何生产知识》中提出。通过对互联网的考察，桑斯坦指出，在信息传播中，公众因自身的信息需求并非全方位的，只注意自己选择的东西和使自己愉悦的通信领域，久而久之，会将自身桎梏于像蚕茧一般的"茧房"中。随着个性化推荐技术的发展，今天对信息茧房的定义更加清晰，指的是信息个性化推荐技术可能降低人们阅读内容多样性的趋势。[4]

个性化推荐技术根据用户已有的阅读偏好进行关键词匹配和推荐，因此，和阅读习惯相似性较低的内容基本上不会被推荐，这样用户的阅读内容会变得日益狭隘。例如，苹果的News采用智能推荐模式，强调以下三条"新闻智能化"路径：①"for you"，智能推荐，随着使用News次数的增加，推送给用户的内容也会更加精准，越来越符合用户的"胃口"；②"favourite"，用户可以快速进入订阅的媒体和频道，即时定位最心仪的信息来源；③"explore"，用户可以基于兴趣、媒体或地区来订阅更多类型的内容，满足用户发现新的有趣内容的需求。[5]通过这种方式帮助用户选择信息，用户在无意识中被圈定了阅读范围，陷入"不知道自己不知道"的怪圈。

---

① 较真查证：受疫情影响，游客减少，威尼斯出现天鹅和海豚游泳.较真，2020-03-22.

值得注意的是,“假新闻”的标题和内容一般都比较有煽动性,用户更容易被它所吸引,当平台检测到用户看了该新闻后,算法就会自动向用户推送类似的新闻。反复阅读,相互佐证,用户会越来越相信“假新闻”里的内容。新冠肺炎疫情暴发期间,全国民众的心都被疫情牵引。数亿受众每天沉浸在巨大的信息流中,热点多,真假信息同样多,上亿受众的情绪随着各种信息的传播而起伏。新的传播技术条件下,人人都是阅读者,人人都是传播者,疫情发生的特殊时期,“信息茧房”效应被放大,进而影响人们对真实信息的判断,不利于真实信息的传播。比如在疫情暴发期间,人们渴望各种有效药物,于是符合人们内心需求的虚假信息就很容易被编织、被传播,诸如“吸烟可以防治肺炎”“××药方治好了新冠肺炎”等就有了传播空间;映射焦虑、恐慌的信息,诸如“×鱼被污染,不能吃”等,也很容易传播。推送服务根据算法识别受众的阅读偏好,让偏爱这种消息的人,能非常容易地反复阅读类似消息,其危害可想而知。

长期处于“茧房”中,人们还会对与自己观点不同的信息产生“排他”心理。悲观者总是看到悲观信息,传递悲观;焦虑者看到焦虑信息,传递焦虑。各种符合这些心理的虚假信息,也因此有了传播环境。特别是随着抗击疫情胶着对垒,在长时期的信息轰炸之下,很多人已经“信息过载”,在选择信息时,越发把有限的注意力集中在符合自己阅读习惯的内容上。

同时,现在人们越来越依赖社交媒体获得信息。社交媒体亦称“社会化媒体”“社会性媒体”,指允许网民自发撰写、分享、评价、讨论、相互沟通的网站和技术。既具有传统媒体发布面广、影响力强的特性,又具有传统媒体所不具有的特性,如人人都可以发布和制作新闻、同时每个人又是传播渠道的特性。[6]社交媒体已经成为网络新闻获取、评论、转发、跳转的重要渠道。中国互联网络信息中心(China Internet Network Information Center, CNNIC)数据显示,2017 年曾经通过社交媒体获取过新闻资讯的用户比例高达 90.7%,在微信、微博等社交媒体参与新闻评论的比例分别为 62.8% 和 50.2%,通过朋友圈、微信公众号转发新闻的比例分别为 43.2% 和 29.2%。

社交媒体的发展令有相同阅读偏好和传播偏好的人更容易聚集成一个圈层。当疫情这样的公共事件发生时,各种观念碰撞,朋友圈也“争吵”不断,观点不合者或者沉默,或者被“拉黑”,留下的、表达的都是观点相似的。于是在这个“圈”内,大家彼此强化观点,认知进一步趋同。

从个体的“信息茧房”到人群圈层,这些都是新的传播技术带来的变化,也是舆情风险产生的重要原因。在日常情况下,这种“信息茧房”效应对人们心理健康乃至公众情绪、公众行为的影响还较为微弱,但在新冠肺炎疫情这样的重大突发公共事件中,数亿人把日常社交降到最低点,“信息茧房”效应对人们的心理影响也骤然放大,使得引发舆情风险的可能性增大。

3.1.4 传播途径丰富

今天,公众获得信息的途径前所未有地丰富。特别是随着社交媒体的发展,它已经成为网络社会热点事件产生和发酵的传播源头,形成传播影响力后带动新闻网站、传统媒体跟进报道,最终形成更大范围的舆论浪潮。

在社交媒体中，常见的传播方式有：①广播扩散。公众从一个源头获取信息。这是一种高塔式的垂直扩散，如同灯塔释放信号一般传播信息，位于顶端的是有影响力、号召力的权威信源。报纸、广播都是这种传播方式。②病毒扩散。口口相传，指数级增长，难以有效跟踪。[7]

广播扩散较好理解。病毒扩散指信息像病毒一样扩散，口口相传，以网状结构传播开来。当扩散级别逐渐增大时，同一级别上扩散的人数也会实现指数型的增长，最后形成网状扩散型的传播结构。这种传播结构实际非常古老，人们如同置身一个广场，相互交流信息。互联网，特别是社交网络的发展，将这种传播方式在线化，且扩大了范围。但从舆情风险的角度来思考，病毒扩散的过程难以有效地追踪，或者说，在现有技术条件下，追踪成本极高，很难判断它到底发挥了多大的作用。所以，在数据不完善的情况下，很难测量、很难追踪，似乎是信息自发地演化为热点。

事实上，真正形成舆情热点的，一般不仅依靠病毒扩散方式，而是同时采用广播扩散和病毒扩散两种方式，它们高度融合。看起来像是病毒扩散式的传播，其实经常包含藏在暗处的广播扩散。例如，这些年在 YouTube 上很火的各种视频，动辄超过亿人观看。除了公众自发地关注、转发，在很大程度上还得益于一些名人、网红的转发。这类名人、网红是这条传播链上的超级传播者，从一个源头扩散到百万甚至千万受众。两种传播方式叠加，信息流实现数量级的飞跃。

移动互联网的发展，让这两种传播途径的入口更加丰富，网络更加密实。手机浏览器、新闻客户端、社交媒体已成为移动新闻市场的主要入口。除了主动阅读，还有大量信息，通过各种方式被推送到用户面前，“今日头条”利用算法技术为用户提供个性化的新闻资讯推荐，形成差异化优势并超越多数门户网站。在 PC 端，综合门户和传统新闻网站仍占市场主要地位，其中综合门户具备更强的流量优势，传统新闻网站公信力更胜一筹。几乎每一种获得信息的方式都是“广播式”传播和“病毒式”传播的综合。

在商业领域，很多企业已经深谙这种传播途径，它们利用大数据分析，打造分级、交互等多种传播途径结合的传播方式。例如，在淘宝上位于销售额前列的很多新晋化妆品品牌，其传播体系就包含明星传播、不同流量网红的“带货”、大批网络推手在社交网络“种草”①，这些节点就是一个个不同规模的“广播”。在另一个层面，设置和人工智能结合的“私人客服”，这些活跃在各种网络社交圈的“客服”“美容顾问”，是社交电商，也是信息传播者，他们引导消费者之间的互动，构建信息交流的平台。依托强大的数据能力，精准识别客户，也让沟通更人性化。这些传播途径叠加，和商业结合就产生了全新的运营模式。

渠道变化，意味着权威信源被淹没在传播链上，舆情风险产生的可能性增大，防控的难度增大。当然，随着大数据技术的应用、算力的提升，人们对舆情热点传播路径的跟踪会越来越清晰，但这也意味着更高的成本。

---

① 种草，网络流行语，指分享、推荐某一商品的优秀特性，以激发他人购买欲望的行为，或自己根据外界信息，对某事物产生体验或拥有的欲望的过程；也指把一样事物分享、推荐给另一个人，让另一个人喜欢该事物的行为，类似网络用语“安利”；还表示一件事物让自己由衷地喜欢。

3.1.5 传播手段演化为一个复杂系统

随着人类的科技水平、社会治理能力迅速提升，整个社会变得日益复杂。社会的每一个领域充斥着各种复杂系统，系统的复杂性增加了风险叠加的可能性。21世纪以来，各种不确定性风险层出不穷，金融风暴，传染病流行，一次次刷新人们的认知。

各种传播手段也日益演化成一个复杂的系统，不确定性风险与复杂的传播系统叠加，导致舆情风险的爆发更加让人感到匪夷所思。引发这些风险、最终带来严重危机的导火索常常是一件很小的事，这样的小事，在叠加的复杂系统中，非常容易演化成一场重大危机。

2012年冬季，星巴克在社交媒体上发起了一场营销活动，目的是吸引咖啡爱好者参与节日狂欢。星巴克邀请顾客在Twitter上使用“#Spread the cheer（欢欣的感觉四处扩散）#”这一话题为标签。当时星巴克赞助了伦敦一著名博物馆一个滑冰场，在滑冰场内建立了一个巨型的屏幕，展示带有这一话题标签的Twitter信息。这是发动顾客免费为星巴克树立正面形象。这些信息不仅出现在互联网上，还出现在大屏幕上，滑冰爱好者、冰场上的咖啡享用者、博物馆的参观者、路人都能看见。当然不合时宜的信息会被大屏幕的过滤器过滤掉。但是12月中旬，这个大屏幕的信息过滤器突然失灵了。一条信息出现在屏幕上：“我喜欢在一个依法纳税的商店里购买喝起来够味的咖啡，所以我不会去星巴克。”很快，网友们开始推送类似的关于星巴克避税策略的推文。之后，一位名叫凯特·托尔伯特的人给屏幕拍了一幅照片，并且配上一段文字：“我的天哪，星巴克在国家历史博物馆设了一个屏幕，上面显示他们的#Spread the cheer#信息。”接着，她的推文也显示在屏幕上，于是她又发了一条消息：“他们在显示我的推文，这可是公关良机……#Spread the cheer#快去纳税吧#星巴克。”很快星巴克公关失败的新闻又蹿红了Twitter，于是很多人开始发送这个话题。之后，又有网友发送：“看起来只要带上#Spread the cheer#的主题标签，伦敦星巴克的屏幕都会播出来。”一位男子在推特上写道：“哇，这太有意思了。”之后，雪崩般的Twitter狂潮势不可挡，形形色色的观点到处涌现。很快传统媒体也对Twitter风暴做出了反应。过滤器故障，托尔伯特的照片，其他用户的反应，主流媒体的报道，所有这些形成巨大的舆情风暴。至此，这些推文内容完全偏离原来的话题，其他各种针对星巴克的负面推文势不可挡。[8]

这个复杂、专业的系统中，一个微小的差错就会造成整个系统“崩溃”。这种复杂性使舆情风险的产生很难避免。在Twitter上设置话题，话题文字两端加“#”，为信息贴上标签，便于归类、检索，这是信息检索技术的常见应用，是一种在社交媒体中有效吸引粉丝、提高影响力的方法。如何设置关键词，如何吸引大家关注，都有一套方法，这是一套复杂的交互传播方法，这套方法又和传统的广播式传播——户外大屏幕显示结合，为了放大冬季欢乐的节日氛围，再与社交网络形成互动。为了避免负面信息，又在大屏幕显示信息环节设置了信息过滤器，这已然形成一个相对复杂的系统。这样的复杂系统在今天已成为常态。媒介融合、渠道融合都是在构建一个复杂系统。系统越复杂，一个环节失误带来的影响就越大。之后大屏幕的显示、推文推送、对大屏幕显示的关注、对关注的关注、其他媒体的介入，使新的话题不断产生，一场舆情风暴形成。

3.2 人人都是传播者

技术作用于人，传播条件变化影响了传播主体和受众。大众传播诞生于现代工业化过程中，对社会发展、社会结构都产生深远影响。互联网重新界定了传播主体和受众的关系，传播主体和受众之间的互动规律随之改变，进而影响舆情产生、演化以及风险的产生。

3.2.1 传播主体数量巨大，产生海量信息

新的传播条件下，我们的传播环境已经发生了巨大变化，传播者的数量以"亿"计，其复杂性以及可产生的能量超过以往任何时代。

2020 年 4 月 28 日，中国互联网络信息中心发布第 45 次《中国互联网络发展状况统计报告》显示，截至 2020 年 3 月，我国网民规模达 9.04 亿，较 2018 年年底增长 7 508 万；互联网普及率达 64.5%，较 2018 年年底提升 4.9 个百分点。我国手机网民规模为 8.97 亿，我国网民使用手机上网的比例达 99.3%。

网民基数增长，在社交网络平台上，还诞生了具有一定职业特征的内容创作者。

(1) 微信公众号数量在 2012 年后迅速增长。腾讯在 2012 年 8 月推出了微信公众号平台，2014 年，微信用户量正式突破 5 亿，也就是这 5 亿用户开启了微信公众号正式爆发的元年。许多微信公众号在 2014—2015 年注册，粉丝量开始疯狂增长，一场以微信公众号为核心的自媒体内容风暴开始席卷整个媒体。腾讯发布的数据显示，微信公众号的注册总量已经超过 2 000 万个。① 另外，截至 2018 年，媒体号在机构运营的微信公众账号中数量占比不足 1%，但粉丝总量近 23 亿。② 其余 99%的内容创作者，并非专业媒体，但背倚庞大的用户基础，微信公众号的内容产出与消费量依然非常可观。

(2) 微博从熟人社交转变为陌生人信息发布平台。2009 年 8 月，新浪微博上线；2013 年 2 月，新浪微博公布总收入约 6 600 万美元，注册用户数超 5 亿，日活跃用户数达到 4 620 万；后来微博活跃度下降，增长缓慢。新浪微博 2019 年第四季度及全年财报数据显示，截至2019 年年底，微博月活跃用户达到 5.16 亿，相比 2018 年年底净增长约 5 400 万，其中移动端占比 94%；日活跃用户达 2.22 亿。虽然用户数量不及微信，但数量仍然庞大。

可以说近年来，各类媒介平台发展的目的就在于通过各种手段，吸引更多的个体成为传播的主体。海量的传播者是舆情风险产生的基础。

3.2.2 传播主体多样，"把关人"缺失

传播主体多样，原有的媒体行业职业道德难以约束，行业内的价值判断发生了深刻变化。

大众传媒发展起来后的百余年内，各种传媒普及，人们广泛接受讯息。这一时期，虽然信息

① 重磅！《2019—2020 微信就业影响力报告》发布."微信公开课"微信公众号，2020-05-14.

② 马化腾：微信媒体公众号粉丝总量高达 23 亿.凤凰网财经，2018-09-10.

十分丰富,但是受众还是以接收信息为主。受众是广泛分散的群体,脱离了家庭、血缘、土地等传统纽带,相互依赖却又彼此陌生。受众规模大,既不同于有一定组织性的社会群体,也不同于松散的集群以及有政治自觉意识的公众,没有组织性,没有稳定的结构规则和领导者,也缺乏为实现自身目的而行动的意愿和手段。在这一时期,媒体还是充当了信息传播"把关人"的角色,以对信息的选择来影响受众的选择。

报纸、电视等媒体因此获得权力,也有责任,信息经过媒体的筛选和提炼之后进行发布,经过上百年的锤炼,形成了一套相对完善的职业规范和行业价值判断准则。从业人员长期以来形成的职业道德、职业规范,以及相关从业资格的制约,对传统媒体有着很强的制约能力。

从某种意义上说,技术的发展使传统的受众变成了传播的主体。在技术发展的过程中,受众对信息的掌控能力越来越强。从遥控器、录像机、有线电视、卫星电视,各种新的录制、存储、重放技术,到今天遍及全球的网络,受众的主动选择权越来越大,受众从被动的信息接收者、消费者、选择者,转化为搜寻者、咨询者、浏览者、反馈者、对话者、交谈者等诸多角色中的任何一个。[9] 这些角色或分开或重合,传统的行业约束手段必然失灵,人们不可能要求每一个信息传递者都有能力辨别信息真假;每一个信息传递者的认知水平不同、专业不同、立场不同、宗教信仰不同、身份不同,其对信息的接受和传递,都有着极强的个人色彩,过去相对集中的媒体立场被纷繁的个体立场代替。且随着传播链条的复杂化,很难预知在这个网络化的传播路径中,哪个节点会诞生舆情中的意见领袖。在这种条件下,舆情风险增大,爆发的节点难以预知。

3.2.3 传播主体匿名,产生极端信息

匿名意味社会约束功能的丧失。匿名心理指的是在一种没有约束力的匿名状态下,人可能失去社会责任感和自我控制能力。[10] 网络表达并非完全匿名,但信息发布后的追踪成本较高,即便使用真实姓名,在海量的发布者群体中也具有了匿名的特征。所以相对而言,在互联网时代,大部分信息发布者、传播者还是属于匿名状态。

人是社会化的动物,生活在真实的社会网络中,社会道德、他人的看法都无形中形成了对人的行为规范,每一个人都要对自己的行为负责。但是网络的匿名性、自由性和广泛性的特点,让很多人可以在"人群"中肆意表达各种观点。极端情绪常常溢于言表。这种煽动性的非理性情绪一旦叠加,经常会导致集体非理性现象,以及个人丧失理性判断、盲从别人意见的现象,即心理学上所说的"广场效应"。在"广场效应"的作用下,"群体只知道简单而极端的感情;提供给他们的各种意见、想法和信念,他们或者全盘接受,或者一概拒绝,将其视为绝对真理或绝对谬论。"[11]

互联网不仅具有信息传播功能,还有极强的人群组织能力,当个体的极端、非理性在"集体无意识"心理的支配和作用下转变为集中的意见、观点或倾向,形成大面积网络围观,非常容易以极低的成本形成行动上的一致性,特别在匿名的保护下,更容易激发破坏理性约束、制度约束、法律约束的行为。

随着公众对互联网传播规律的熟悉,近年来,我们还会发现很多被认为真实的传播主体,不过是因各种目的被制造出的虚拟个体,真实和虚拟之间的界线日益模糊,这是匿名的另一种表

现形式。他们不遗余力地发布爆炸性、轰动性、标题性、情绪性的观点，目的都是在网络世界中寻求关注，追求流量，追求潜藏的商业利益。新冠肺炎疫情期间，有数百篇“疫情之下的某某国：店铺关门歇业，华商太难了！”的自媒体文章刷屏网络。这些文章情节如出一辙，仅仅换了主角姓名、从事生意和所在国家，经过核实，所有帖文由3家公司批量炮制，而这些公司的实际控制人为同一个人。对此有网友调侃，一个叫“郭红”的人，炮制了你朋友圈所有的“世界失控”。① 虽然这些信息可追溯，发布主体的身份是可确认的，但这样的追溯成本也是显而易见的。

3.3 舆情内容的复杂性

舆情风险之所以会爆发、难预测、难管控，还和舆情内容的复杂性有关。

媒介和媒介内容相互影响，传播手段改变。内容和它作用于环境的方式也在改变。在电视时代，“人们的注意力因而被导向了一些特定的议题。这类议题的涵盖面如此广泛，我们应该清楚，实在不能将之限定于某一孤立的媒介身上，而是必须就电视与这些现象的关联问题，把它们置于整个社会与文化过程中进行考察。”[12] 互联网条件下，受众对内容的影响更深刻，也就决定了信息的主题、表达方式都发生了变化。这种复杂性表现在：信息在传播过程中会天然损耗、扭曲，不同专业之间信息沟通本身就存在障碍；不是真实的信息获得了最好的传播，而是符合受众心理的信息（比如谣言）可能大肆传播，公众心理、立场对信息传播、信息内容的演化起到重要作用；一个事件爆发后会随机、不断产生各种新的议题，扩散到别的领域，影响人们的判断。

3.3.1 专业视角和公众视角的碰撞

今天的人类社会是高度分工的复杂社会。19世纪到21世纪，人类社会的科学技术高速发展，社会生活加速变革。社会分工、专业化程度迅速加强，每个系统都有固定的工作方法、技术，系统的复杂性已经超越个体的认知范围。比如，人人都在使用电视机，有可能知道原理，却不可能知道每一个元器件的原理、生产过程、销售过程；人类掌握了越来越多的诊疗手段，不仅普通人无法理解医疗诊断的细节，不同的诊疗技术之间也有各种壁垒；人人都在讨论新冠肺炎疫苗研发，但疫苗研发的技术路线有多种，同一个领域内的专家都可能很难理解彼此的观点。“新世界的最大挑战是其不断增加的复杂性。复杂性是地区和全球危机的次数逐步增加的主要原因。”[13]

这种复杂性表现在内容的表达上，就是沟通上的“矛盾”，这种矛盾也是舆情风险产生的重要原因。每个系统都在追求高效运转，有自己遵循的工作方法。长期浸润其中，人们在表达和沟通时，都或多或少遵循所在系统的理念、工作方法。在很多舆情危机中，发声者抱有的是“系统内”思维，引发舆情风险的思维方式则来自“系统外”思维和它的冲突。公众视角和专业视角之间存在巨大差别，导致信息在专业领域和公众间传递、交流过程中出现各种损耗、差异，矛盾不可避免。

---

① 沈建国.人民网评：批量造谣的营销号，就得连锅端. 人民网，2020-03-20.

比如，医生从专业视角反复解释风险的可能性，公众关心的是治愈的效果；当医生客观陈述风险时，公众却很容易误读，产生恐慌、焦虑、愤怒等各种"系统内"无法理解的情绪反应。一味站在自己的立场解释，又很可能加剧矛盾。

再如，法律思维与社会一般认知存在差别。案件一旦进入司法程序，就需要严格依照法律来处理，有时就会导致公众的不解、不满，甚至愤懑，这些情绪通过微博等新媒体发布、传播，进而形成趋向性的网络舆情。如许霆案，在司法范畴内，虽不无争议，但总体还是一起普通刑事案件，但在媒体曝光后，很快引起网络热议。从银行的ATM取款机取款，取款机因故障使账户余额显示错误，于是多次取款获利，这样的行为在很多人看来，似乎是像捡拾路边遗失的现金一样，仅仅是拾金而"昧"，不会成为刑法中的犯罪。然而，从刑法的视角，这一行为被认为符合盗窃罪的定义，加之数额较大等情节，又使得量刑不断加码，初审判决其无期徒刑。[14]这一定罪、量刑，遂引发巨大争议，其中不乏在专业层面对新技术条件下犯罪构成要素的讨论，后广州中级人民法院重审改判其5年有期徒刑。这种判罚上的争议扩散到社会层面，形成巨大的网络舆情。

在专业内视角反复重申自己的方法、立场，却发现在舆情世界中无法对话。这一点在公共服务领域体现得十分明显。公共服务高度复杂，有自己工作的既定流程，这些流程是长期发展、不断改进而形成的。公共服务的对象范围广，经常要与公众打交道，处理不慎容易引发舆情关注。在各类突发事件中，公共服务部门尤其要注意舆情风险。平时公众未必关注的工作系统在突发事件中暴露于公众聚焦之下，各种不理解、意见冲突难以避免，非常容易引发舆情风险。这也提醒这些领域的各类组织要重视这样的思维差异，在平时要做好相关知识的普及，建立舆情引导的长效机制，在具体危机事件处置中要始终充分考虑思维差异，学会换位思考。

3.3.2 舆情内容重情感，轻理性

情绪是舆情的结果，也是舆情风险的动因。

情绪和故事，比理性说教适合传播。能够在舆情世界快速传播的内容都是能触动人们情感的内容，这是传播的基本规律。如果以历史的眼光来看，那些流传千年的经典，多半是聚焦超越时代的人类情感。今天人们在登高远眺时，获得的情感体验和古人并没有太大的区别，仍然可能在脑海中吟咏古人曾经吟咏的诗句。从空间来看，尽管文化背景不同、历史背景不同，但是人类共同的情感却是最容易传播的。

在互联网时代，在舆论场中广泛传播的内容饱含各种情绪。微信发布的《2019微信数据报告》显示，流行语排名第一的是"我太难了"这句蕴含着丰富情绪的话，有一点无奈，有一点自嘲，也有一些调侃，是公众情绪的直观表达。这句话甚至超过了表示称谓的"小姐姐"，可见表达情绪的重要。

在传播过程中，情绪传播通常通过下面三种形式导致舆情风险扩大。

1. 情绪传播抢占理性信息传播通道

蕴含情感、容易被表达、简单的内容更容易传播，而逻辑复杂、理论化的内容的传播通道容

易被挤占。所以在重大事件中，利用、煽动人们情感的内容在舆情中容易被制造、被传播。

在重大突发事件，特别是灾难面前，人们需要重建生活秩序、重获安全感，因此会通过网络等信息传播平台表达情绪、交流情绪。最容易引发共鸣的往往是情绪的宣泄，理性判断和具体举措会因为过于复杂，常常中止于传播链。加之公众的注意力是有限的，如果不采取措施，理性的信息更加难以传播，导致舆情风险概率增大。在互联网作用下，相同情绪的人群会迅速连接成不同的集群。这些集群内部继续强化这种情感认知，进而造成个人理性的迷失，还可能迅速出现“意见领袖”影响整个集群的行为。

2. 信息饥渴，受众“主动”追求符合心理预期的信息

在重大事件发生时，公众因安全感缺失、好奇心驱使等不同心理，希望了解各种确切信息。在这种对信息的渴求下，受众很难判断信息真假，而是根据主观意愿接受符合自己心理预期、符合自身情感需求的信息。很多谣言传播者就是利用人们这种渴求真相、渴求得到安慰的心理，肆意编造、传播谣言；各种谣言或者未经证实的信息，例如阴谋论、骗取同情心等内容，都容易在这种情况下广泛传播。新冠肺炎疫情期间，在腾讯较真平台上出现的被确认为谣言的可防控新冠肺炎的食品、饮品有洋葱、单枞、鸡屎藤等；还有各种被确认为谣言的治疗、防治、防控方法，例如武汉长江大桥燃放烟花驱疫、肥皂水洗鼻窦、蜂毒可抑制新冠病毒等。这些信息能够被广泛接受，都是因为满足了人们战胜病毒的内在情感需求。而一些复杂的理性分析，反而常常被人们刻意回避。

也有观点认为，这是信息饥渴的结果[15]。由于种种原因，各种正式途径并未给出足够的突发事件发生、处置方面的相关信息，使得突发事件网络舆情主体长期处于一种信息短缺与信息饥渴的境地。[16]他们迫切希望知道突发事件真相的要求难以得到满足，而网络则为他们实现这一愿望提供了有利条件。在网上，突发事件网络舆情主体可以交流看法，可以相互研究所谓的关于突发事件的“内幕信息”。不过，这些信息经常是未加分析、难以证伪的，进而成为滋生舆情风险的土壤。

3. “集体记忆”不断引发新舆情风险

公众情绪一般需要事件诱发，同一类型事件常会唤起公众的集体记忆。“集体记忆”这个概念最早是由法国社会学家哈布瓦赫提出的。哈布瓦赫[17]认为，应当把集体记忆视为一种社会现象，它由不同社会群体或组织所建构，每个群体的集体记忆都各有特点。他认为集体记忆倚仗于他人的记忆，同时还是现实对过去的重建。虽然个人并未经历某些事件，但这些事件仍可以被形塑成集体记忆，从而在整个国家或民族的记忆中占有一席之地。从这一角度看待舆情风险，为风险管理提供了思路。例如，雅安地震期间很多网民将汶川地震和雅安地震并提，有研究采样发现，样本中 11.13％的微博提到汶川地震[18]。汶川地震在人们脑海中留下的痛苦记忆，经过雅安地震消息的刺激，又重新涌上心头，形成大量关于“祈福与加油”“情绪与感想”“捐款”“反思与问责”的微博。很多内容是由汶川地震的痛苦记忆而产生的情感抒发，雅安地震的舆情中之所以出现如此多类似的微博，很大程度是因为之前的灾难留下了巨大阴影，成为潜藏在人

们心中的伤痛，雅安地震的刺激将人们再次拉回到相似的记忆之中。

情感是谣言的天然“翅膀”，公众容易被情绪绑架，丧失理性思考能力，产生各种不可控风险。这种情绪化的爆发，正是舆情风险产生的原因之一。

3.3.3 舆情内容重价值，轻事实

舆情风险产生的原因还在于很多信息的传播，不是为了澄清事实，而是不同的舆情主体在表明立场，立场在传播中的重要性超过了事实本身，以至于各种信息混乱，且造成了不同群体之间的摩擦不断产生。简言之，这种分歧是事实判断和价值判断引发的。事实判断和价值判断具有统一性，新闻传播也追求客观、真实，但是在互联网传播条件下，人人表达，表达的重点普遍从事实转向立场和关于价值的判断。

例如 2008 年美国大选，有人怀疑候选人奥巴马不是在美国出生的，他们说奥巴马出生在非洲肯尼亚而不是美国夏威夷。如此，奥巴马就不符合参选美国总统的基本条件。这事当时就在社会上引起了轩然大波。奥巴马立刻公布了出生证明的内容，说明自己确实是在夏威夷出生的。结果质疑的声音更大了。奥巴马团队又拿出了出生证明副本文件的扫描图片。质疑者们就开始拿着这张照片从各个角度分析，说这张照片是假的。有人说照片是 PS 出来的，有人说信息不全。这些质疑引发了很大的社会关注，2009 年甚至出现了一个专门的英文名词“birther”，意思就是质疑奥巴马出生地的人，该英文单词还被牛津词典收录。后来美国卫生和公共服务部也出面来证实该出生证明是真的。但是，这些质疑者就是不相信。到了 2011 年 4 月，奥巴马已经当上总统，宣布要竞选连任。这个话题又被翻出来。4 月底，奥巴马团队公布了详细版本的出生证明①，但争吵仍在继续。其中有一位代表人物——美国亚利桑那州的警长阿尔帕约，专门举行记者招待会，说自己跟进调查了五年多，找到了奥巴马伪造出生证明的九点证据。奥巴马公布了详细版本的出生证明以后，特朗普还是在 Twitter 上说这都是伪造的。西方学者称这种辟谣反而导致受众更加相信谣言，或更倾向于依照谣言行事的现象为“逆火效应”（the backfire effect），也称之为“回旋镖效应”（the boomerang effect）。[19]

不同舆情形成逆火效应的原因不同。但通过这件事不难看出，起初人们争论事实，符合现实逻辑；当一方拿出有力证据，争论仍无法停止时，被质疑的一方就不只是在捍卫事实，更是在捍卫自己的观点、捍卫自己的言论，舆论世界的争论在这里其实已经脱离了对事实的分辨。

到了后来，这个议题纯粹变成了两派政治力量互相博弈的题材。可以说，在这种状态下，双方的内在目标根本不一致，在双方目标完全不一致的情况下，其实谁也无法说服谁。在舆情世界中关于这个议题的争吵可以一直持续下去，因为奥巴马出生证明到底是真是假，早已经不重要了。甚至在某种程度上，你支持什么观点，就成为代表你的立场、圈层的一个十分抽象的符号化标签。决定这种争辩是否成为舆论关注焦点的，不是事实，而是双方政治博弈到什么时候。

在更多的舆情热点中，我们会发现关于事实的争论，会转化为身份之争、立场之争，这都是

---

① 奥巴马公开出生证明 回应自己非美国人质疑. 中国新闻网，2011-04-27.

不同的价值判断造成的。尤其是互联网传播下，原本复杂的个体常常会被简化为一个简单的标签，毕竟人类在接收信息时有一种天然的“懒惰”，这也是为了提高信息接收的效率。这带来的副作用常常是“多维度的个人缩减到单一维度”，这个归属维度取决于具体情境，因宗教、性别、爱好、年龄等而异。[20]很多网络暴力也因此形成。例如，给一些公共服务部门的工作人员贴上“特权”标签，给中年人群贴上“油腻”标签等，都忽视了具体事实。

脱离事实判断的舆情，因为缺乏客观基础，而很难实现理性对话，所有试图说服的努力都可能引发新的争议，这是传播世界的客观现象。不同的议题中，人们的立场、价值判断容易被更广泛地传播，这种现象会产生不同的社会影响，甚至产生不必要的风险。观察这个现象，可以让我们更好地理解传播规律，舆情世界的言行和现实世界的言行有着不同的意义，也提醒我们在舆情的世界中要谨慎避免此类事件的发生。

3.3.4 舆情内容重受众，轻信源

一般情况下，我们认为信源很重要。心理学家、传播学学者霍兰夫和卫斯的研究表明，在影响受众意见方面，高可信度信源远比低可信度信源的即时效果大；而几周后，高可信度信源的正面效果和低可信度信源的负面效果会逐渐消失，即这时对于受众来说，不管是对内容的主观评价，还是对结论的接受，两种信源的影响力并没有差别。[21]

这一研究成果是在公众对信源的可信度有较清晰判断的情况下的实验结果，即便如此，信源可信度在大众传播中对受众的影响力还是随着时间的流逝而减弱。今天的传播条件下，识别信源可信度的成本非常高。发布主体多，参差不齐，舆情内容的可信度与信源之间的相关性趋弱。

正因为如此，在大众传播时代，尤其是在今天的互联网时代，那些来自不可靠信源的内容才有了广泛传播的空间。只要内容能够占据传播链，它是由谁发布的并不重要。也就是说，信息的传播速度和传播广度，很大程度由受众的偏好决定。特别是各类谣言，就是那些“与当时事件相关联的命题，为了使人相信，一般以口传的媒介方式在人们之间流传，但是缺乏具体的资料以证实其确切性”的言论，其传播通常不需要考虑真实性，只要与事实关联即可，有的根据受众的心理需求编造，有的在传播过程中根据受众的心理需求不断被修订。[2]

例如 2019 年 6 月 9 日，网络上多处传播一则“西安到昆明 165 次车，桥被冲毁，中部车厢掉江里，刚发生的……不是每个人都有明天的”的消息，并配图、配视频。重大事故容易引起关注，地点明确，车次明确，配图明确，调动情感的语句（如“不是每个人都有明天的”）简短而容易引发情感共鸣，这样普适性的人生思考，把握住了传播要素，唯独将一般新闻中会格外强调的时间一笔带过。一般读者看到这样的消息，感官首先已经被图像和视频冲击，很多人根本不会去阅读文字，会想当然地认为这是最近发生的事情，立刻将其当作一条新闻转发出去。一般只有受过专业训练的人员，才会在丰富的情感表达之下，发现这条消息缺少最基本的要素——事发时间；才会想到一般重大交通事故会由权威部门发布。事实上，经过有关部门的核实，这是 2010 年的一条旧闻。

今天的传播条件下，受众快速接收信息，经常被标题、视频吸引，不会关注这条信息由谁发布，也没有能力发现信息的源头，在没有确认信息真实性的情况下，就充当了传播者。谣言传播是扩散过程，同时也是一种解释和评论过程。人们传递谣言的原因各不相同，为了沟通，为了表达，为了求证，甚至就是为了说而说。在现代技术条件下，相关管理部门可以找到信息的源头，但是这样的内容已经在一定范围内引起关注，甚至已经导致了风险。

3.4　城市舆情风险高发的原因

国家统计局数据显示，2019 年年末全国大陆总人口 140 005 万人，比 2018 年年末增加 467 万人，其中城镇常住人口 84 843 万人，占总人口比重（常住人口城镇化率）为 60.60%，比 2018 年年末提高 1.02 个百分点。这是我国城镇化率首次突破 60%大关。①

城市在承载经济社会发展成就、创造更多就业机会、给居民带来更美好生活的同时，也面临着越来越多的风险与不确定性。地震、台风、暴雨、洪涝、流行疾病等灾害或危机，给城市的稳定运行带来了挑战，并且随着城市规模体量的不断扩大，各种灾害造成的经济、社会损失相应增加。

城市同样是舆情风险的高发地，舆情一旦爆发，引发的其他风险更具破坏性，这是由城市本身的特点和传播特点叠加造成的。

从传统社会向现代社会的转型过程中，有三个趋势居于中心地位，即工业化、城市化、现代化。工业化、城市化带来了现代化的生活方式。大众传播是现代社会重要的变革。现代社会，人们需要通过大众传播来获得所需的信息，增进社会共识，促进社会协同。因此大众传播和城市生活高度融合，相互作用。新的技术条件下，信息传播效率提升，各种议题在城市环境中更容易发酵，也更容易产生各种风险。

1. 城市舆情主体层次丰富，社会治理参与度高

（1）城市人口密度大、人员结构复杂，在人人都是传播者的时代，密集的城市人口意味着更多的传播者，意味着海量信息，容易形成舆情热点。

我国大部分网民集中在城市，这是舆情热点产生的基础。第 45 次《中国互联网络发展状况统计报告》显示，截至 2020 年 3 月，我国农村网民规模为 2.55 亿，占网民整体的 28.2%；城镇网民规模为 6.49 亿，占网民整体的 71.8%（图 3-2）。我国非网民规模为 4.96 亿，其中城镇地区非网民占比为 40.2%，农村地区非网民占比为 59.8%。该报告指出，使用技能缺乏、文化程度限制和年

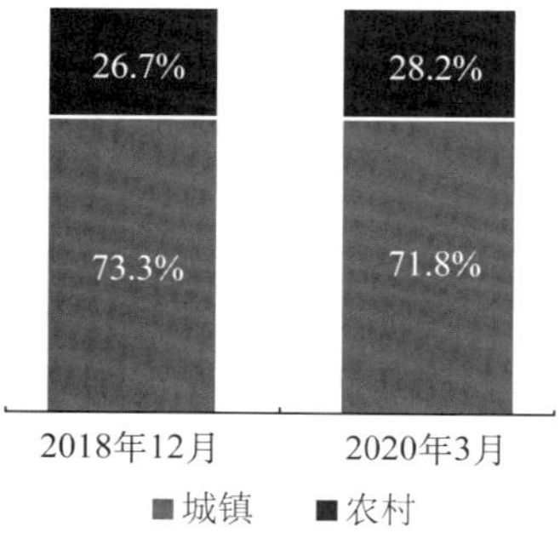

图 3-2　网民城乡结构

（资料来源：第 45 次《中国互联网络发展状况统计报告》，2020-04）

① 中华人民共和国 2019 年国民经济和社会发展统计公报. 国家统计局，2020-02-28.

龄因素是非网民不上网的主要原因。

(2) 城市运行的固有要求更容易催生舆情热点。城市生活协作性强,需要大量信息传递,有大量信息交流的机会。越是复杂的系统,越需要信息的充分传播。只要有信息传播,必然有冗余的信息、失真的信息,也必然产生各种摩擦,自然就形成了舆情风险诞生的土壤。

为了维系复杂的城市秩序,城市居民需要高度参与社会治理。分析城市发展历史,会发现越是发展成熟的城市,市民对公共事务的参与度就越高,对公共秩序的维护意愿就越强。随着社会的进步,城市居民为了维护复杂社会系统下自身的利益,政治参与的自觉性、自主性与积极性显著提高,对于社会发展进程中的各种问题更加关注,对于社会公平与正义的追求与探究日益迫切。市民参与公共领域社会治理的广度逐渐增加,程度日益深化,网络舆论场的勃兴,为公民政治参与提供了更为便捷、广泛的渠道。市民有对各种议题发表意见的意愿和渠道,这也为各类舆情风险的涌现提供了环境。

2. 引发舆情热点的议题多

工业化和城市化使人们之间产生巨大的社会差异,不同职业、行业创造财富的能力不同,人们的生活方式也千差万别。改革开放以来,我国城市化进程加速,社会阶段性矛盾多,引发舆情的议题多。

(1) 在高速发展的状态下,难免出现各种发展不平衡、不匹配的现象,医患矛盾、教育不公平等问题容易在城市环境中出现,引发舆情风险的议题多,一旦有突发事件诱导,容易形成舆情风险。

(2) 在社会快速演化的过程中,传统规范和价值观式微,新的价值体系在形成过程中,造成的社会价值观冲突增多,各种议题多。

(3) 社会分工造成城市居民职业、受教育程度差异大,城市集聚效应造成地域文化、消费方式等社会差异,这使人们对各种议题的立场差异大,容易造成舆情的发酵,不断产生新的舆情热点,以致引发舆情风险。

(4) 城市协作复杂,高速发展更容易引发各类突发事件风险,且无论是自然灾害还是各种突发事故,造成人员伤亡的概率都相对较高,舆情风险伴生其中。

3. 城市传播条件迭代速度快

城市网络基础设施完善,各种上网设备普及度高,各种社交媒体、新的传播技术大多首先在人口密度高的大城市推广落地,而它带来的风险常常是全新的、不可预知的。

发达的社交网络更容易聚集兴趣相同的人,从而增加风险爆发的概率。以微博为例,2013 年人民大学舆论研究所的相关研究显示,针对新浪微博中热门微博(转发量超过 1 000 次以上)的原创者地域进行统计,热门微博原创者所处的省域上,北京、广州、上海最为集中,三者占到了总体的 74.8%,其中北京最多,占 44.6%。[22]在 2014 年之后,微博才逐步布局三、四线城市。其他各类社交平台在推广时,大多也首先布局城市,之后逐步辐射农村。

综上所述,城市人口集聚,协作性强,需要大量信息交换,且信息交换效率高,是天然的传播场，一旦与各种城市发展的矛盾结合，就非常容易产生各种舆情风险。

值得注意的是，近年来，随着网络基础设施的普及，中小型城市一旦爆发舆情风险，信息传播速度、事件发酵程度和大中型城市已没有太大差别。网络的无边界特性日益明显，也意味着随着城市化的进一步发展，越来越多的人口生活在城市，无论城市规模，舆情风险的防控难度将继续增大。

参考文献

[1] 伊尼斯.帝国与传播[M].何道宽，译.北京：中国传媒大学出版社，2000.

[2] 卡普费雷.谣言：世界最古老的传媒[M].郑若麟，译.上海：上海人民出版社，2018.

[3] 宾振宇.Vlog 中国发展现状与前景浅析[J].视听，2019(3)：147-149.

[4] 唐绪军，吴信训，黄楚新.中国新媒体发展报告 NO. 9(2018)[M].北京：社会科学文献出版社，2018.

[5] 腾讯传媒研究院.众媒时代：文字、图像与声音的新世界秩序[M].北京：中信出版社，2000.

[6] 陆雄文.管理学大辞典[M].上海：上海辞书出版社，2013.

[7] 汤普森.引爆流行：如何在注意力经济时代成为流行制造者[M].师瑞阳，译.北京：中信出版集团，2019.

[8] 克利尔菲尔德，蒂尔克斯.崩溃[M].李永学，译.成都：四川人民出版社，2019.

[9] 麦奎尔.受众分析[M].刘燕南，李颖，杨振荣，译.北京：中国人民大学出版社，2009.

[10] 彭兰.网络传播概论[M].3 版.北京：中国人民大学出版社，2012.

[11] 勒庞.乌合之众：大众心理研究[M].冯克利，译.北京：中央编译出版社，2004.

[12] WILLIAMS R. Television: Technology and Cultural Form[M]. London: Wm.Collins&Co.Ltd.，1974.

[13] 马利克.转变：应对复杂新世界的思维方式[M].黄延峰，译.北京：机械工业出版社，2017.

[14] 张春华，聂翔，田丽丽.社会舆情：核心议题与治理实践[M].北京：社会科学文献出版社，2016.

[15] 张玉亮.突发事件网络舆情信息流风险模糊综合评价研究[J].情报科学，2015(11)：100-106.

[16] 张玉亮.面向优化控制的公共危机信息流及其运行模式研究：基于云计算技术的视角[J].吉首大学学报(社会科学版)，2011，32(4)：143-146.

[17] 哈布瓦赫.论集体记忆[M].毕然，郭金华，译.上海：上海人民出版社，2002.

[18] 张悦.突发灾难事件舆情在社会化媒体上的呈现与管理[J].西南民族大学学报(人文社会科学版)，2014，35(5)：140-144.

[19] 熊炎.谣言传播逆火效应的成因解释与抑制策略：基于实证研究的整合与推导[J].现代传播，2019(1)：75-81.

[20] 森.身份与暴力：命运的幻象[M].李风华，陈昌升，袁德良，译.北京：中国人民大学出版社，2012.

[21] 洛厄里，德弗勒.大众传播效果研究的里程碑[M].刘海龙，译.3 版.北京：中国人民大学出版社，2009.

[22] 李彪.微博中热点话题的内容特质及传播机制研究：基于新浪微博 6 025 条高转发微博的数据挖掘分析[J].中国人民大学学报，2013，27(5)：10-17.

第 2 篇

城市舆情风险管理框架与实践

舆情风险管理发展至今，仍是充满探讨且日新月异的课题，作为一门交叉学科，它涉及传播学、信息技术、社会心理学等多个学科。运用风险管理的理论实现舆情风险管理是最近几年兴起的，对个案的跟踪、实证调查、理论探讨都在广泛展开。我们也认为将风险管理理论应用于舆情风险管理，是建立舆情风险管理体制、机制的基础。

基于风险管理理论，我们认为，舆情风险管理是一个过程，由一个主体或多个主体协同实施，旨在识别可能会影响主体的潜在事项，管理风险以使其在该主体的风险容量之内，并为主体目标的实现提供保证。

随着大数据技术的发展，更多定量研究成为可能，这为舆情风险的识别、评估、预警、应急处置等提供了更多的数据支持、定量分析。但是舆情风险不同于其他风险类型，如同今天的经济学研究对“理性人假说”进行反思一样，舆情风险中的非理性因素，以及它的主观性、不确定性决定了舆情风险管理有自己的特征，风险管理理论必须充分考虑舆情的特殊性。

本书基于风险管理的经典流程，结合传播学理论，提出舆情风险管理的基本框架。第 2 篇将依据舆情风险管理的过程展开。

4　舆情风险管理的框架与流程

舆情的实质和内涵十分丰富，在新的传播条件下，它的能量被放大，成为风险社会的重要元素之一。近年来的相关研究虽然迅速增多，但舆情风险管理仍是全新的课题。本书认为，将风险管理理论应用于舆情风险管理，为舆情风险管理提供了基础性框架。对舆情风险这一高度基于主观意识、公众情绪的风险进行结构化梳理，可以为未来舆情风险数据化、智能化奠定基础，这种方式也为实践中处置复杂舆情风险提供基本行动框架。

本章重点介绍舆情风险管理框架和基本流程。具体模块将在后文中分章节展开。

4.1　以舆情引导为核心的舆情风险管理框架

舆情风险管理理论和方法还处在探索期，各种新技术和新方法不断涌现。建立管理框架是一般风险管理中常见的方法，旨在面对各种不确定性风险时，有效指引管理行为。在舆情风险管理的研究和实践中，很多已借鉴风险管理框架的管理理念，但大多聚焦局部环节，还缺乏整体性梳理。本书认为舆情风险管理应遵循舆情的传播规律，结合舆情风险的特点，通过建立管理框架，统领舆情风险管理行为，因此提出以舆情引导为核心的舆情风险管理框架（图 4-1）。

图 4-1　以舆情引导为核心的舆情风险管理框架

国际标准化组织(International Organization for Standardization，ISO)在2018年2月15日发布的《风险管理指南》(ISO 31000:2018)[1]中，将风险管理的经典流程概括为风险识别、风险分析、风险评价、风险应对。这一经典流程也适用舆情风险管理，构成了舆情风险管理的主要过程。

结合实践和现有相关研究，本书认为，在舆情风险管理的过程中，议题、舆情事件的生命周期是分析、评估舆情风险，应对、处置风险的两个基本维度。只有深刻认识舆情议题生成的社会现实基础，才能更为清晰地看到舆情事件中的核心矛盾，为识别和处置风险奠定基础，为化解矛盾和舆情引导提供方向。只有深刻认识舆情事件的生命周期，才能理解舆情的传播规律，在舆情演化的不同阶段及时处置，降低舆情风险的影响。

大数据平台、议题库、处置预案为舆情风险管理提供工具与方法支持，并在实践中不断丰富、完善。

通过反馈和评价形成持续改进的闭环，逐步提高舆情风险管理水平。

舆情引导贯穿在舆情风险管理的全过程中，是舆情风险管理的核心方法。本书认为，无论是在日常网络环境营造，还是在突发舆情的应对中，舆情引导机制都是有效防控舆情风险的核心。在日常管理中，营造良好的网络氛围，弘扬主旋律，做好重大主题宣传和典型宣传。在突发事件中，作为舆情处置主体的政府、企业等组织是各类信息的主要掌握者，要及时协调相关信息的发布；在危机发生后，组织通过媒体及时回应，把事实和相关信息传递给公众，以正视听，从而维护社会的稳定和正常秩序；通过一定的传播技巧说服媒体和公众接受相关主体所采取的措施，创造一个对组织有利的舆论环境；借助各类媒体进行公关活动，维护组织的声誉。危机事件一般都会给组织带来负面影响，通过舆情引导来及时消除这种影响。一旦组织的形象受损，还要通过长期舆情引导来进行“形象修复”的工作。

以风险管理的思维模式来思考舆情现象，可以对舆情风险有结构化的认识。舆情风险具有高度不确定性，永远有新的现象、新的问题出现。当人们处于高度不确定的情境中，没有地图可以呈现所有的细节时，可以通过指南针辨别方向，为走出迷雾提供可能。

4.2　舆情风险管理的准备

组织在构建风险管理框架时，会明确考察风险管理的内、外部环境，为风险管理的实施做准备。很多观点认为，“内部环境是企业风险管理其他构成要素的基础”[2]。《风险管理指南》(ISO 31000:2018)提出，风险管理过程要与组织的文化、经营过程和结构相适应，包括组织内影响其风险管理的任何事物。组织须明确内部环境信息，原因如下：①风险会影响组织战略、日常经营或项目运营等方面，从而进一步影响组织的价值信用和承诺等；②风险管理在组织的特定目标和管理条件下进行；③具体活动的目标和有关准则应放到组织整体目标的环境中考虑。

舆情风险管理的主体十分复杂，这决定了舆情风险管理的内、外部环境要放在更宏观的范围中来考虑，要具体结合舆情风险管理的主体来界定管理边界，为开展风险管理做好准备。

4.2.1 舆情风险管理主体的复杂性

舆情风险管理的复杂性主要在于主体的复杂性，企业、社团、高校等各类组织、各级政府部门都可能面临舆情风险，相应实施风险管理的主体也不同。

按机构性质划分，舆情风险管理主体主要分为五大群体：党政机构、司法机构、公共服务机构、企业、非政府组织和社会团体。舆情中的关系构成可分为官民关系和多元利益关系两大类，党政、司法、公共服务等机构舆情主要对应官民关系格局，企业舆情对应多元利益关系格局，其中央企和国企舆情是两种关系格局的复合体。[3]

企业和各类组织在实施舆情风险管理时，主体边界清晰，工作的重点在于实现内部协调。单一、明确的主体在进行风险管理时，要明确组织的内部环境，包括主体的风险意识、风险管理理念、人员的价值观；还要明确组织的胜任能力，包括实现目标的知识、技能、技术准备，以及管理层分配权力和职责的方式。从相关数据看，影响较大的社会舆情事件大多由 1～2 个主体应对，但多个主体合力应对的舆情事件正在增加。[4]

更多情况下，舆情风险管理的主体是一个复杂的、协同与集中并重的组织。例如新冠肺炎疫情期间，国务院联防联控机制就是一个复杂的、多部门集中与协同的主体。疫情期间，每天在固定时间举行的新闻发布会，就是由这样一个协同主体来组织的，它发布各类权威信息，及时回应各种舆情热点。这类主体在特殊时期迅速整合，将各种管理职能重组；在平时工作中，也存在一定方式的联系，开展相关协同工作。这类主体保持一种灵活的组织形态，根据舆情级别、类型而聚合、分散。

从层级角度来说，舆情风险管理可以分为：①地方性风险管理层级，主要针对的是地方范围内发生的各种风险和应急处理；②国家性风险管理层级，主要针对的是国家范围内发生的各种公共危机的应急管理；③区域性风险管理层级，是部分国家间的联合管理，是一定区域范围内若干相邻国家就共同面临的危机问题所做的协商和合作机制；④国际性风险管理层级，主要针对的是全球性公共危机问题，需要各国通力合作和协调。

随着传播技术的发展，舆情风险管理的主体还存在下沉和扩散两个维度的延伸。舆情风险管理的主体不仅仅是各级政府部门，尤其在重大突发公共危机事件的舆情应对中，企业、社区甚至更微小的管理单元都处于协同管理的网络中。企业等组织面对舆情风险时，也存在这种现象，即职工、相关方等个体同样处于这一管理网络中。从扩散角度，信息传播几乎没有边界，对不同行业、不同人群、不同国家的影响是叠加的、互动的，这也说明舆情危机应对中的协同合作日益重要。

确立主体边界的过程与建立工作机制、形成风险管理系统的过程是高度重合的。在这样的协同工作机制中，必须确保每个参与者的风险意识、风险管理理念（包括风险容量、风险偏好等）、价值观保持一致，形成共识。主体必须具备知识、技能、技术储备。在结构复杂的协同机制中，要明确管理层分配权力和职责的方式，明确信息传递的范围、路径、方式等，从而提供风险管理基础，营造合适的内部环境。

4.2.2 舆情监测技术准备

大数据监测是近年来快速发展的技术，依赖这一技术，舆情风险的识别、评估等由以定性为主向定量方向迈出了一步，为风险管理决策提供了重要的参考，当然这一技术还有很大的局限性，但却是现阶段传播条件下不可忽视的技术准备。

1. 舆情监测技术迅速发展

2009 年，谷歌把 5 000 万条美国人最频繁检索的词条和美国疾控中心 2003—2008 年季节性流感传播时期的数据进行了比较，谷歌公司依赖他们庞大的数据资源处理能力和统计技术，在甲型 H1N1 流感暴发的几周前，预测了冬季流感的传播。当时谷歌的员工猜测，特定的检索词条(例如“哪些是治疗咳嗽和发热的药物”)是为了在网络上得到关于流感的信息。但是，找出这些词条并不是重点，员工不知道哪些词条更重要，更关键的是，他们建立的系统并不依赖于这样的语义理解，系统唯一关注的是特定检索词条的频繁使用和流感在时间和空间上传播之间的联系。谷歌为了统计这些词条，共处理了 4.5 亿个不同的数字模型，再将得出的预测与 2007 年、2008 年美国疾控中心记录的实际流感病例进行对比，将他们的软件发现的 45 条检索词条的组合用于数学模型，生成的预测与官方数据的相关性高达 97%。谷歌和美国疾控中心一样也能判断出流感从哪里传播出来以及传播路径，而且判断更加迅速、及时。从此，这种建立在大数据之上，通过对海量的数据进行分析，获得巨大价值的产品、服务或者深刻洞见的新型能力被公众广泛认知。[5]

大数据分析的主要技术手段是数据挖掘(data mining)。数据挖掘又称数据库中的知识发现，即指从数据库的大量数据中揭示出隐含的、前所未有的并具有潜在价值的信息，对其进行价值聚合和提炼。[6]早期数据挖掘技术应用于搜索引擎领域，是搜索引擎获取数据的支撑性技术之一。随着数据资源的爆炸式增长，数据挖掘的应用场景和商业模式变得更加广泛和多样，较为常见的有新闻平台的内容汇聚和生成、电子商务平台的价格对比功能、基于气象数据的天气预报应用等。一个出色的数据挖掘工具能够处理大量的数据，大大节省了人们在该类工作上所花费的时间。经过十多年的快速发展，很多数据监测机构致力于相关技术的研发与应用。

越来越多的学者将模拟仿真、数据挖掘、文本挖掘等技术引入网络舆情研究中来。张一文等[7]就利用系统动力学建模的方法，分析了非常规突发事件网络舆情中主、客体之间的相互影响关系。杜蓉等[8]运用复杂系统建模的方法，构建了危机信息互联网传播中无政府参与的舆论演化模型和有政府参与的舆论演化模型，并运用仿真平台验证了模型的合理性。张剑峰等[9]对微博文本研究现状进行了总结，提出目前比较成熟的微博文本处理技术——文本采集、文本分类、文本聚类、信息抽取、话题监测和情感分析，并且使用数据挖掘的方法来分析网络用户行为信息。曹树金等[10]提出了基于 HowNet 和网络情感词的极性词典的人工构建方法，并在此基础上设计了针对表达情感的网络新词的自动识别方法。

随着大数据技术的发展，数据抓取与舆情解读能力迅速提升，通过对数据信息的鉴别、萃取、掌控、分析等，从海量、及时、动态、开放的数据中提取出社会热点和民众需求，可以说对舆情风险管理有重要支撑作用。根据相关研究和各类舆情监测机构的实践,这类舆情监测的流程基本如图 4-2 所示。

图 4-2 舆情数据分析过程和结果

大数据舆情监测虽然发展迅速,但仍然是建立在对现实语意的理解之上,常见的按议题主题建模,还是需要对现实社会有充分认识。例如,监测食品安全相关舆情、监测环境的相关舆情,都需要对现实语义充分理解,对数据来源充分理解。同时,不同的分类维度,需要建立不同的模型对数据进行分析。例如中外关于中国国家形象的舆情,就要考虑多语种、多层面、多粒度的信息融合问题。涉华舆情的来源具有多样性和异构性,导致重要信息分散,传统方法难以将散布在网络空间中的高质量信息进行有效聚合,所以在数据获取时,要考虑国内新闻媒体、国内主要社交媒体、海外重要社交媒体、海外重要新闻媒体等不同数据库的资源归集。考虑到跨语言问题,还需要在数据入库之前进行预处理。[11]

相信随着文本挖掘技术和计算机技术的发展,突发公共事件网络舆情可视化将大有作为,利用可视化的方法将突发事件舆情发展状态、趋势进行展现,并利用信息检索可视化方法将图像交互式界面与相应的文本关联,使得抽象的事件发展态势可以通过图像直观呈现,这对突发事件网络舆情的感知、监控、整合和数据分析报告的生成将起到积极作用。

2. 舆情监测机构迅速发展

基于数据的价值,近年来各类舆情监测机构迅速发展。

例如,不少新媒体服务外延不断扩展,人民网、新华网等传统媒体都建立了相应的数据监测平台。2008 年,人民网舆情监测室正式组建,开始了专业化的舆情服务和数据业务。2009 年,北京人民在线网络有限公司成立,与人民网舆情监测室一体化运作。人民网舆情监测室早期以舆情知识普及、提供专业分析报告为主,中期推出服务于多个行业数百家客户的一整套舆情解决方案。随着互联网进入大数据时代,以及个人、企业、政府的决策由经验驱动转换到数据驱动,人民网舆情监测室服务的专业性不断升级,智慧含量不断提升,进入数据与智库相结合的智能舆情阶段,人民网舆情监测室也升格为人民网舆情数据中心。① 2018 年,新华网发布新华睿思数据云图分析平台,信源覆盖新闻网站、论坛及贴吧、微博、微信公众号、移动新闻客户端、平面媒体电子版及境外站点七大类;系统自动从海量数据中匹配出与规则相关的信息,实现对公开信息的实时监测并提供相关信息的统计分析;根据业务需要定制丰富多样的预警模型,通过邮件、桌面弹窗等多种方式为用户提供预警服务;针对突发事件、重大事件等,系统自动进行持

① 董盟君.从舆情监测到数据智库:人民数据十年炼成记.人民网,2018-09-08.

续的追踪监测及多维度的挖掘分析,掌握事件的发展态势以及网民舆论倾向;实现对七类数据的聚合搜索,用户输入简单的关键词,即可一键搜索,并可进行分类查看和实时统计;基于各类业务数据和分析结果,实现报告的自动生成和在线编辑,辅助用户快速进行舆情事件的综合分析及报送。

依托强大的数据资源,百度、腾讯、新浪等都提供各种数据服务,对全社会关注的热点可以较为清晰地识别。百度搜索是中国市场占有率第一的搜索引擎。搜索词的海量数据可以较为全面地反映中国网民最真实、最客观的精神需求和信息寻求的行为特征,勾勒了一幅相对完整的中国社会生活诸领域的真实画卷,能够较为客观地反映公众的兴趣所在。微博热搜榜根据话题讨论量、转发量和评论量等数据信息,推出爆炸性话题、热门话题。话题以参与人数的多少排列顺序,从而使得排序越靠前的内容越能快速被网民关注并引发更大规模的传播。在传播过程中,原本碎片化的信息经过微博热搜榜被集中成为一个整体,弥补了碎片化时代人们注意力短暂、记忆时间短等短板。微博热搜榜主要分为热门话题排行榜、实时热搜榜、热门事件等。其中,微博实时热搜榜每分钟实时更新,根据内容转发量、评论量、讨论量等微博热度评价指标,自动标签爆炸性微博内容、新上榜的微博热搜。微博热搜榜的内容涉及面广,有娱乐性消息、民生类信息、国内外重要新闻,微博用户使用微博感知天下事的基本认知需求得到了满足。用户的感情也可以通过微博热搜榜反映出来,微博热搜榜将用户释放的情感集合展现给更多的微博用户。[12]这对于了解社会热点有一定的参考价值,但是也不排除这样的榜单因为逐利而进行暗箱操作,仍须健全相关监管体系。

当然,还有各类提供定向舆情监测的机构,这些机构各有特色,提供的服务十分丰富,在相互竞争中,整个行业发展水平迅速提升。

3. 舆情监测对舆情风险管理日益重要

随着网络的普及和计算机技术的进步,构建突发公共事件网络舆情分析系统成为可能,网络舆情指标体系、监控方法、分析技术和系统框架等研究成果已被许多舆情系统采纳,利用舆情系统进行风险管理的研究逐渐增多,对舆情信息进行挖掘,评估危机态势,辨析舆情真伪,预测危机趋势等细分领域已成为国内外学者的研究热点。数据挖掘、模拟仿真、文本挖掘等技术的不断革新,使突发公共事件网络舆情研究呈现细粒度和语义化发展趋势,信息可视化技术让舆情监测和跟踪更为直观。

今天越来越多的主体在运用舆情监测技术支持舆情风险管理,包括政府部门、企业等各类组织。传统媒体和门户网站时代,信息传播是单向的,产生的信息量和网络数据量都有限,舆论话语环境相对单纯,从源头上研判舆情有极大可能。而大数据时代,自媒体门槛低、去中心化的传播优势,使得"人人都可发声",普通民众由传统受众逐渐演变为集信息发布、传播、接收于一体的用户,繁杂的信息及网状交错的传播渠道使网络数据尤其是非结构化数据呈现井喷式增长。根据国际数据公司(International Data Corporation, IDC)发布的数据统计白皮书,在2018年,中国产生大约7.6 ZB的数据,到2025年,这一数字将增至48.6 ZB,成为最大的"数据圈"。

庞杂的数据挑战着我国政府的舆情危机研判能力:海量的多源异构信息降低了政府的危机预警效率;大量低价值密度的数据增加了政府的决策风险,考验着政府的数据清洗和提取分析能力;而隐藏在庞杂数据后的复杂关系也亟须政府提高数据分析和挖掘能力。[13]

综上,网络舆情强扩散力的特征亟待政府及各类管理主体提高舆情危机回应速度。利用大数据技术进行舆情信息的实时收集、聚类和分析,提高舆情危机回应和处置决策的能力,可以使相关部门在舆情危机发生的第一时间,作出准确研判,及时沟通民意,抢占舆情危机治理的先机。

4.3 舆情风险识别

舆情风险识别是相当困难的,在它没有转变成为一场危机时,几乎很难判断。很多方法仍在探索阶段,而且会随着信息技术的发展而不断演化。

识别舆情风险可以从三个维度进行:对整个风险管理系统脆弱性的识别,对舆情风险议题内容和议题情绪色彩的识别,以及对舆情演化阶段的识别。特别是从议题角度和舆情事件生命周期角度切入,充分考虑舆情的特点,是舆情风险管理重要的突破口。

4.3.1 舆情风险管理系统脆弱性识别

对舆情风险进行识别,要关注舆情风险管理系统的脆弱性。舆情风险的演化是在一个复杂的系统中,对舆情风险的治理涉及传播媒介、社会治理职能部门、专业机构,脆弱性则是对一个或多个对象弱点的总称。

对舆情风险管理的研究还处于起步阶段。结合风险管理理论,本书认为可以按照表4-1对主体内部舆情风险管理的各个构成要素进行识别,以此为依据,判断是否建立了相应的舆情风险管理系统。如前文所述,建立风险管理系统的过程与舆情风险管理主体确认过程高度重合,尤其是对于公共舆情而言,管理涉及部门多,沟通协作基础差,管理范畴有交叉、有留白,明确管理主体,建立舆情风险管理系统是为风险管理奠定基础,打造管理的内部环境。从识别角度,应结合管理构成要素,分析系统的协作能力、脆弱性,及时反馈、改进。

表4-1　主体内部舆情风险管理构成要素识别

序号	事项	识别(是/否)
1	舆情风险管理的主体对舆情风险是否理解	
2	是否有舆情风险识别、评估过程和应对预案	
3	是否制定并执行政策和程序以支持舆情风险管理	
4	是否配备资源支持舆情风险管理	
5	是否明确信息流转通路与沟通机制	
6	是否对舆情风险管理过程进行监控、反馈	

在识别舆情风险管理系统脆弱性的过程中，要加强对已有措施的确认。社会层面的舆情风险管理是一个复杂系统。系统的交叉和整合是舆情风险管理的难点，也是风险管理中常见的问题所在。有效的安全控制措施可以降低网络舆情发生的可能性，也可以减轻由突发事件网络舆情造成的不良影响。因此，在进行风险分析之前，有必要对被评估对象目前已有的安全控制措施的有效性进行分析，为后续的风险分析提供参考依据。

公共舆情，涉及公众层面、政府部门，舆情风险管理的主体必然要实现多部门联动、协作，这无疑增加了舆情风险管理的难度。同时，还须从法律法规制度层面推进舆情风险管理的落实，建立、完善舆情风险管理制度和机制。另外，各类组织都有可能面临舆情风险，也有必要建立相应的管理系统。

4.3.2 舆情风险议题识别

与其他管理对象不同，舆情的对象是信息，按照风险管理的思想来识别风险，其核心是对信息和信息传播相关性质的判断。然而信息主题的多样性、信息传播的不稳定性和主观性造成了识别的难度。

在风险管理方法论中，核对表法是一种简单有效、定性识别风险源的方法，但显然这种方法要基于长期的数据积累。舆情风险的识别中，建立风险议题库，根据舆情的议题进行识别，也需要长期的积累，但这必然是舆情风险识别重要且有效的方法。

美国在应对突发舆情时，有相应的“议题管理”传统。所谓“议题”是指国家、政府、企业等组织在其政治、经济和社会发展中出现的、公众普遍关心的问题和需要加以决策的事项；所谓“议题管理”则是了解、动员、协调组织的政策规划与决策过程，借助于现代传播手段和平台，有效地引导公众参与公共政策制定的过程。其目的在于减轻甚至于完全避免危机的爆发。“议题管理”的创始人、美国学者罗伯特·希斯(Robert Heath)提出了一个简明的公式说明议题管理的要素：风险评估＋准备预案＋采取行动＋传播与沟通＋评估＝成功的议题管理(即免除危机)。议题管理是政府部门和企业等组织应对舆情危机开展的主要工作之一。例如，纽约警察局(New York City Police Department，NYPD)是负责公共传播和媒体关系的部门，设有议题管理档案库。针对各种不同的议题，有非常详尽的危机预案，对可能出现的各种天灾、人祸，分门别类地制订对策。[14]

美国媒体的议题管理，常被应用于竞选、突发公众事件等领域。在每届总统大选中，可以看到高度密集的舆论危机处置。围绕总统竞选议程，已经长期发展形成了能力、经验、可信度、领导力、道德、家庭、关爱等议题[15]，围绕这些议题，设置议程，应对危机。

值得注意的是，人们主观世界关注的信息，会一直随着时代的发展而变化。新的议题会不断出现，引发关注。但这些议题很多都是一个“母题”的变异，或是同一个主题在不同时代下的新呈现。从议题识别角度而言，势必要对人们生活的世界有着深刻的认识，才可以从全新的表面现象看到人们熟悉的“古老”议题，这种认知方式上存在的客观现象，也为从风险管理角度构建议题库提供了可能。

识别这些议题的困难在于，它们表面上起于微末，通常来自非常微小、不足挂齿的事件，但变化多样。2013 年 6 月，巴西发生了以中产阶级为主体的全国性抗议活动。[16]事件的起因是里约热内卢等城市公交车票价上涨 10 美分，然而当时巴西人均 GDP 超过 1 万美元，10 美分就引发如此冲突，令人很难理解。这一事件背后的深层次原因是政治、经济、社会层面长期积累的矛盾，这一事件是社会转型发展期的矛盾体现，是社会矛盾在互联网舆论场集聚能量后的爆发。

在风险识别的实际过程中，既要有识别这些经典议题的能力，也要对这些议题的变化进行辨别。建立舆情风险议题的案例库并不断更新，不仅可以帮助我们熟悉各类经典议题，也可以帮助我们熟悉各种议题的变化，提高对舆情风险的预判能力。透过现实世界的小事件，看到其背后的风险，把握时代深层次的矛盾，从多个维度化解风险，积累风险处置的经验，识别高风险议题，及时预警，不断提升舆情风险的管理能力，避免同一议题反复引发不可控风险。例如从 2007 年厦门 PX 项目事件开始，围绕 PX 项目是否会导致环境恶化的争论始终未能停歇，这几乎成为一个标志性的议题。大连、宁波和昆明多座城市因类似项目引发群体性事件。建立围绕此议题的案例库，可以有效降低这一议题舆情风险的破坏力，使处置前移。

综合分析近年来我国舆情事件的爆发过程，本书认为各种突发事件、社会发展矛盾引发的舆情，国家、民族、宗教、文化冲突引发的舆情，环境保护问题引发的舆情，各种议题叠加引发的舆情是引发舆情风险的常见议题，本书会在第 6 章中进行具体论述并形成高风险议题清单，为议题识别提供参考。

4.3.3 舆情演化阶段识别

从传播角度识别舆情风险，必须明确舆情事件处于传播扩散的哪个阶段。

舆情热点事件有自身的不确定性，但也有一定的传播规律。近年来随着大数据相关技术的发展，舆情监测能力日益提升。舆情热点事件传播效果的量化统计日益清晰。观察事件热度、公众关注度的变化，可以发现舆情热点事件一般会经历萌发、爆发、消解的周期性过程，也有不少议题在传播过程中会聚合新的热点，产生次生舆情热点，从而造成传播上的不断反复、扩散，以及多个议题杂糅等情况，增加舆情风险应对难度。

对舆情演化阶段进行识别，原因在于舆情事件的传播阶段不同，风险应对的策略不同。由于这种传播具有复杂性，对舆情演化阶段的识别，仍要结合议题进行。

关口前移是舆情管理工作的重点，在舆情事件形成的早期要及时发现，爆发期要注意及时处置。具体而言，抓源头可以避免舆情扩散，对于谣言的传播，要早阻断。要在舆情热点形成之前，及时沟通，及时解决问题，化解风险。舆情升级后再被动应对危机，容易堆积负面刻板印象，但不能回避，主体应及时、合理应对，避免鸵鸟心态，纠正漠视态度，避免引起公众情绪的进一步激化。要注意避免因应对不当导致的次生舆情。实践证明，很多舆情危机都是在某一个舆情热点产生后,主体应对不当导致的。在舆情消解阶段仍要关注事件的发展,不断反思、改进、总结,持续消除负面刻板印象,恢复组织声誉。

舆情事件演化阶段的识别难点在于:①传播速度快,判断时间短;②事前预判难,传播拐点大多事后才能被清晰识别。但现在越来越多的数据可以作为早期识别的依据,尽早识别有利于建模和预测,为风险的应对和处置提供支持。

除了上述难点,大数据技术和数据安全相关法律法规建设也有很多难点。例如新冠肺炎疫情期间,在谈及各国利用大数据进行跟踪和预警遭遇的难点时,哈佛大学 Brownstein 教授指出:"最大的挑战是产生一个可靠的全球数据集,该数据集利用了多个国家的数据集,并且可能有不同的度量标准。"①这也是各类基于大数据研究的应用所面临的共同问题。在法律法规层面,如何合理打通数据壁垒,在保障信息安全的同时,精准判断信息传播轨迹等都需要不断完善。当然,随着对各类舆情风险案例的积累、研究的深入,数据处理能力的提升,我们对舆情事件传播的发展阶段会有更清晰的判断,从而为舆情风险管理提供更多决策支持。

4.4 舆情风险评估

对于突发网络舆情风险来讲,风险评估就是指运用科学的分析方法和手段,系统地分析社会所面临的突发网络舆情风险及其存在的脆弱性,评估突发网络舆情一旦发生可能造成的危害程度,提出有针对性的处置对策和整改措施,以防范和化解风险,或将残余风险控制在可接受的水平,从而最大限度地保障社会的和谐与稳定。

值得注意的是,由于舆情风险的特殊性,舆情风险评估在舆情风险管理的不同阶段作用不同,目的也不同。和一般评估主要用于预先干预不同,舆情风险评估,尤其是对舆情产生影响的评估,十分重视结果。

(1) 在日常舆情监测中,定期对舆情进行评估,可以了解公众关心的议题,梳理分析核心议题,识别出潜在的舆情风险,对于建立舆情风险长效防控机制有重要作用。在政府重大政策实施前,或在涉及公众的各项活动和项目开展前,进行舆情风险评估,作出预判,可以有效减少风险爆发。

(2) 在舆情监测预警启动后,及时研判舆情,评估舆情影响程度,早应对、早处置,可以有效控制传播范围,降低舆情影响。

(3) 在舆情风险出清后进行评估,目的是提升舆情管理能力、引导能力,并将评估结果纳入日常舆情监测,完善舆情监测体系,形成改进闭环。

在进行评估的过程中,要识别和描述网络舆情的相关利益群体,理解不同群体参与网络舆情的利益诉求和价值所在,研判舆情对他们的影响和后果。舆情评估过程中,要及时将评估结

---

① https://www.usnews.com/news/best-countries/articles/2020-03-11/how-scientists-are-using-artificial-intelligence-to-track-the-coronavirus.

果反馈给相关部门，以便其及时调整介入策略。舆情评估中，要特别考虑公平问题，尤其是要考虑那些可能受到严重影响的弱势群体的诉求。

4.4.1 网络舆情风险评估的基本方法

在风险评估的发展过程中，出现了不同类型的评估方法，主要包括定量分析法、定性分析法、专家会议法、德尔菲法和概率风险评估法等。它们各有特色，各有不同的适用范围。

1. 依赖大数据的定量分析和评估

风险管理的一般理论中，定量分析法是通过将资产价值和风险等量化为财务价值的方式来进行计算的一种方法。其优点是能够提供量化的数据支持，将风险对资产造成的损失直接用财物价值来衡量，结果明确，易于被管理层所理解和接受；缺点是对资产的影响程度以参与者的主观意见为基础，计算过程复杂，对分析数据的搜集目前还没有统一的标准和统一的数据库。

但是舆情风险很难等量化为财务价值，目前可在一定程度上量化的主要是传播的时间、空间、热度等指标，受众意见分布，以及舆情事件传播状态等。这些数据可以为舆情风险管理提供有力支撑。

2. 依赖专业团队的定性分析和评估

在现有技术条件下，以专业团队为核心的定性分析在舆情风险管理中非常重要。舆情风险评估对人员专业素质要求高，需要评估人员跨学科能力强、对社会经济生活有深刻洞察力。通常需要组成跨学科团队协作才能完成风险评估。

定性分析法是根据突发事件网络舆情发生的历史统计记录、社会上同类型事件网络舆情的统计和专家经验，通过对政府工作人员、媒体工作人员、网络技术人员、专家学者的访谈和问卷调查等方法来确定资产的价值权重，再通过计算方法来确定某种资产所面临风险的近似大小。定性分析法能比较方便地按照程度大小对风险进行排序。

专家会议法是最古老、最简单的风险评估方法。在进行风险评估时，首先要确定并邀请一定数量的专家参加评估会议，请每一位专家就风险的类型、范围、作用过程等发表自己的看法，最后通过讨论形成较为一致的评估结论。这种方法在风险管理实践中较为常见。

德尔菲法是专家会议法的发展，其实质是多次反复无记名的咨询。以匿名的方式请专家就风险的类型、范围、作用过程等各自独立地发表自己的看法。德尔菲法一般经过多次反馈，其步骤如下：①由分析评估部门提供背景材料，并列出风险一览表，由咨询对象填写具体意见；②整理与归纳咨询意见，将分析结果反馈给咨询对象，再由咨询对象发表意见；③重复上述过程3～5轮，通过对咨询结果进行统计处理，最后得出评估结果。

目前舆情风险评估大多是基于一定的数据支持，结合定性分析，为风险管理提供依据。一般在形式上可组织跨学科、跨部门的舆情研判会，对具有一定传播量的舆情议题进行讨论，收集问题，还要探讨如何回应这些问题，可邀请不同部门提供说明材料，对建议口径、问题背景、原因、进展和目前状态作出详细说明。

在舆情风险领域，还有很多评估方法值得探讨。例如，概率风险评估法可以通过故障树分析，定性与定量计算相结合，将系统逐步分解转化为初始事件进行分析，以概率与数理统计为基础，计算风险事件发生的可能性大小。但舆情风险涉及太多影响因素，风险影响因素有很强的模糊性，风险评估历史数据的获取通常不充分，所以概率风险评估有很多困难。但随着未来大数据技术的发展、机器学习能力的提升，这些评估方法是有可能应用于舆情风险领域的。

4.4.2 舆情风险评估体系

近年来，很多学者针对不同类型的舆情风险评估进行了有益的探索，他们大多结合定性和定量的方法，充分运用大数据技术，建立舆情风险的评估体系。

例如，兰月新[17]在分析突发事件网络舆情安全评估重要意义的基础上，建构了内含网民反应、突发事件信息特性、突发事件事态扩散三个维度的突发事件网络舆情安全评估指标体系。戴媛、郝晓伟等[18]则在研究互联网内容、舆情性质和特点以及舆情演化规律的基础上，从传播扩散、民众关注、内容敏感性、态度倾向性四个方面构建了网络舆情信息的安全评估指标体系。张一文、齐佳音等[19]通过分析各个评价指标影响力大小及舆情涨落的深层次影响原因，建立指标体系来衡量和评价非常规突发事件网络舆情热度，为政府控制、引导舆情，以及预案制订提供了理论依据。王国华等[20]对突发事件中意见领袖的主要类型、作用方式与效果进行了划分，从对意见领袖的身份、关注角度、关注时间和使用载体类型等方面对意见领袖在突发事件网络舆情中的影响力进行了评估。还有不少学者聚焦舆情发展周期，建立评价指标体系。例如，有学者强调基于对突发事件网络舆情风险周期的分析，如果能够有效建立突发事件网络舆情评价指标体系，科学评价网络舆情的发展态势，可以促使对突发事件网络舆情的处理从应急处置型向事前预警型转变。[21]张玉亮[22]基于对突发事件网络舆情发生周期的分析，探讨构建了突发事件网络舆情风险评价指标体系(表 4-2)。

表 4-2　　基于发生周期的突发事件网络舆情风险评价指标体系

分类指标	单项指标
生成期	突发事件发生数
	突发事件解决的民众满意度
	上访数量
	当地网民数量
	当地网站数量
	刊登议题的网站数量
	刊登舆情议题稿件文字总数
	刊登舆情图片数量

（续表）

分类指标	单项指标
扩散期	网民浏览次数
	议题回复网站数量
	非本地网民发帖数量
	浏览议题网民的分布
	舆情持续时间长度
	政府监测平台完善程度
衰退平复期	舆情监测人数
	政府响应速度

资料来源:《基于发生周期的突发事件网络舆情风险评价指标体系》,张玉亮。

综上,目前不同学者和舆情监测机构形成的评估指标体系有一定差异,各有侧重。但总体来看,这些评估指标基本围绕舆情热点的传播态势(舆情风险事件的生命周期)、受众的反应和反馈、舆情热点的主题和属性三个维度展开,按综合、交叉、节选等方式来建立评估体系。这些指标是实践中开展定向监测、建立评估体系的重要依据和参考。不同组织可根据实际情况制订具体的定向监测评估体系(表 4-3)。在具体案例中,常表现为权重不同、指标细化程度不同,其效果还有待于实践的检验。

表 4-3　　常见舆情风险评估指标分类

示例 1	示例 2	示例 3
网民反应	传播扩散	生成期
信息特性	民众关注	扩散期
扩散态势	内容敏感	衰退平复期
	态度倾向	

舆情风险爆发的不确定性强,信息技术的发展对舆情风险评估体系的建立会起到越来越重要的作用,现阶段,相关研究成果正在逐步被应用于实践,但要建立较为完善的风险评估体系还有很长的路要走。在实践中,越来越多的数据可以为舆情风险决策提供依据,但专业人员的主观判断仍发挥着巨大作用。因此,提高相关专业人员对舆情风险的重视程度和认识水平,对舆情风险迅速做出反应更为重要。

4.5　舆情风险预警

风险预警历来都是各国风险管理专家研究的热点和重点。英国著名危机管理专家麦克尔·里杰认为,“不管警戒和准备是自发的,还是法律所要求的,危机管理的关键是危机预防,预防是解决危机最好的方法。”做好预警和防控可以把大部分危机消除在萌芽状态。

网络舆情风险破坏性强、波及面广、难以控制，预警十分困难，但是这仍是舆情风险管理不能忽视的内容，尽可能避免网络舆情风险的爆发或者尽量减小其所造成的不利影响是舆情风险管理始终不变的目标。一般认为，网络舆情预警是指在从风险事件的征兆出现到事件开始造成可感知的损失的这段时间内，化解和应对风险所采取的必要、有效行动。网络舆情风险预警的目的在于及早发现危机，对舆情走向、规模进行判断，为实施舆情风险预案提供支持。同时，预警也是一种特殊的预测，预测是预警的基础和条件。

具体来说：①管理部门首先应当建立预警机制，对不同类别议题可能引发的舆论影响进行重要程度分级，预判这些议题的变化趋势，并提出合理的应对方案，包括设置有序的舆情汇总、上报机制，避免信息在传递过程中“逐层递减”而造成“信息失真”；要在最短时间内做出反应，化解危机，避免事态恶化。②在舆情日常监测和预警启动后，要对影响力级数大的议题进行重点监测，始终密切注意是否有新的情况发生导致舆论的升温或转向。这些新情况包括事实信息的更新、意见领袖的表态以及其他类似事件的爆发等，便于及时预警。③在事件发生后的不同时间段关注不同的热点，初始阶段舆情事件大多较为聚焦，指向清晰，但在议题充分发酵后，则要及时调整监测方向，注意不同意见流引起的新舆情。

4.5.1 舆情风险预警的主要方法

事实上，目前网络舆情风险监测、评估和预警是高度整合的。网络舆情风险预警的主要方法有基于情感倾向性分析技术的预警、基于指标的预警、基于 Web 数据挖掘的预警和基于模糊推理的预警等，其中基于指标的预警方法使用得最多。

评估指标体系决定了监测视角和监测内容，也决定了预警体系建立的方向。虽然这样的体系还显得比较机械，但科学有效的评估指标体系已经可以为政府、企业或各类组织建立网络舆情风险监测、预警机制和制订应急预案提供重要依据。通常情况下，可从网络舆情风险自身的属性以及媒体、政府、网民的角度，遵循可靠性、导向性、延续性、可测性和可操作性的原则，利用层次分析法，建立网络舆情风险预警指标体系。

突发公共事件网络舆情监控的主要目的是评估风险状况，评估舆情风险可能产生的影响。通过各项指标，对风险影响、网民行为进行解读，制订相应引导策略。有的将网络舆情监控与预警模型整合为一体，包含信息采集、态势分析、威胁评估等舆情监测全过程。[23]有的利用社会网络分析方法对突发事件网络舆情信息传播网络的网络结构、网络子结构、个体位置结构等进行测度，提出了利用信息传播的网络结构引导舆情的对策。有的则通过对突发事件网络语料的收集，按照生命损伤、财产损失、社会支出和社会损伤四个维度对突发事件的破坏程度进行测量。[24]还有学者通过研究突发事件下，Twitter 用户上传的时间、天气、地理位置、标签等网络舆情信息来评估风险状况。[25]还有按照不同议题，研究舆情风险预警体系的，如专门围绕暴恐事件，分析暴恐事件网络舆情风险，建立预警指标体系（图 4-3）。[26]

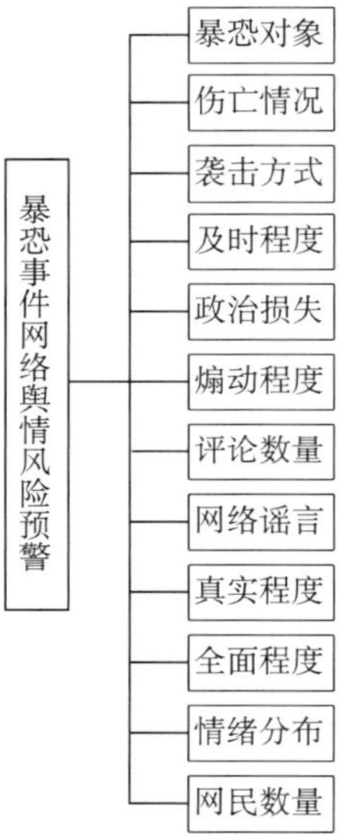

图 4-3　暴恐事件网络舆情风险预警指标体系

（资料来源：《暴恐事件网络舆情风险预警研究》，瞿志凯等）

总体来看，网络舆情预警工作主要基于数据分析流程，一般包括网络信息收集、收集信息结构化、信息挖掘或基于经验的人工分析、发现网络舆情、筛选网络舆情、网络舆情预警、启动预案。

我们认为在舆情预警体系中，围绕议题的主题识别和情绪识别是十分高效的。增加议题管理案例库，供比对、参照，可以通过大数据技术自动匹配，有望实现高效预警，但这还需要长期的积累和探索。从传播效果出发，情绪的传播阻力远远小于事实和道理，因此对网络舆情情绪的识别能更好地实现预警。人工智能技术对网络舆情的情绪识别能力正在提升。例如，抓取含有情绪表达的文本并拆分，通过人工建立语料库，训练机器学习，实现对情绪的标注和分类判别，逐步提高人工智能对公众情绪的识别能力。还有一种路径是建构情绪情感词典，以此作为基准使用机器进行编码。[27] 此外，可以按照舆情事件周期的框架来有效预警。总之，利用信息技术、大数据技术建立舆情风险预警模型，实现半自动、自动乃至智能化预警，是未来发展的必然方向。当然，不同的组织可以根据自身特点，制订相应的预警指标体系，利用大数据平台，通过定向监测，实现预警。

4.5.2　预警分级的探索：舆情风险等级与突发事件等级

突发事件的分类分级是建立应急管理系统的核心技术和基础工作之一。舆情风险的分类分级，并没有统一的标准。例如，有的企业就按报道企业负面新闻的媒体的级别来进行分级，对于单个组织来说，这种简单的分级方法十分有效。还有很多组织按照突发事件的级别对舆情风险分级，也十分有效，因为很多舆情风险是伴随突发事件产生的。

根据突发事件发生的原因、机理、过程、性质和危害对象，《中华人民共和国突发事件应对法》将突发事件分为自然灾害、事故灾难、公共卫生事件和社会安全事件四类。根据不同类型突发事件的性质、严重程度、可控性和影响范围等因素，该法律将自然灾害、事故灾难和公共卫生事件由低到高划分为一般、较大、重大、特别重大四级。[28]

参照突发事件等级划定舆情风险等级有重要意义。突发事件爆发后，政府对突发事件的界定和应对都会引起广大网民和媒体的关注，其应对等级更是一个非常重要的指标，对舆情的发展有引导作用。应对等级越高，说明该事件的损失程度和影响越大，越容易引发大家对突发事件的关注，应对等级是决定网络舆情传播规模大小和速度快慢等的重要因素。很多机构、组织都参照突发事件等级，将网络舆情的预警等级划分为轻警情（Ⅳ级，非常态）、中度警情（Ⅲ级，警示级）、重警情（Ⅱ级，危险级）和特重警情（Ⅰ级，极度危险级）四个等级，并依次采用蓝色、黄色、橙色和红色来加以表示。

但舆情风险等级并不等同于突发事件等级。首先,导致舆情风险的议题包括但不限于突发事件。其次,存在很多传播效果与突发事件应对等级不对等的情况。一种情况是事件本身的危害性重大,需要启动的应对等级高,然而对应的舆情热度等级却很低;另外一种情况是事件本身的危害性低,启动的应对等级低,但舆情热度等级却较高:二者呈现出“高—低”或“低—高”的对应关系。[29]造成这种现象的原因很多,如同时期其他热点的爆发、对舆情事件的早期介入、舆情爆发的地域影响力等。

对于舆情风险管理主体来说,应对等级高的突发事件不容易被忽视,容易被忽视的是那些应对等级低却可能成为热点的事件,这是最值得关注的。因此,相关管理部门在进行网络舆情应对时,必须了解突发事件的发生与发展机理,了解网络舆情热度的成因和构成指标,在实际应对中才能丰富和完善突发事件舆情应对策略,对舆情进行有针对性、科学性和有效性的引导。

4.6 舆情风险应对

风险应对常见的类型有:避免,即退出会产生风险的活动;降低,采取措施降低风险的可能性和影响;分担,通过转移来降低风险的可能性或影响,常见方法包括购买保险等;承受,不采取任何措施去干预风险的可能性或影响。[2]舆情风险的应对有其特殊性,通常按照避免、降低、修复的框架应对。

4.6.1 关口前移,最大限度地避免舆情危机爆发

很多事件转化为舆情危机,是由于缺乏风险管理的理念,早已埋下“定时炸弹”,危机爆发不可避免。例如 2016 年山东问题疫苗事件,原本是 2015 年警方主动侦破的案件,但是由于在事件公布的过程中,完全忽视了公众可能产生的共生情绪,主动邀请媒体披露了相关的视频,再经过一些媒体不负责任的标签化后,刺激了公众情绪,演变成舆情危机。还有一些重大政策出台之前缺乏必要的风险沟通,也导致了舆情危机的爆发。例如 2016 年有关部门发布的高考招生计划编制安排,原本是一项旨在促进教育公平的政策,但由于发布于距离高考日只剩一个多月的时间点,之前又缺乏必要的媒体通气和公众沟通,导致江苏、湖北等地的家长愤愤不平,甚至出现集体请愿行为。[30]舆情危机的爆发,具有偶然性、主观性,以风险管理的框架为指引,识别风险,防范风险,可以最大限度地避免危机爆发。

还要改善现实中的社会关系,包括建立公众回应机制,进一步促进信息公开透明化,形成网上听民意、汇民智、聚民心的长效机制;各类组织也应建立长效沟通机制,使各种信息、情绪能通过有效渠道及时疏解,从源头上降低舆情危机爆发的可能性。

4.6.2 回应关切,提高信息透明度;化解矛盾,调节公众情绪

舆情在其初级阶段,大多表现为对真相的渴求,对公共机构相关工作的监督批评或质疑。很

少涉及事件主体的信誉，很少挑战公共机构的法律主体地位和公信力，而只是要求其对公众所关注的问题予以回应和解释。因此，及时回应关切是减小舆情事件危害的基本举措和基本目标。

突发事件网络舆情发生的深层次原因是社会矛盾。社会矛盾的双方通过各种媒介表达各自的利益诉求，相互之间的对抗与冲突激化情绪，引发舆情危机。舆情危机中，化解矛盾，形成良好的沟通反馈机制，调节、抚平公众情绪，可以有效影响舆情事件发展的走向。

4.6.3 维护公信力，回归社会主义核心价值观

舆情危机应对更深层次的目标是恢复主体的信誉，公共舆情危机应对要重视维护、恢复相关部门的公信力。舆情危机中公众易大肆宣泄负面情绪，不良居心者甚至恶意捏造事实抹黑相关部门，导致公众对相关部门的信任危机。恢复信誉是舆情危机应对的深层次目标。

从更长远看，舆情危机应对还要注意长期引导，旨在回归社会主义核心价值观。网络舆情事件中存在许多有悖社会主义核心价值观的现象，像“郭美美炫富事件”“打酱油”“躲猫猫”等。为进一步净化网络环境，尤其是突发事件网络舆情高潮期间，相关部门要做好与价值观相关的舆情监测工作，以便及时地对此类舆情进行引导。

值得注意的是，突发网络舆情可以造成严重的社会影响，给境内外敌对势力提供可乘之机。面对此类情况，必须提高国家安全意识，以防网络舆情被敌对势力利用，破坏来之不易的发展局面。

4.7 舆情风险的反思与改进

舆情风险的反思与改进应包括两个层面：一是对舆情风险处置过程的评价、反思、改进，通过这种方式不断完善舆情风险处置与应对；二是对舆情风险产生的社会深层次原因进行反思，发挥舆情对社会治理的积极作用，从源头上减少热点事件的发生。

4.7.1 坚持后续影响监测，做好分析与改进

舆情事件进入缓解期，相关事件处理完毕，是最容易放松的时刻。但在突发网络舆情的后续阶段，相关方的诉求可能并未得到满足，只是公众的注意力发生了转移而已，所以在一定范围内，个别群体仍有可能保有多元的利益诉求，对舆情事件的关注一般不会终止，后续影响可能长期存在。这一时期的网络舆情大多不会再次掀起大的波澜，但是若存在别有用心的“意见领袖”级的网民从中挑拨、制造谣言，舆情再度被激发的可能性非常大。如果这一阶段又有其他类似事件发生，公众在舆论场的反应甚至会超过前一事件。因此，网络舆情的后续影响监测十分必要。

后续影响的监测内容比较明确，具体包括事件涉及网民的情绪、网民对政府处置措施的态

度、网民对政府信任度的变化、意见领袖的后续言论、衍生舆情的苗头等。这一阶段，关于事件的理性讨论会更多，对事件全面的把握能让公众更多地看到事实的真相，这是吸取教训、总结经验的绝佳时机。

这一阶段，应做到以下内容：①应及时丰富议题库，以此为基础，推演相关、类似议题的演化情境，提升处置能力；②完善舆情监测系统，舆情监测系统的设计大多基于对现实语义的理解，对于很多预设条件，在舆情事件后有必要进一步优化、改进；③应对舆情处置流程进行梳理，总结完善相关管理制度；④应及时总结舆情处置中的经验和不足，做好舆情风险应对预案的完善和补充工作。

4.7.2 正确认识舆情的积极作用，完善制度和管理

对舆情风险、舆情事件充分反思的前提是认识到舆情的积极作用，这样才能从事件中发现改进的方向。

2016 年 4 月 19 日，习近平总书记在网络安全和信息化工作座谈会上指出，“建设网络良好生态，发挥网络引导舆论、反映民意的作用”，“网民来自老百姓，老百姓上了网，民意也就上了网。群众在哪儿，我们的领导干部就要到哪儿去”，“要多一些包容和耐心，对建设性意见要及时吸纳，对困难要及时帮助，对不了解情况的要及时宣介，对模糊认识要及时廓清，对怨气怨言要及时化解，对错误看法要及时引导和纠正，让互联网成为我们同群众交流沟通的新平台，成为了解群众、贴近群众、为群众排忧解难的新途径，成为发扬人民民主、接受人民监督的新渠道”。①

舆情给公共机构带来了极大压力，但是也具有极其特殊的积极作用。

(1) 舆情倒逼真相。今天，中国政府和社会的开放程度越来越高，2008 年《中华人民共和国政府信息公开条例》实施以后，政府信息公开的态度更加积极，方式更加多元化，内容更加细致。但是本应该公开却没有公开甚至隐瞒的现象不可能完全杜绝。例如 2012 年 12 月至 2013 年 1 月，山西省连续发生了两起安全事故瞒报事件，一起为南吕梁山隧道爆炸事故②；另一起为长治市苯胺泄漏，事故发生 5 日后山西省环境保护厅才知晓③，经媒体曝光后对当地政府形象造成了极大的损害。网络舆情发酵倒逼真相，使事实在网络这个高亮度的聚光灯下逐步呈现。对于各类组织甚至个人而言同样如此，因此负面事件的隐瞒变得日益困难，这提醒相关管理部门应转变治理思路，以更主动的工作方式做好信息公开，避免侥幸心理。

(2) 舆情是意见传达的重要渠道。为了最大限度地了解社情民意，我国政府探索并建立了多种多样的民意表达机制，包括司法、行政、信访、媒体、内参等。在新的传播条件下，舆情日益成为表达意见的重要渠道。它门槛低、传播速度快、影响大。当前，我国政府已经逐步完善融媒体服务体系，例如，各种政务微博、政务微信、公众号体系是舆情沟通、舆情收集、舆情监测的重

---

① 习近平：在网络安全和信息化工作座谈会上的讲话.中华人民共和国中央人民政府，2016-04-25.

② 山西南吕梁山隧道爆炸事故瞒报 40 人被问责.观察者，2013-02-05.

③ 山西长治“12·31”苯胺泄漏事故.搜狐公益，2015-03-07.

要平台，如公众想对某个事件或问题发表意见时，可以直接通过微博@相关部门的政务微博，其意见就自然能够被该政务微博的管理人员所了解，意见传达更为直接。中国互联网络信息中心发布的第45次《中国互联网络发展状况统计报告》称，截至2020年3月，我国在线政务服务用户规模达6.94亿，较2018年年底增长76.3%，占网民整体的76.8%。截至2019年12月，32个省级网上政务平台的个人注册用户数量达2.39亿，较2018年年底增加7 300万。在新冠肺炎疫情期间，国家及各地区一体化政务服务平台提供疫情信息服务，推行线上办理，协助推进精准防疫，应用成效越来越大，已经成为创新政府管理和优化政务服务的新渠道。高覆盖率意味着海量的信息，如何及时应对、处置这些海量信息，需要长期探索实践并完善。

(3) 舆情是权力监督的重要补充。经过多年发展，我国政府在法治化建设方面取得了长足发展，但是滥用公共权力、暴力执法、权力腐败等现象仍时有发生。例如，城管的暴力执法行为曾经多次引发舆情关注，根据广州城市管理和综合执法局公布的数据，2005—2009年，仅广州一地，各类不同程度的摊贩对抗城管执法事件有2 600多起。[31]在公共舆论的监督下，全国各地各类行政执法的规范性迅速提升。舆情传播力的放大，促进了权力监督效率的提高，很多事件中对相关责任人的调查、处置都在第一时间完成。

(4) 舆情是公众情绪减压的重要出口。舆情既是压力源，又是一个减压阀，合理表达可以在一定程度上缓解社会的消极情绪。当公众在社会中遇到了困难或挫折时，他们很容易将相关问题发布在网上，有时只是为了宣泄情绪和寻求帮助。事实上，合理的表达并不会给他人和社会带来危害，应予以充分理解。而很多舆情危机的发生恰是因为对这些情绪的简单粗暴处理，激起更大情绪反应，导致事态恶化。

(5) 重大舆情事件助推制度和管理的完善与改进。近年来，大量事件经过网络发酵后，成为舆情热点，这些事件在一定程度上助推了社会制度和管理的改进，起到了催化剂的作用。相关法律法规、管理制度在公众高度关注下迅速出台(表4-4)，提高了社会的公共治理能力。

表4-4　重大舆情事件与相关制度管理完善

事件	时间	相关制度和管理的完善与改进
"非典"事件	2002—2003年	《突发公共卫生事件应急条例》于2003年5月9日起实行；《中华人民共和国突发事件应对法》于2007年11月1日起实行；《中华人民共和国政府信息公开条例》于2008年5月1日起实行
孙志刚事件	2003年3月	废止1982年5月颁布的《城市流浪乞讨人员收容遣送办法》
最牛钉子户事件	2007年3月	《中华人民共和国城市房地产管理法(2007修正)》于2007年8月30日发布
厦门PX项目事件	2007年3月	各地重大行政决策听证会制度逐步完善
微博打拐行动	2011年1月	公安部启动全国范围打拐专项行动
免费午餐行动	2011年3月	2011年10月26日，国务院常务会议决定启动实施农村义务教育学生营养改善计划
郭美美事件	2011年6月	2012年，国务院公开发布《国务院关于促进红十字事业发展的意见》

（续表）

事件	时间	相关制度和管理的完善与改进
微笑表哥事件	2012 年 8 月	多地试点官员财产公开制度
长春长生疫苗事件	2018 年 7 月	《中华人民共和国疫苗管理法》于 2019 年 6 月 29 日通过，12 月 1 日起实施

资料来源：《网络舆论引导机制研究》，薛宝琴；《网络舆情管理关键要素研究——基于典型案例的深度分析》，张磊；《"2018 年十大消费侵权事件"之一：长春长生疫苗事件受到最严厉处罚》，央视财经。

相关链接　长春长生疫苗事件促进疫苗管理制度完善

2018 年 7 月 15 日，国家药品监督管理局发布通告指出，长春长生生物科技有限责任公司冻干人用狂犬病疫苗生产存在记录造假等行为。这是该公司自 2017 年 11 月被发现百白破疫苗效价指标不符合规定后不到一年，再曝疫苗质量问题。2018 年 7 月 20 日，中央第十一巡视组向国家市场监督管理总局党组反馈了巡视意见，国家市场监督管理总局在整改意见中提到，相关疫苗问题处罚偏轻，失察失责。8 月 3 日，深圳证券交易所发布多个公告，经查明，高俊芳、张晶在作为长生生物科技股份有限公司董事、高级管理人员期间，以及蒋强华、刘景晔、张友奎、赵志伟在作为长生生物科技股份有限公司高级管理人员期间，存在违规行为，深圳证券交易所拟给予公开谴责的处分。8 月 7 日，国家卫生健康委员会、国家药品监督管理局联合印发《接种长春长生公司狂犬病疫苗续种补种方案》。8 月 9 日，国家卫生健康委员会就进一步组织好相关工作发出通知，要求接种单位主要负责人是第一责任人。① 8 月 16 日，中共中央政治局常务委员会召开会议，听取关于吉林长春长生生物科技有限责任公司问题疫苗案件调查及有关问责情况的汇报。②

其间疫苗问题引起广泛关注，舆情发酵。其后，众多媒体发声，提出鲜明观点。如新华社评论"加大处罚力度，让违法者倾家荡产"，指出："作为与老百姓生命和健康安全紧密相关的领域，疫苗行业在生产、运输、储存、使用等任何一个环节都容不得半点瑕疵。同时，也对构建更加完善的监管制度、更严格的惩戒体系、更畅通的信息发布机制提出更高的要求。""对疫苗企业的任何违规行为，不论大小轻重，监管部门都必须从严从快惩处，并做到举一反三，针对发现的问题，认真查找和弥补存在的风险漏洞，进一步加强制度和体系建设，完善监管于生产、销售、运输、仓储、注射等每一个环节，尤其要从源头上防止企业违规行为的发生。""针对企业故意造假的恶劣行为，要建立严格的惩戒体系，让企业为失信和违法违规行为付出沉重代价。涉事企业长生生物并非第一次出现问题。对疫苗这类全社会高度关注的行业，务必要建立行刑衔接制度，对违法违规企业'零容忍'，决不姑息纵容，建立带电的'高压线'。这就要求有关部门及时完善相关法律法规制度，加大处罚力度，例如建立一次违法终生禁入行业等制度，让违法者倾家荡产，真

① 国家卫健委解读接种长春长生公司狂犬病疫苗续种补种方案.人民健康网，2018-08-08.

② 中共中央政治局常务委员会召开会议 听取关于吉林长春长生公司问题疫苗案件调查及有关问责情况的汇报 中共中央总书记习近平主持会议.中央纪委国家监委网站，2018-08-16.

正让制度发挥强大的震慑作用。”①

人民日报提出“一查到底，方可纾解疫苗焦虑”，指出“构建‘疫苗信任’，要‘两只手’共同发力。一方面是，政府机构在疫苗生产、使用上的监管，需要更有力，对非法的生产经营行为‘重拳治乱’，如果处罚只是‘雨过地皮湿’，就形不成教训、也构不成震慑。同样重要的是，企业不能为了追求利益，把儿童的健康和家庭的幸福当作谋取非法利润的代价，‘喻于利’的企业必须守住起码的道德底线，不能赚带着血的黑心钱。无论是生产企业还是监管部门，都必须以‘敬畏生命’为信条，以更严格的生产标准、更严厉的常态监管、更严重的违法处罚规范行业发展，保住公众对疫苗的信任。”②

这些舆情，在一定程度上促进了疫苗管理相关法律法规的出台。2019 年 6 月 29 日《中华人民共和国疫苗管理法》通过，2019 年 12 月 1 日起实施。该法明确，疫苗犯罪将从重追究刑责。③

参考文献

[1] 国际标准化组织技术委员会.风险管理指南：ISO 31000：2018[S].瑞士：国际标准化组织，2018.

[2] 美国 COSO.企业风险管理：整合框架[M].张宜霞，译 .2 版.大连：东北财经大学出版社，2017.

[3] 人民网舆情监测室.网络舆情分析教程(初级)[M].北京：人民日报出版社，2015.

[4] 谢耘耕，刘锐，王平.中国社会舆情与危机管理报告(2012)[M].北京：社会科学文献出版社，2012.

[5] 舍恩伯格，库克耶.大数据时代：生活、工作与思维的大变革[M].周涛，译.杭州：浙江人民出版社，2013.

[6] 喻国明.大数据分析下的中国社会舆情：总体态势与结构性特征——基于百度热搜词(2009—2012)的舆情模型构建[J].中国人民大学学报，2013(5)：2-9.

[7] 张一文，齐佳音，马君，等.网络舆情与非常规突发事件作用机制：基于系统动力学建模分析[J].情报杂志，2010，29(9)：1-6.

[8] 杜蓉，梁红霞.公共危机事件中政府对网络舆论的引导仿真[J].情报杂志，2011，30(11)：61-66.

[9] 张剑峰，夏云庆，姚建民.微博文本处理研究综述[J].中文信息学报，2012，26(4)：21-27，42.

[10] 曹树金，张学莲，陈忆金.网络舆情意见挖掘中极性词典构建和极性识别方法研究[J].图书情报知识，2012，145(1)：60-65.

[11] 王连喜，甘穗福，林楠铠，等.涉华信息资源归集与舆情分析框架构建.情报杂志，2020，39(6)：135-142.

[12] 张艺瀚.传播学视野下微博热搜榜存在合理性分析[J].新闻研究导刊，2018，9(16)：29-30.

[13] 祁泉淞.大数据时代网络舆情危机治理策略研究[J].人民论坛 • 学术前沿，2020(1)：88-91.

[14] 史安斌.全媒体时代的新闻发布和媒体关系管理[M].北京：五洲传播出版社，2014.

[15] 麦库姆斯.议程设置：大众媒介与舆论[M]. 2 版.北京：北京大学出版社，2018.

[16] 吴白乙，刘维广.拉丁美洲和加勒比发展报告(2013—2014)[R].北京：社会科学文献出版社，2014.

[17] 兰月新.突发事件网络舆情安全评估指标体系构建[J].情报杂志，2011，30(7)：73-76.

① 新华时评：保护疫苗安全的高压线一定要带高压电！中华人民共和国中央人民政府，2018-07-23.

② 人民日报评论：一查到底，方可纾解疫苗焦虑. 人民网，2018-12-13.

③ 疫苗管理法自 2019 年 12 月 1 日起施行 疫苗犯罪将从重追究刑责.人大新闻网，2019-06-29.

[18] 戴媛，郝晓伟，郭岩，等.我国网络舆情安全评估指标体系的构建研究[J].信息网络安全，2010(4)：12-15.
[19] 张一文，齐佳音，方滨兴，等.非常规突发事件网络舆情热度评价指标体系构建[J].情报杂志，2010，29(11)：71-75，117.
[20] 王国华，张剑，毕帅辉.突发事件网络舆情演变中意见领袖研究：以药家鑫事件为例[J].情报杂志，2011，30(12)：1-5.
[21] 李苏楠.网络群体性事件的应对[J].中国党政干部论坛，2010(4)：8-10.
[22] 张玉亮.基于发生周期的突发事件网络舆情风险评价指标体系[J].情报科学，2012，30(7)：36-43.
[23] 李弼程，林琛，郭志刚.突发事件网络舆情研究探讨[J].情报杂志，2010，29(7)：54-57.
[24] 蔡华利，李红，刘鲁，等.基于 Web 挖掘的突发事件破坏指数测度研究[J].情报学报，2011，30(4)：410-416.
[25] SARAH V，AMANDA L H，KATE S，et al. Microblogging During Two Natural Hazards Events：What Twitter May Contribute to Situational Awareness[C]//Proceedings of the 2010 ACM Conference on Human Factors in Computing Systems. New York：ACM，2010：1079-1088.
[26] 瞿志凯，张秋波，兰月新，等.暴恐事件网络舆情风险预警研究[J].情报杂志，2016，35(6)：40-46.
[27] 赵云泽.从舆情监测升级为舆情预警的思路研究[J].人民论坛，2019(32)：123-125.
[28] 李岳德，张禹.《突发事件应对法》立法的若干问题[J].行政法学研究，2007(4)：69-75.
[29] 曹学艳，张仙，刘樑，等.基于应对等级的突发事件网络舆情热度分析[J].中国管理科学，2014，22(3)：82-89.
[30] 张磊.网络舆情管理关键要素研究：基于典型案例的深度分析[M].北京：国家行政学院出版社，2017.
[31] 黄耿志.城市摊贩的社会经济根源与空间政治[M].北京：商务印书馆，2015.

5 舆情生命周期的识别与分析

一般的危机管理理论认为,危机兼顾了风险与突发事件的特性,危机管理贯穿在风险管理和应急管理的整个过程中,围绕危机的生命周期展开。舆情的生命周期基于传播规律,把握舆情的生命周期对识别风险、应急处置都有基础性作用。

5.1 突发舆情的常见传播轨迹

美国学者斯蒂文·芬克(Steven Fink)[1]将危机分为潜在期、突发期、蔓延期以及解决期四个阶段。由于研究角度不同,学者对突发网络舆情生命周期的划分有所不同。结合危机管理理论,“一般的突发性公共危机信息在网络媒介中的传播可以分为四个阶段:危机信息潜伏期、危机信息蔓延期、危机信息控制期、危机信息稳定期”[2]。宋海龙等[3]根据网民情绪变化的情况,将突发事件网络舆情发展过程划分为形成、高涨、波动和淡化四个阶段。佘廉等[4]据生命周期理论和政府管理理论,将网络舆情生命周期划分为孕育、爆发、蔓延、转折和休眠期五个阶段。谢科范等[5]根据生命周期理论及舆情演进规律,将突发事件网络舆情划分为潜伏、萌动、加速、成熟和衰退五个阶段。顾明毅等[6]把网络舆情和社会化网络信息传播模式相结合,将网络议题的发展划分为早期传播、社会知情、社会表达、社会行动和媒体纪念五个阶段。对突发网络舆情进行阶段划分,主要是为了研究的便捷,而不同学者对发展阶段划分的不同,主要是由于研究视角的不同。

综合这些研究,可以得出突发舆情的常见传播轨迹:事件发生—小范围传播—迅速扩散—反复—公众注意力转移,传播轨迹还会随事件处置过程而变化。例如 2018 年 4 月发生的某大学女博士“洁洁良”辱华事件(图 5-1),先在小范围传播,而后突然引发关注,事情在经过初步处理后,又出现了新一轮传播高潮(图 5-2)。

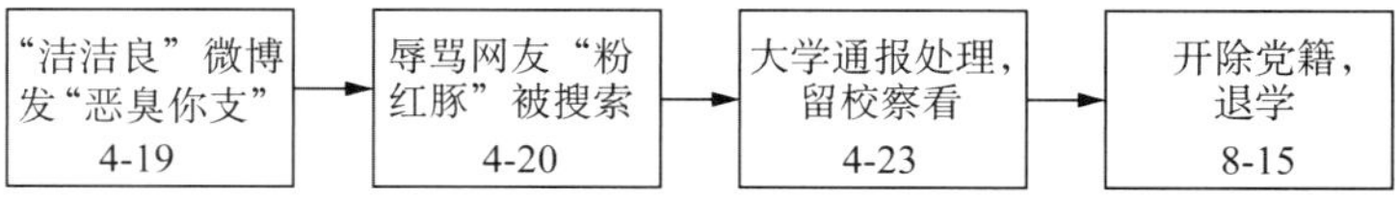

图 5-1 某大学女博士“洁洁良”辱华事件发展节点

但是也有一些事件只要爆发,就是热点,引发全网关注。例如 2018 年 6 月 28 日 11 时 31 分,上海市公安局徐汇分局接 110 报警称,浦北路附近 1 名男子持菜刀砍伤 3 名男童及 1 名

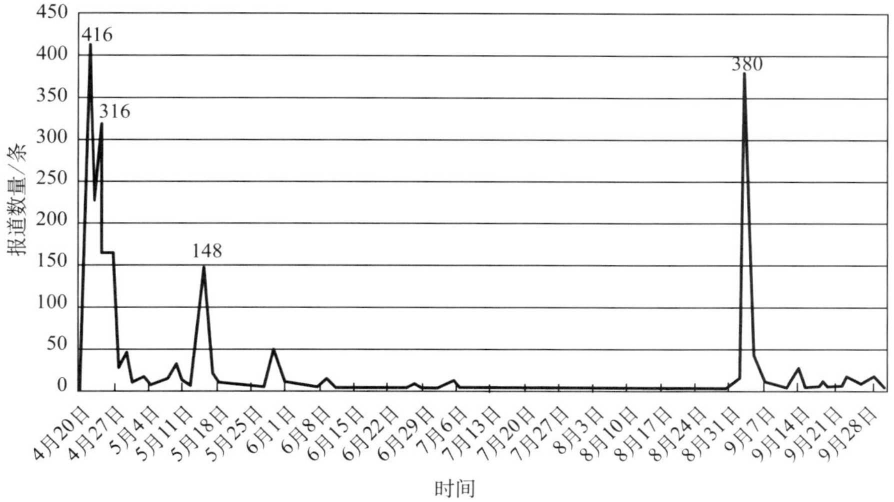

图 5-2 某大学女博士"洁洁良"辱华事件舆情走势

（资料来源：上海教育系统网络文化发展研究中心）

女性家长。接报后，公安民警立即到场处置，在过路群众的配合下当场抓获犯罪嫌疑人黄某，同时将 4 名伤者迅速送医救治。由图 5-3 可见，此事件于 6 月 28 日在网上被爆出，立即发酵，随着更多新闻媒体的采访报道，迅速引发群众热议，于 6 月 30 日达到舆论高潮，随后媒体报道呈下降趋势，7 月 8 日后，媒体和网民关注热度逐渐下降。

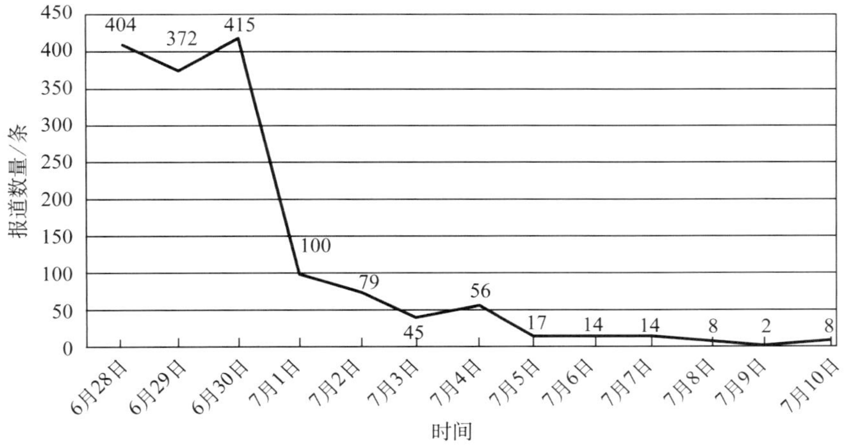

图 5-3 上海某小学学生被砍舆情走势

（资料来源：上海教育系统网络文化发展研究中心）

还有一些舆情，在传播过程中会反复出现新的高潮。例如，2018 年 9 月 28 日晚，《法制日报》撰文报道：山东省菏泽市开发区某小学向小学生们发放的红领巾及学生帽上赫然印有"菏泽万达广场"的广告。事件舆情有两个峰值，分别出现在 9 月 29 日和 10 月 12 日（图 5-4）。与之

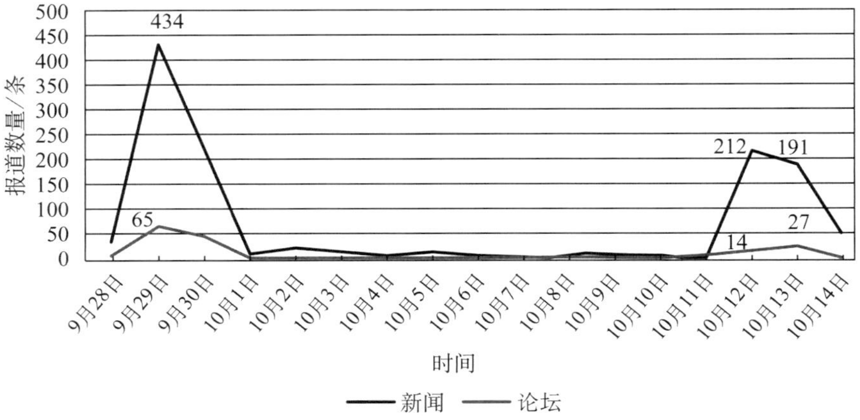

图 5-4 山东菏泽某小学“红领巾广告”事件舆情走势

（资料来源：上海教育系统网络文化发展研究中心）

对应，前者是由于隔日新闻信息曝光度的提升带来群众关注度的提升；后者是由于教育部办公厅发文定调，再次引发群众对该事件的关注。事件于 9 月 28 日晚间在网上被曝出，但舆情并未即刻发酵，而是随着众多媒体的转载及跟进采访报道，在 29 日、30 日迅速引发热议，于 29 日达到舆情的第一次高潮。由于事发地的有关部门反应迅速，立即对涉事单位启动调查问责程序，第一时间对外公布调查结果；加之，广告方管理部门（万达商业管理集团有限公司）同样公布对涉事员工的开除和处罚公告，群众疑惑的问题陆续得到回答和解决，事件的关注度随后呈下降趋势。10 月 1 日至10 月 11 日，媒体和网民关注热度逐渐降低。

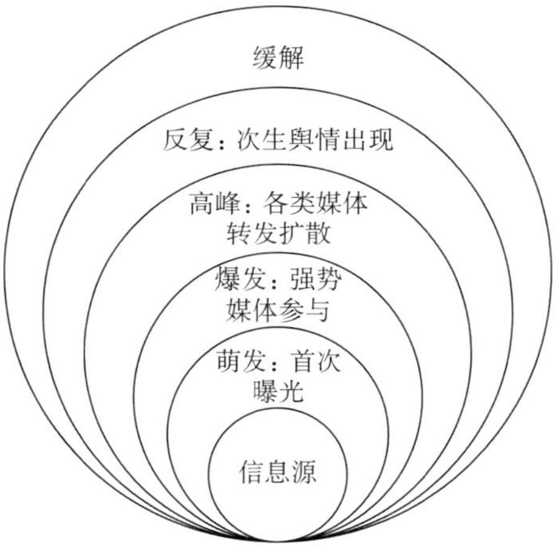

图 5-5 舆情发展过程

从系统建模的角度来看，舆情生命周期曲线可以被视作一条连续曲线，相应的函数是连续可微的，曲线上的拐点可视为舆情发展不同阶段的临界点。以风险管理为目标导向，考虑舆情发展阶段划分的应用价值，我们认为以生命周期理论为基础，可将舆情发展过程分为萌发期、爆发期、高峰期、反复期、缓解期五个阶段（图 5-5）。

5.2 萌发期

随着传播技术的发展，近年来舆情传播的路径也发生了较大变化。

舆情萌发期的典型表现是舆情事件已经出现，刺激源产生，一些议题开始进入人们的视野，一般路径如图 5-6 所示。这一时期舆情事件出现在少数的主流媒体中，如名人博客、论坛置顶、主流新闻或门户网站的显要位置，网民开始关注、回帖转载。

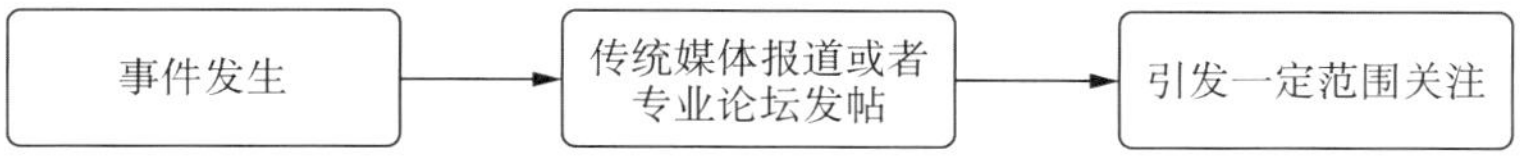

图 5-6　萌发期舆情的典型传播路径

近年来微博、微信等社交平台不断发展，成为舆情传播无法绕过的平台，路径通常如图 5-7 所示。

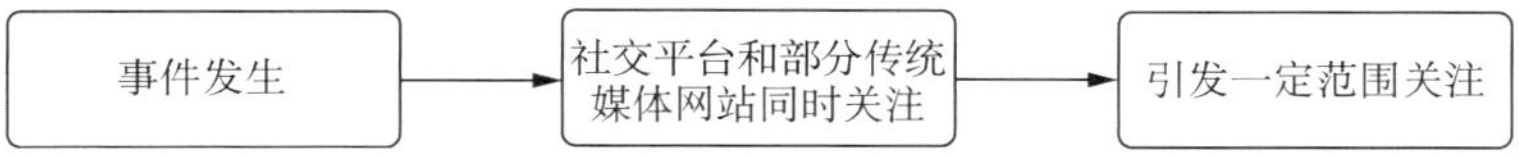

图 5-7　近年来萌发期舆情的常见传播路径

这些议题具有引起公众讨论的特性，它们有被关注的潜质，虽然传播还不广泛，但是相对于网络中的其他话题，这些议题已经吸引了网民一定的关注，汇聚了网民的意见和情绪，只是还未形成焦点。

5.2.1　小众媒介在这一传播阶段发挥了重要作用

在这一阶段，很多小众媒介充当了传播的推手。例如各种自媒体和网络红人，他们遍布社会各个层面，很多人以此为职业，深谙传播规律。有一些自媒体以扩大传播范围为唯一目标，非常擅长从大量的事件中发现适合传播的议题，并擅长“包装”，挑动情绪，夺人眼球，助推传播。

还有一些传播者丧失底线，为了传播效果和经济利益，完全罔顾事实。极端情况下，甚至会形成一条制造谣言、传播谣言的产业链。例如，2017 年，国家食品药品监督管理总局援引有关机构监测数据显示，仅在 2016 年 1 月 1 日至 2017 年 4 月 5 日一年多的时间里，就出现了 33 条传播广泛的食品安全谣言。当时国家食品药品监督管理总局新闻宣传中心有关负责人在“亮剑网络食品谣言”新闻发布会上表示，“塑料紫菜”“燃烧的粉丝”“牛奶出大事”等新老食品安全谣言又开始新一轮的传播，显示了治理谣言形势的严峻性。据调查，这些谣言由上游“推手”制作，下游大批微信营销公司接单，利用微信营销号大肆传播。一些发布者以此赚取流量费和广告费：拥有 10 000 粉丝量的微信号转发一条食品安全谣言的价格为 150～300 元，个人转发一次可以获得 5 角的收入。① 还有谣言制造者，例如网络红人“秦火火”，自称“社会不公的审判者”“水军首领”，甚至肆无忌惮地喊出“谣翻中国”的口号。据调查，经其恶意制造的谣言多达 3 000 条，

① 谁在制造谣言？我们揪出了一条黑色产业链，真相令人愤怒.搜狐，2017-06-27.

"'7·23'动车事故赔偿标准不一""郭美美与红十字会""雷锋奢侈生活"等微博舆论谣言事件皆是其一手策划的[7]。

从风险管理的角度来说,在这一阶段及时发现,及时沟通,阻断谣言传播链,成本较低。这一阶段是阻断风险的黄金期,可以有效避免舆情危机。

5.2.2 随着传播技术的发展,萌发期趋向于无

随着传播技术的发展,舆情的萌发期越来越短。2008 年三聚氰胺事件,可检索到的最早信息是 5 月一位网友在天涯社区发的帖子,虽然立刻引起了企业等直接相关方的关注,但这条信息的全面爆发还是经过数月时间。

随着近 10 年之内微博、微信以及其他社交平台的快速发展,舆情的萌发期几乎趋向于零。例如 2019 年 6 月 22 日凌晨,一女性在街头遭男性暴打,6 月 24 日这条信息就在全网广泛流传,并引发各方关注,各地警方展开排查;25 日晚,男子的身份被确认且连夜被抓。在事件发展过程中,25 日凌晨,一位知乎网友在网络发表"这位仁兄也是榜样,做了很多反社会人格一直想做不敢做的事情"等言论,立刻引发了新的一轮舆论关注,一些人苛责受害女性,似乎是受害人咎由自取。25 日晚,知乎对这位网友进行封号处理。26 日,新华社客户端发布《女性的"美丽自由",需要法律保护,更需要道德撑腰》,阅读量"10 万+"。

这一事件中,第一波传播高潮是围绕事件本身的,从时间维度不难发现,事件发生到引发全网热议仅仅 2 天不到的时间;第二波高潮可以说是由事件分化出的一个子议题引发的,围绕女性在该事件中的角色问题,由于事件本身已是热点,可以说此类言论的传播完全没有萌发期,立刻引发了讨论。可见今天此类舆情的爆发几乎没有萌发期可言。当然还有一些事件,一旦爆发就直接引发全网关注,例如前文列举的上海某小学学生被砍案件,当然这也是在现代媒介技术条件下实现的。

总之,随着萌发期的缩短,利用网络监测软件和搜索引擎工具,掌握舆情动态的难度不断加大。但相对来说,这一时期仍是防控舆情风险的最好时机,预测可能成为舆论爆发点的事件,阻断谣言传播链,启动预警,防患于未然。

5.3 爆发期

从传播角度看,信息上网后能否引起舆论关注,与其内容、表现形式、发布时机有关。舆情爆发后并不能立刻引起全网、全社会的关注,但是在相关群体、相关地域内已经很有影响力。这一时期的标志性事件是潜在舆情向显性舆情过渡,强势的网络媒体参与、传统的媒体介入或者再介入。

这一时期最主要的特点是容易滋生各种网络谣言,舆情热度向峰值挺进,开始爆发性增长,但从整个舆情周期而言,还处在初期。

1. 舆论场复杂

网民在这一时期自发性强、稳定性差，由于容易对信息产生迷茫感，进而产生各种非理性情绪，如果不能有效控制，则容易出现无法预知的情况。这一时期利益相关方博弈愈演愈烈，各种声音混杂，甚至在争夺话语权，舆情的未来走向有很大的不确定性。

2. 避免“鸵鸟心态”

这一阶段，舆情压力逐步增大。对于舆情风险管理的主体来说，难免有回避、漠视情绪。但是随着媒体的关注，越来越多的“注意力”汇聚，在各种声音混杂的舆论场中，人们尤其渴望了解事实真相。如果在这一阶段置之不理，将会滋生更多的猜想、谣言、阴谋论。如果在这一阶段急于推卸责任，容易产生新的舆情风险，引发各种价值讨论与批判。这一阶段的危机应对非常必要，十分考验风险管理主体的应对能力。

由于今天传播渠道的极大丰富，舆情不仅几乎没有萌发期，而且一旦爆发也会迅速进入传播高潮，爆发期和高峰期的界限已经模糊。之所以还要强调这个阶段，是因为从危机管理角度，如果不把握好这个阶段，很有可能造成风险向其他领域扩散。

在这一阶段，应基于客观事实，及时发布可确定的信息，最大限度地减小谣言、猜测传播的可能性。

5.4 高峰期

在经过相关媒体的介入后，常会引发更多主流媒体、自媒体等不同群体的“跟风”。

高峰期的到来，是舆情的进一步扩散，原因主要有以下几点：①由议题本身的特性引起，即能引起更广泛地区的共鸣，由事件的相关性、情感的共通性决定；②这种扩散还与引导、干预措施的实施情况有关；③这种扩散和各种次生舆情叠加有关。造成新议题叠加的原因有很多。例如，议题引发关注，会有更多发声者参与讨论，这其中不仅有各种利益集团的博弈，还有各种小众媒介在舆论狂欢中“蹭流量”“博眼球”，各种观点层出不穷。正如传播学者尼克·史蒂文森[8]指出的“媒介越小众化，就越能被用来传递具有颠覆性和选择性的信息”。越是名人，越是热点事件，越容易引发这类小众媒介的关注，围绕这些事件不断制造新的议题。甚至在新冠肺炎疫情这样的特殊时期，钟南山医生的挂号费①、张文宏医生的个人收入②等都会引发热议，有些甚至不惜造谣以博眼球。此外，前一阶段由于应对不当产生的新议题，也会造成议题叠加，使舆论场变得相当复杂。

从风险管理的角度，尤其需要注意的是，这一时期舆论场会衍生出很多概念、符号，进一步方便传播，并形成难以改变的刻板印象。传播高峰形成，许多舆情议论的内容已经偏离了事实

① 钟南山挂号费 1 200 元引热议，网友：值！新浪财经，2020-04-04.

② 张文宏：警惕第二波输入疫情 对个人不实谣言深感失望.财新网，2020-04-06.

本身，出现了更多的价值判断。经过几轮传播，信息庞杂，事件脉络模糊，混乱而矛盾的信息经过传播链条的筛选，其中特别适合传播的要素不断被演绎、被关注，一般受众如不特意检索，甚至很难了解事件的来龙去脉，常常只有个粗略的了解，有一个简单的价值判断，获得一个符号化的信息，形成某种刻板印象。受众有时甚至会依据以往的刻板印象，不问缘由直接作出判断，比如简单地把名表和贪官联系起来，把 PX 项目和污染联系起来，而不去认真了解事情的来龙去脉。

符号是复杂事件的高度抽象概括，是一种"携带意义的感知"[9]，它形象、易传播、好记忆，具有跨越时空性、公共性的特点。在碎片化、及时性和互动性强的传播时代，符号化的传播方式更加如鱼得水。"表哥""郭美美"等都已经抽象化为一种符号，在不断的传播中固化为简单、有辨识度的刻板印象。刻板印象是污名形成的重要因素。污名，可以被描述为使人们与形成刻板印象的一系列不希望拥有的特征相关联的标签。[10]污名，往往具有更强的传播力，容易留在人们的记忆中。在舆情爆发的状态下，要尽可能避免这种刻板印象的形成。

5.5 反复期

舆情的反复主要由次生舆情引发。

舆情来源复杂，利益相关群体多元，舆情发展过程中内部和外部介入因素多，加上舆情管理水平有限等因素，舆情出现反复的情况比较常见。当某个网络舆情事件发生后，治理主体出于自身职责和回应民众诉求的考虑，会介入网络舆情事件。介入后必然采取一系列的行为和措施，有时还会将网络舆情作为决策改进的推手，通过多种方式影响舆情的发展。但是，相关主体的任何行为都可能成为网民关注的热点，每一次调整，都可能诱发新的舆情事件。应对不当更会导致舆情反复，如长时间的沉默、前后矛盾的回应。措辞不够严谨，甚至应对时的着装、表情等，都可能引发新的争议。聚光灯下，所有细节都会被放大。

在网络舆情的萌发期与爆发期，网友的注意力往往集中于一些刺激的零碎事实信息，而随着网民聚集，传统媒体开始挖掘，相关主体进行调查核实，网民继续爆料，新的事实不断呈现，会带来舆情的变化，也会造成舆情的反复。

当然，也有很多舆情事件经过积极应对、及时澄清事实、充分沟通，公众情绪得到纾解、抚慰，舆情并不会反复。

但也应该看到，今天的传播技术为信息爆炸提供了基础，人们的注意力被不断争夺，公众在一个事件上集中注意力的时间越来越短，反复期的时间也可能呈现缩短的态势。

例如 2018 年 11 月 11 日，某学院学生工作部(处)官方微博发布《关于校园整治专项工作的说明》，指出学校师生外卖订单量大，存在饮食和环境卫生、治安和交通安全、生活方式与健康问题等诸多隐患，学校将禁止送外卖的车辆进校，禁止外卖进入宿舍和教室，并强调"不是禁止外卖"。该规定将于 11 月 19 日进入试运行阶段，12 月 3 日起正式执行。11 月 12 日有微博网友发帖，引发热议。于 11 月 13 日达到舆论高潮，随后关注度呈下降趋势。14 日和 15 日左右，舆情已经趋向缓解，仅有简单反复，截至 23 日，媒体和网民关注热潮逐渐平息（图 5-8）。

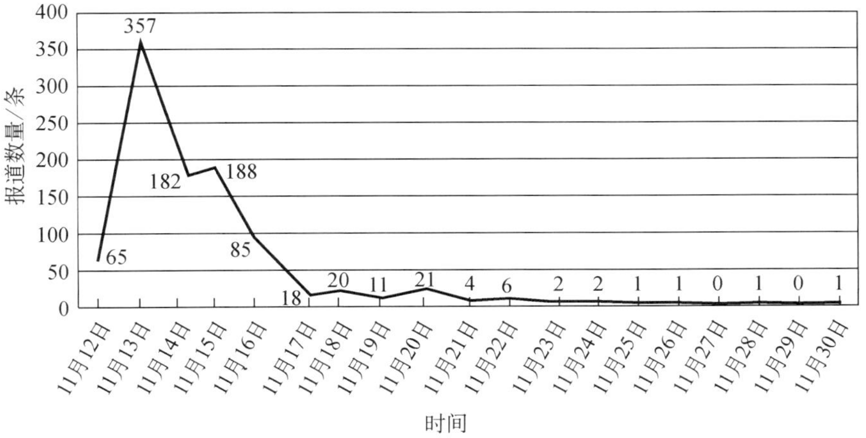

图 5-8 某学院禁止外卖车辆进校舆情走势

（资料来源：上海教育系统网络文化发展研究中心）

5.6 缓解期

这一时期是舆情的消退期，事件得到解决，公众的注意力开始转移，舆论平息。这一时期容易忽略的问题和难点是形象的修复和对舆情的反思。

舆情缓解，应对主体也会出现放松情绪。从实践经验来看，舆情经过一段时间得到缓解，对于主体公众形象的修复和自我改进是有益处的，但如果就此忽视舆情暴露的问题，则无法避免同类事件的再次发生。

应该认识到，舆情事件是组织各类运行风险在公众视野的表达，是内部压力的释放。舆情作为外部推手，可促进组织发现并改进问题。在公共领域，要从更深层次化解各种社会矛盾，提高社会治理水平。但凡发生的必有痕迹，在舆情的世界里，当类似的事情再次发生，就会唤起人们的记忆，如果不能正视事件发生的底层原因，舆情风险还会叠加，“旧事重提”在舆论场中屡见不鲜，这也是舆情风险有别于其他风险的一个特性。

形象修复将是长期的、系统性的工作。一些舆情事件形成符号化的概念，长久地存在于公众舆论场中。2008 年三聚氰胺奶粉事件后，舆论场中常笑谈“通过奶粉认识了三聚氰胺”，中国婴幼儿奶粉的声誉长时间难以恢复。舆情爆发会产生刻板印象且这一印象非常难消除。因此，公众形象的修复是缓解期一项长期而持续的工作。三聚氰胺事件中，虽然中国婴幼儿奶粉很快就符合“药品标准”要求，但消费信心仍待恢复，至今各界仍在为之努力。2019 年，七部委联合印发《国产婴幼儿配方乳粉提升行动方案》，提振中国市场对国产奶粉的消费信心，可见难度之大。①

通过本章的论述可以发现，具体舆情事件的生命周期演化虽然各有不同，但总体发展脉络相近，在实际生活中舆情经常由于议题不同、介入和引导措施不同而呈现出不同的发展态势。当然舆情事件的传播态势判断，在现有数据监测条件下，多为事后统计的结果。即便如此，在舆情风险管理的过程中，对舆情生命周期有清晰的理解，可以帮助我们建立舆情风险应对的思维框架，及早发出预警，有效应对风险，减少损失。

相关链接　清华博士论文造假事件舆情分析

1. 事件概述

据"Retraction Watch(撤稿观察)"网站 2018 年 10 月 19 日报道，清华大学有 11 篇材料科学领域的论文，由于图片篡改、内容重复、虚假署名等学术不端行为而遭撤稿。这些论文的发表日期主要集中在 2014—2016 年。这些被撤稿的论文通讯作者为"Guoyi Tang"，第一作者主要是"Xiaoxin Ye"。

这一撤稿事件被国内外多个科研网站和论坛转载，事件经过如表 5-1 所列。

表 5-1　撤稿事件经过

时间	事件概述
2015 年	叶肖鑫获得博士学位
2016 年 3 月	唐国翌教授收到关于叶肖鑫作为第一作者所发表的论文可能存在学术问题的举报，对其 16 篇论文进行全面核查，最后确认其论文造假事实，向相关出版机构提出全部撤稿的要求
2017 年 1 月	叶肖鑫被认定存在严重学术不端行为，其导师唐国翌对此负有一定责任
2017 年 4 月	叶肖鑫被撤回博士学位并在校内进行了公告
2017 年 6 月	唐国翌教授被撤销材料学科负责人和新材料研究所副所长职务，已办理退休手续
2018 年 10 月 21 日	清华大学深圳研究生院发布声明

2. 舆情分析

1）时间走势分析

由图 5-9 可见，事件于 2018 年 10 月 19 日在网络上被曝光，成为新闻焦点和舆论热点。21 日清华大学发布公开声明后，引起了各地新闻的报道和网友的热议，并达到舆论高潮，截至 31 日，媒体和网民关注热度逐渐降低。整个事件经历较为典型的萌发、爆发、高峰、反复、缓解五个阶段。

① 国产奶粉逆袭之路."瞭望智库"微信公众号，2020-04-06.

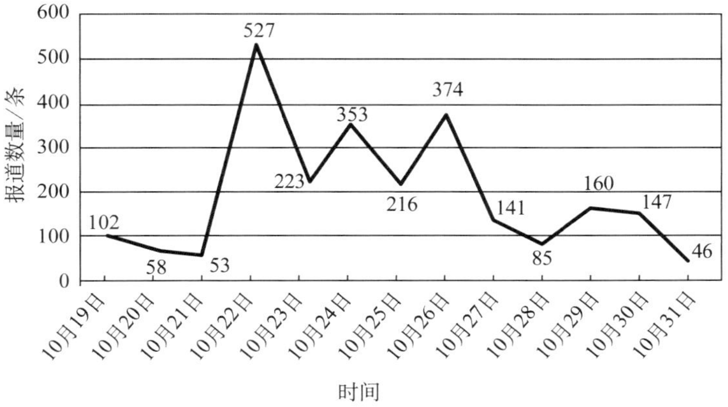

图 5-9 清华博士论文造假事件舆情走势

（资料来源：上海教育系统网络文化发展研究中心）

2）媒体关注度分布

截至 2018 年 10 月 31 日，有关清华大学博士论文造假事件，共计 50 家境内外媒体报道及转载此事，相关文章 1 387 篇。其中，今日头条报道最多，共计 107 篇；其次是澎湃新闻，共计 68 篇；ZAKER 共计 61 篇；纳森财经网共计 59 篇；新浪新闻共计 46 篇；搜狐新闻共计 44 篇；百度新闻共计 43 篇（图 5-10）。

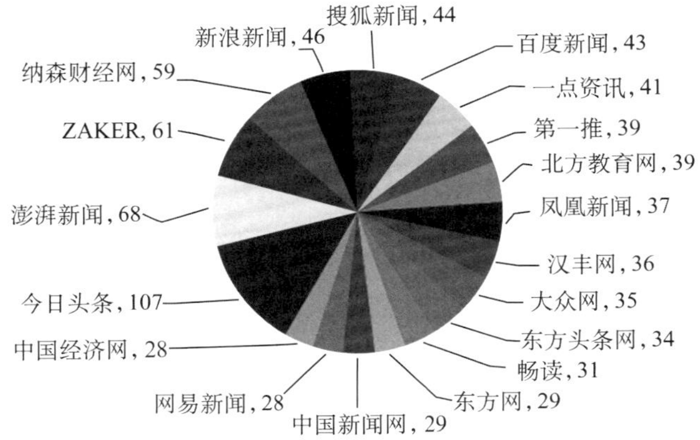

图 5-10 清华大学博士论文造假事件主要媒体网站报道分布

（资料来源：上海教育系统网络文化发展研究中心）

影响较大的纸媒有《人民日报》《南方日报》《科技日报》等，影响较大的新闻网站有中国新闻网、凤凰新闻、新浪新闻、今日头条、网易新闻、搜狐新闻等。

3）论坛情况分析

据统计，共计约 29 家论坛、150 篇论坛网帖关注此事。其中，凯迪社区、网大论坛、天涯社区等论坛发帖量较多（图 5-11）。

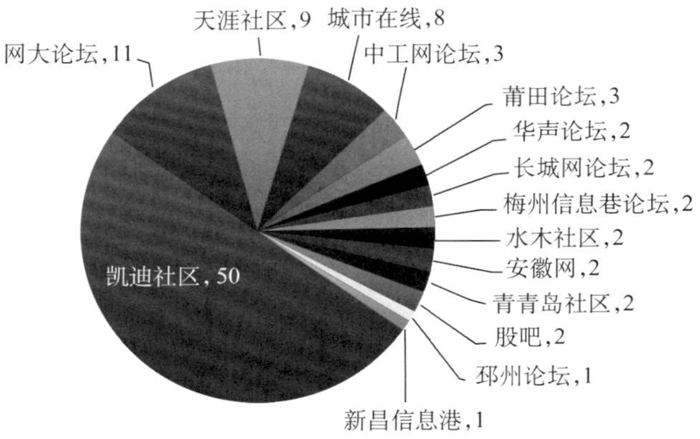

图 5-11　清华大学博士论文造假事件主要论坛网站分布

（资料来源：上海教育系统网络文化发展研究中心）

参考文献

[1] 芬克.危机管理[M].韩庆宁，译.台北：台湾经济与生活出版事业股份有限公司，1987.

[2] 李志宏，王海燕，白雪.基于网络媒介的突发性公共危机信息传播仿真和管理对策研究[J].公共管理学报，2010，7(1)：85-93.

[3] 宋海龙，巨乃岐，张备，等.突发事件网络舆情的形成、演化与控制[J].河南工程学院学报（社会科学版），2010，25(4)：12-16.

[4] 佘廉，叶金珠.网络突发事件蔓延及其危险性评估[J].工程研究：跨学科视野中的工程，2011，3(2)：157-163.

[5] 谢科范，赵湜，陈刚，等.网络舆情突发事件的生命周期原理及集群决策研究[J].武汉理工大学学报（社会科学版），2010，23(4)：482-486.

[6] 顾明毅，周忍伟.网络舆情及社会性网络信息传播模式[J].新闻与传播研究，2009，16(5)：67-73.

[7] 余秀才.重大突发公共事件中的微博舆论传播与引导[M].北京：社会科学文献出版社，2017.

[8] 史蒂文森.媒介的转型：全球化、道德和伦理[M].顾宜凡，译.北京：北京大学出版社，2006.

[9] 赵毅衡.符号学：原理与推演[M].南京：南京大学出版社，2010.

[10] 姚星亮.污名：差异政治的主体建构及其日常实践[M].北京：社会科学文献出版社，2017.

6　舆情风险议题的识别与分析

风险管理理论可以为舆情风险管理提供框架，但是舆情风险成因复杂，具有极强的模糊性，对其精准识别十分困难。虽然很多机构、学者正在运用大数据技术，通过建立模型，实现对舆情风险更高程度的量化识别、评估，但是在建模过程中，哪些是关键影响因素，哪些是非关键影响因素，很难精确界定，还有赖实践检验。可以说舆情风险感知、识别指标、评价标准的精确遴选和权重的精确确定将是个动态且持久的研究与实践过程。此外，精确的舆情风险识别信息的获取十分困难。无论是依据经验判断，还是结合大数据识别技术，舆情风险的识别过程实际上都可以概括为风险诱因收集、整理、分析、加工、输出的过程。信息获取的准确性、真实性、有效性直接决定着舆情风险识别、研判的科学性。但这些信息的获得十分困难。

因此，回到舆情风险识别的原点，必须对引发舆情风险的议题进行归纳和梳理。理解这些议题形成的原因、可能引发的风险，是实践中快速识别、判断舆情风险的有效路径。本章中，我们对纷繁复杂的议题进行分析，从主题角度进行分类汇总，辨析议题的情绪色彩，关注议题的相关影响因素，从议题的角度为专业人员识别、研判舆情风险奠定基础。这种议题研究也是各种舆情数据监测的基础。

6.1　常见的高风险议题：最低限度的共通性

人们每天不自觉地接收各种信息，纷繁复杂，意见看似很难集中，但正如英国哲学家以赛亚・柏林所坚持认为的：人们的价值观“具有最低限度的共通性”。观察人们的感知和认知，很容易发现不管人们的思维差异如何，总会在一定程度上聚焦一些议题，并对这些议题形成相对集中的、一致的评价。这类议题常随时代变化，还会有地域之别、文化之别、宗教信仰之别，是一个群体在一定时期内，共同的、相对一致的生活感知和体验的反映。从相关研究和日常感知中，可以发现一段时期内人们关注热点的轮廓。发现这些议题，识别出高风险的敏感议题，是舆情风险管理的重要基石。

根据统计数据，我们会发现每年的舆情热点有很大不同。从《中国社会舆情与危机管理报告》的统计中，随机抽取不同年份监测数据中热度排名前 20 的事件，可以发现这些热点涉及经济、社会生活的各个方面，有正面、有负面(表 6-1)。

表 6-1　　不同年份热度排名前 20 的事件

2010 年	2012 年	2014 年	2015 年
上海世博会	十八大	云南鲁甸地震	93 阅兵
青海玉树地震	钓鱼岛之争	马航失联	尼泊尔地震
房价上涨	王立军事件	台湾柯震东吸毒	天津爆炸案
广州亚运会	莫言获诺贝尔奖	阿里巴巴在美国提交上市文件	山东 2 名学生南昌替考
物价上涨	中菲黄岩岛之争	一带一路	欧洲难民潮
李刚门	2012 年伦敦奥运会	乌克兰危机	人民币贬值
兽兽门	雷政富不雅视频	周永康被查	上海踩踏事件
腾讯与 360 之争	世界末日谣言	世界杯开幕	习马会
地沟油回归餐桌	毒胶囊事件	昆明恐怖暴力袭击事件	中央经济工作会议
北京查封天上人间	谷歌收购摩托罗拉	微博在美国上市	美联储加息
盘曲泥石流	杜甫很忙	广州市委书记万庆良落马	上海取消 GDP 考核
江西宜黄拆迁自焚	北京特大暴雨	超级银杏事件	巴黎遭恐怖袭击
国美夺权案	香港反内地孕妇	城市安全感工资	令计划落马
上海大火	赵本山退出春晚	事业单位人事管理条例公布	中国中车集团成立
谷歌退出中国	天价切糕	仁川亚运会	新加坡大选
浙江乐清	吴英案	上海发布资本市场 33 条	屠呦呦获得诺贝尔奖
宋山木强奸案	最美女教师张丽莉	南京打护士事件	快递实名制
富士康跳楼	周克华被击毙	马云成大陆首富	职业年金起步
菲律宾人质	居民阶梯电价	北京增开高铁动卧列车	文登事件
中日撞船	延迟退休	徐才厚被开除党籍	刘翔退役

资料来源：历年《中国社会舆情与危机管理报告》。

从这些庞杂的信息中可以发现易引发舆情风险的议题，例如，灾害类突发事件很好识别。但有些事件要在事后才可以清晰判断出其给社会发展、组织声誉等带来了哪些长期的负面影响，而在事前甚至事件发生时很难判断，这类议题也较难归类、汇总，主要是各种社会风险。

有学者认为，在全球风险层面上，目前我们所面临的最大风险是金融风险；就各国内部风险而言，则主要是社会风险，一方面是群体性突发事件发生的频率和规模以及参加人数都呈现不断快速增长的趋势，另一方面是涉及社会公共安全的意外事故和灾变性事故不断增加。[1] 这一判断也得到很多数据支持。

就我国而言，随着国内改革进入攻坚期和深水区，经济社会利益格局快速调整，社会矛盾不断积累凸显，未来多年依然是突发公共事件和群体性突发事件的多发期，主要集中在公共管理、社会矛盾等领域。部分群体在现实生活中面临压力和困难，容易产生负面情绪，新媒体和自媒体提供了极其便利的表达渠道。根据人民网历年互联网舆情分析报告数据统计，公共管理和社会矛盾类事件为舆情高发领域，并且处于发生频次攀升的态势(图 6-1)。

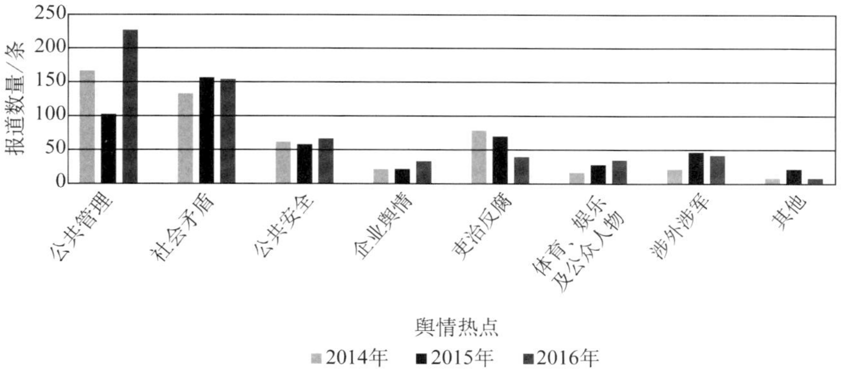

图 6-1 舆情热点领域
(资料来源：人民网)

人民网舆情监测室在《2016 年中国互联网舆情分析报告》中将热点事件分为公共管理、社会矛盾、公共安全、企业舆情等八大类别。报告指出，公共管理依然是舆情事件发生最多的领域，且舆情压力指数已经超越贫富差距等社会矛盾聚焦点，位列第一。随着魏则西事件、如家和颐酒店女子遇袭案等涉企舆情事件的热议，企业危机事件成为 2016 年度互联网舆情的爆点。近年来，政府舆情应对能力上升，而企业在舆情危机应对方面的脆弱性凸显出来。人民网舆情分析师在《社会蓝皮书：2018 年中国社会形势分析与预测》中指出，2017 年的网络热点舆情更多地围绕与普通人利益相关的民生问题展开。① 2018 年，舆情更多表现为城市居民对民生和安全的关切，民生与公共安全领域的问题占前 20 件热点舆情事件(话题)的一半。②

分析其他监测数据也可以得出类似的结论。据《中国社会舆情年度报告(2016—2017)》[2]统计，2012—2016 年五年间中国网民提及度最高的十大社会问题依次是：教育问题(41.64%)、劳动就业问题(15.81%)、食品安全问题(12.28%)、人口问题(10.24%)、物价问题(9.25%)、诚信问题(7.75%)、房价问题(7.13%)、家庭暴力问题(5.4%)、生态环境问题(5.36%)、青少年犯罪问题(4.54%)。

据《中国社会舆情与危机管理报告(2014)》[3]的调查显示，受访者对安全类问题关注度最高，十六类社会热点舆情的关注度排名如下：社会治安、环境污染问题、领土安全问题、食品安全问题、医疗问题、教育问题、物价问题、反腐倡廉问题、收入分配问题、高房价问题、就业问题、经济体制改革、政治体制改革、计划生育政策、资源能源短缺、户籍改革。

① 祝华新.人民网舆情分析师连续第 11 年发布网络舆论分析报告.人民网，2018-01-03.

② 廖灿亮.七个角度看 2018 年网络舆情新特点."人民网舆情数据中心"微信公众号，2019-01-02.

人民网舆情监测室按照公众关注热点，将热点舆情归为四大突发事件、六大关系、十六大热点问题和六大涉外舆情(表 6-2)。

综合以上监测数据，对这些议题进行梳理，可以发现从主题角度而言，常见的高风险议题可以分为三类：一是突发事件舆情；二是各类反映社会矛盾的事件引发的舆情；三是涉外舆情。这是我们对舆情议题进行的第一层次识别，这一层次聚焦议题内容主题。我们相信，随着信息技术、大数据挖掘技术、分析技术，特别是人工智能学习能力的提升，未来对舆情风险的感知、识别可以更深入地依赖计算机。尤其是人工智能的学习能力，极具想象空间。但在现有信息技术水平条件下，在实际工作中，对引发舆情风险的议题内容识别还是采用基本的、实用的手段。

表 6-2　热点舆情归类

舆情类型	热点
国内舆情	四大突发事件：自然灾害、事故灾难、公共卫生事件、社会安全事件
	六大关系：官民关系、警民关系、城乡关系、劳资关系、贫富关系、医患关系
	十六大热点问题：反腐倡廉、网络问政、司法公正、城管执法、强制拆迁、就业失业、垄断企业、社会思潮、舆论监督、房价物价、文化之争、弱势群体、教育改革、道德失范、三农问题、扫黄打非
涉外舆情	领土主权、经济贸易、文化冲突、民族情绪、历史问题、军事动态

资料来源：人民网舆情监测室。

6.2 高风险议题的情绪色彩

对议题进行研判，情绪色彩是重要的维度。

情绪是舆情风险的核心要素，是动因也是结果。从识别角度，对每个议题传递的情绪色彩进行分析，是预判舆情风险的重要依据，且它和议题内容高度相关，具有预判的可行性。更为重要的是，辨析议题情绪色彩，从情感角度疏导舆情，也是化解危机的基础。易引发舆情风险的情绪主要有以下几种类型。

6.2.1 恐惧

尼采说，“世间的坏事，四分之三来自恐惧”，人的生存本能让人类天生警惕“坏消息”，为了对抗恐惧，人类一直在努力，所以有人甚至认为技术进步的三个推动力是贪婪、懒惰和恐惧。[4]武器的研发、风险管理系统的建立，很多变革都是由内在的恐惧情绪推动的。在商业传播领域，利用人们的恐惧心理传播各种概念更是屡见不鲜的传播策略。流行病期间，对使用洗手液的宣传就是为了化解对疾病传播的恐惧。但也有研究表明，诉诸恐惧的内容通常可能产生说服效果，但过强的恐惧感使说服的效果大打折扣。在舆情风险中，恐惧情绪是多种群体行为的导火索，识别议题内容的“恐惧”情绪色彩，能更好地理解议题。

1. 恐惧会转化为焦虑

恐惧是对风险最直接的情感反应。斯洛维克[5]总结了两个影响风险感知的社会心理因素，一个是“可怕性”(风险所引起的恐慌程度)，另一个是“熟悉性”(风险的已知和可控程度)。也就是说，不熟悉的事物和对未知的恐惧，使人感到风险前所未有、难以观察、不可理解，甚至可能造成延迟的伤害等，仅仅是陌生、未知的感受就可能深刻影响社会心理。

在现实生活中，这种未知感带来的恐惧、带来的失控感，常转化为一种焦虑情绪。为了克服这种情绪，人们会采取各种行动。例如新冠肺炎疫情期间，欧美公众囤积厕纸的一个重要原因是，厕纸是以较低成本就可获得的对健康和洁净生活具有控制感的商品，在危机状态下常常排在购物清单的第一位。在全球范围内，恐慌性购物都是人们在面临不确定性风险时，获得一定“控制感”的常见行为。

2. 恐惧会转化为愤怒

愤怒是引发舆情风险的十分显著的情感标签，它经常由恐惧转化而来。特别是在当今社会发展过程中，一些群体处于弱势地位，当面对灾害、社会发展矛盾时，有强烈的“弱势感”，感到对灾害、事故中各种不可预知的风险完全没有掌控能力，感到自己遭受了不公平的对待，还会感到自己对风险的敏感并没有被很好地纳入专家的技术评估中，专家和相关主体没有采取合理的应对等。弱势群体把糟糕现状归因，担心与恐惧就会表现为愤怒，用愤怒保护自我，消除弱势感。在重大灾害出现时，公众的情绪往往是越恐惧，越愤怒。

3. 恐惧会导致信心缺失，破坏合作

随着社会的进步，人类通过技术、组织协作来管理风险的能力越来越强，人类的自信迅速膨胀，但随着各种新型不确定风险的产生，恐惧始终影响着公众对未来的判断。例如美国民众对“9・11”悲剧的反应，有学者调研发现，对政府失去信心导致民众“从个人角度看待危险”。对政府机构不信任和丧失信心以及缺乏感情纽带带来的孤独感使民众产生了安全需求。反过来，表达不安全感的语言广泛出现，例如处于危险中、脆弱、受伤、焦虑不安等，从这种表达也可以看出，公众将对安全的追求转变为极具个人特色的探索旅程。[6]今天社会的专业性、风险的复杂性，早已决定在对抗风险时，个人化的探索固然重要，但这种探索建立并依赖于各个系统的高度协作，只有高度协作的系统才有能力应对今天社会的复杂风险。而任何协作，都建立在信任的基础上，建立在“共识”的基础上。恐惧情绪会破坏这种信任，寄希望于个人的危害影响深远，破坏力巨大。

面对公众的恐惧情绪，舆情引导不可或缺。勇敢和理性是这种引导的主基调。首先，如同罗马人说的“幸运之神垂青勇者”，东方文化也用勇敢来对抗恐惧，漫长的人类历史早已证明这一点。公众恐惧情绪的纾解，恐惧视角思考方式的改变，都离不开勇敢精神的激励、示范，这种情感力量可以帮助个人和社会不被恐惧情绪压垮；信心可以帮助公众摆脱宿命论的悲观情绪。其次，审慎的、理性的、批判的态度管理和约束认知，也是应对恐惧的良药。真实、客观的信息是理性构成的基本要素，及时发布真实信息和基于事实的理性评价能够很好地减小公众的恐惧，

使公众从焦虑中走出。如同康德认为，勇气和人类理性的成长是相辅相成的。理性可以使人勇敢，理性可以减弱恐惧文化对公众情绪的限制和误导。

6.2.2 愤怒

公众情绪愤怒时，危害巨大。相较于恐惧，愤怒的破坏力更大，它和恐惧一样，都会破坏人们对组织的信心，更会削弱对话的基础。愤怒的情绪还十分容易“迁移”，民众会因为对一人的愤怒，而对他所代表的群体愤怒；也会因为对某个群体的愤怒而反对和这个群体有关联的每一个个体，忽略个体的其他特性。这些现象会让我们在面对公众的情绪时，仅仅感受到情绪的非理性，而忽略愤怒背后的深层次原因。

当群体表现出情绪的一致性时，背后必然有导致这种群体情绪的诱因，或者这种愤怒的表达方式是体现群体需求的最优选择，比如自我保护、表达诉求、争取支持等。有研究表明，在公共争议中，愤怒产生的原因主要有：①有人受到了伤害，产生伤害的原因却不能消除，受害者因为失望而感到愤怒；②有人怀疑自己未来会遭到伤害，出于恐惧而产生预期性愤怒；③别人的错误，包括谎言等，使自己处于危险境地；④人们的基本价值观受到了挑战或威胁。因此，在公共争议的视角下理解愤怒，应该把愤怒定义为对痛苦的防卫性的反应，无论这种痛苦是客观真实的，还是主观感知的。[7]

这一定义的重点是要看到“痛苦”，看到“防卫性的反应”，从这个角度来思考愤怒，理解其中蕴含着的化解痛苦的自我保护机制；理解在公共争议中，公众的愤怒往往是防卫性的，而不是攻击性的。只有这样才能在面对愤怒时，不仅仅把它当作一种简单的情绪爆发，而会寻找愤怒背后深层次的痛苦，便于我们解决问题；也可以帮助我们认识到愤怒有其合理的一面，使“我们”有了站在“对方”或“他者”的角度思考问题的共识基础，而不是简单地诋毁、对立、忽视；便于我们从一开始就能够对别人做出积极的反应，有利于之后解决问题。

基于这种认识，愤怒舆情引导有两个方向：

一是关注事实，调查事实。在很多案例中，人们的愤怒是源于受到伤害，人们最直接的反应是希望找到伤害发生的根源，痛苦得到补偿。

二是良好、深入地沟通和互动。有三个重点：①注重倾听，倾听不同的观点，承认不同观念的合理之处，以期彼此之间获得更多的信息，找到更多可以形成共识的“基本认知”；②注重行动，将可能产生的影响降到最低，在可能的情况下，作出应急承诺；③以公众利益为导向，基于长期利益，不断沟通协商解决问题。

当然，愤怒也有可能是某些人精心策划的一种策略，目的在于操控他人的反应。在公开场合展示愤怒，可以起到很好的“聚合”效果，极具感染力，并借此改变他人对自己的看法，或者胁迫他人接受自己的要求。而这种情况更需要明辨是非，注重沟通，辨析矛盾，化解愤怒。

6.2.3 多种情绪的叠加

在高风险舆情事件中，议题的情绪色彩大多是叠加的。除了最为显著的恐惧和愤怒外，在具体情境下，议题的情绪色彩会表现为多种情绪的混合，相互转化，相互激荡。悲伤、焦虑、怨恨这些情绪会和恐惧、愤怒等交织在一起，互相转化，彼此强化。

悲伤情绪是各种灾难事故中极具感染力的情绪，是人类同理心的反映。人们在重大灾害面前，对生命逝去和伤痛的悲伤是最直接的情绪反应，需要治愈、纾解。压制悲伤，易使悲伤转化为愤怒。在高风险的舆情议题中，悲伤一般是一种底色，人们表达哀悼，表达感同身受的悲伤，但也会包含怀疑、愤怒、怨恨等情绪。例如在新冠肺炎疫情期间，无论是普通人生命的逝去，还是抗疫一线医护人员、其他保障人员的逝去，都会在舆论场中掀起巨大的悲伤情绪。尤其是医护人员的逝去，公众情绪层次更加丰富，不仅有悲伤，还有对病毒斗争艰难的担忧、对彻底战胜病毒的怀疑等。在抗疫最艰难的时刻，生命逝去的悲伤还会和其他事件相联系，产生各种复杂的情绪。

可以说，在公共议题中，悲伤情绪可以容纳各种负面情绪，也会放大各种负面情绪。悲伤是任何公共争议中都难以忽视、否认的情绪。它不仅和恐惧有千丝万缕的联系，对伤痛的同理心、对风险的不可控感都可能导致低落、悲伤；在很多情况下，它还和愤怒一步之遥，多大的悲伤就可能引发多大的愤怒。

怨恨情绪是一种相对典型的、和不公平感关联较紧的情绪，是不满情绪长期的积累，背后包含的是愤慨、不公平感等综合情绪。在公共争议中，弱势群体的悲伤常常转化为怨恨(图 6-2)。和愤怒情绪一样，怨恨常会带来对整个社会制度的否定。

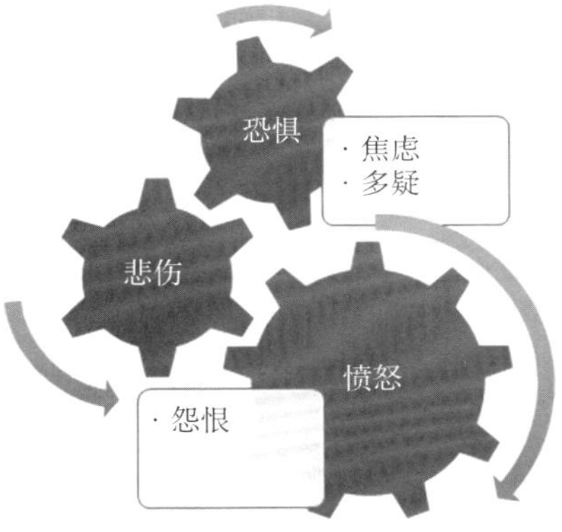

图 6-2　高风险议题的情绪色彩

总体看，舆情中容易引发风险的负面情绪，常以恐惧和愤怒为主，在不同情境下，叠加转化为不同情绪类型。公众对无能为力的事件常表现为恐惧情绪，对各种社会矛盾、利益纠纷、价值观争议、文化争议常表现为愤怒情绪。在分析议题时，情感标签能帮助我们更为清晰地理解议题，理解其引发负面影响的原因所在。在实际工作中，对待任何公众情绪都应保持理解和尊重的态度，在此基础上，才有对话沟通引导的可能，才能更好地应对风险，把负面影响降到最低。在后面的议题分析中，我们会对具体议题的情绪色彩进行辨识，为实际工作提供参考。

6.3　议题风险的其他影响因素

从议题的角度来分析风险，除了分析议题的主题、情绪色彩，还需要考虑时间、地点、人群三个敏感因素。从风险防范的角度来看，这些影响因素格外重要。

6.3.1　敏感时间

敏感时间不是指具体时间，而是指负面事件发生在特别的时间节点，更容易引发广泛的舆情关注，并长久地存在于公众记忆中。

（1）重大节日期间。重大节日，特别是以喜庆为主要氛围的节日，例如元旦、春节、圣诞，都是极易刺激舆情的敏感时间。人们在这些节日里辞旧迎新，欢聚、展望、憧憬是社会情绪的主基调，这样的时间节点发生重大灾害事故，会与主流期望形成巨大落差，从而刺激公众情绪，产生重大舆情。这样的时间节点，容易形成记忆点，舆情会长久地存在于公众的集体记忆中。

（2）重大会议期间。重大会议大多研究关乎国计民生的问题。媒体原本的议程设置多为会议所涉及重大民生问题的政策变革等，因而会议期间往往成为这类议题的“高光时刻”。这一期间发生负面事件会与会议的主旨不匹配，巨大对比引发舆情高度关注，公众情绪起伏；会议引发的关注和讨论也可能导致众多媒体聚焦而快速引发重大舆情。

（3）重大节庆活动期间。重大节庆活动通常在非一般性的法定节日，这里主要指各类对特定群体具有重要意义的节日或者各类庆典活动，例如民族和宗教的传统节日，特殊时间节点的庆祝活动如国庆阅兵活动、抗战胜利纪念活动等。这类节庆活动通常有特定的气氛，或与宗教传统有关，或与庆典主题有关，媒体参与度高，公众关注度高。组织这类活动的工作量大、工作接口多、社会参与度高，一些部门的常规工作被打破，容易出现管理上的真空地带，工作疲劳导致各类事故发生概率也增大，多种因素相结合，一旦出现负面事件，很容易转化为热点舆情事件。

6.3.2 敏感地点

敏感地点对议题的形成有重要影响。敏感地点的形成是历史、文化等多种因素长期塑造的结果。一个地点本是纯粹客观的存在，因为各种原因，有了故事，有了文化联想，有了情感寄托，才有了辨识度。它会与各类热点事件相辅相成，相互塑造，一个地点会因一个事件成为一个特殊的符号而长期存在于公众视野中。

（1）历史地标、城市地标。这些地点对于公众而言，通常包括以下几类：一是具有特殊历史意义的广为人知的地点，例如天安门、故宫、长城等，这些地点有着很强的象征意义、文化内涵和情感指向。二是随着城市发展，几乎每座城市都有属于自己的地标建筑，有的是因为独特的建筑风格广为人知，它们往往与周围环境有巨大反差，在不同方向上都容易被看到，脱颖而出，令人印象深刻；有的是因为举办过重大活动、发生过重大事件、承载了属于这个城市的某种记忆等不同原因成为地标。无论是历史地标还是城市地标，它们的共同特点是广为人知，和所在城市、所在区域有着极强的关联性，是城市、区域甚至国家符号化的呈现，在这些地点发生的负面事件，容易引发关注，其负面影响波及所在城市、所在区域，被长期记忆，甚至还会形成新的概念。典型的例子如纽约世界贸易中心双子塔，在“9·11”事件之前，就出现在无数电影、海报、明信片中，众多著名公司在此处办公，是纽约的标志之一；“9·11”事件之后，这里成了新的符号，长久存在于全世界人们的共同记忆中。

（2）民族或宗教场所。民族和宗教场所是与民族和宗教传统相联系的地点，涉及对民族宗教问题的尊重。在这些地点发生的负面事件，会引发相关民族或宗教群体的强烈关注，而且当今国际环境日益复杂，这些事件很容易成为国际舆论关注的焦点。

(3) 大型活动的举办地。大型活动，各类媒体聚焦，公众广泛参与，在大型活动举办地发生的任何负面事件，都会由于媒体的集中关注而迅速成为焦点。

在舆情定向监测中，敏感地点是相对固定、较容易识别的。在敏感地点发生的各类事件，尤其是负面事件，非常容易引发公众关注。而在舆情危机化解的实践中，应尽力避免事件和敏感地点的关联，例如事件的命名等。

6.3.3 敏感人群

(1) 以公职人员为代表的拥有权力和资源调动能力的“强势”人群。例如，穿制服的一线执法人员，在现实生活中常被认为是公权力的代表群体，在网络舆情中不占据优势。在公共争议中，公职人员的负面信息、话题易刺激公众情绪，引发关注，成为舆情的众矢之的。因为他们的公职不仅代表了个人，还代表了其所在部门的公权力，他们个人的品行被关注，被标记于他们所代表的群体。此外，企业家、精英人士在具体的事件中经常是占据资源更多的一方，在舆情中易受到更多的批评，成为敏感人群。

(2) 弱势群体。在各类矛盾中，老人、妇女、儿童和残障人士等都是容易引发关注的弱势群体，他们的遭遇容易引发公众的共情。公众在获悉弱势群体的遭遇时，易产生代入感，并更容易为之行动，产生改变其现状的愿望。

(3) 特殊时期的易躁群体。比较典型的是同类事件在一段时间内密集发生，那么相关人员就会成为敏感人群、易躁人群。比如围绕校园问题，2017 年前后连续出现校园跑道污染、校园欺凌、虐童等事件，在这一时间段内，学生家长们就成了敏感人群。稍加刺激，这一群体就可能如惊弓之鸟产生过激反应，迅速形成舆情热点，引发群体事件。

从议题角度研判，本书关注议题的主题、情绪、时间、地点、人群这些在实践中较容易识别的方面，以便迅速形成对舆情风险的感知。

6.4 突发事件舆情风险及特点

突发事件在传播上天然具有吸引眼球的特点，而且突发事件复杂，涉及社会方方面面，需要多部门协调解决，包含大量可能引发公众关注的议题，处置难度大。突发事件是典型的高风险议题。

2007 年 11 月施行的《中华人民共和国突发事件应对法》明确指出，该法所称突发事件，是指突然发生，造成或者可能造成严重社会危害，需要采取应急处置措施予以应对的自然灾害、事故灾难、公共卫生事件和社会安全事件。按照社会危害程度、影响范围等因素，自然灾害、事故灾难、公共卫生事件分为特别重大、重大、较大和一般四级。法律、行政法规或者国务院另有规定的，从其规定。突发事件的分级标准由国务院或者国务院确定的部门制定。

近年来，围绕突发事件与网络舆情的研究有很多。姜胜洪[8]认为，突发事件网络舆情是指民众以网络为平台，借助网络论坛(BBS)、网络聊天(Chatting)、博客(Blog)、微博客(Micro Blog)、维基(Wiki)、电子邮件(E-Mail)、网络新闻组(Usernet News)等网络工具，围绕即将发生或已经发生的自然灾害、事故灾难、公共卫生事件和社会安全事件等突发事件发布信息，所表达出来的社会政治态度。康伟[9]认为，突发事件网络舆情是指通过新闻报道、网民发表言论等方式来呈现个人、群体及组织在网络空间中发布传播的基于突发事件的含有情绪、态度、意愿、观点或行为倾向的信息。

突发事件与网络舆情的关系密切。第一，突发事件是引发网络舆情最重要的议题，事发突然且危害大，容易引发关注，倾向性强烈的意见、态度与意愿容易聚集，易伴生舆情风险。第二，舆情的消退是突发事件得到合理解决的信号。舆情通常与突发事件处置同步，舆情的消退是现实社会中利益纠纷得到合理解决的结果。第三，网络舆情与突发事件相互影响。突发事件爆发后产生的社会影响与网络舆情的被关注程度强相关。突发事件越严重，舆情越高涨。舆情的演变对突发事件的发展有着不可估量的作用，如果网络舆情得到合理的引导，那么将有利于突发事件应急工作的开展；若对网络舆情引导不当，那么不仅给突发事件的处置工作带来困难，还有可能引发更严重的社会危机。

通过长期实践，人们对突发事件的发生规律、处置办法已有一定认知，且突发事件发展和舆情演化高度一致，因此，对突发事件的舆情走向也可以进行一定的预判。

在传播中，突发事件热点议题通常会围绕三个层面展开：一是事件本身，即是什么；二是事件原因，即为什么；三是公众怎么处置、相关主体如何处置，即怎么办。在以突发事件为主题的舆情事件中看到的各种复杂争议都是这三个层面的延伸。当然，不同类型的具体突发事件又有自己的特征，且公众对不同类型的突发事件，常有不同的情绪反应，这造成不同类型的突发事件会产生不同的议题，从不同角度引发舆情风险。本节总结、分析不同类型突发事件议题，为舆情风险预判、制订预案、减少不当应对、合理引导提供参考，这些议题研究也为舆情监测提供支持。

6.4.1 自然灾害舆情

自然是不可控的，自然灾害带来的损失不可逆转也难以挽回，公众对遭受自然灾害的民众有着发自心底的同情。当自然灾害发生时，可能会出现社会生活中的矛盾与争议暂时被搁置下来的情况，但也可能出现潜在矛盾浮出水面，引发巨大争议的情况。总体看，自然灾害出现时，以下议题常引发关注，其中包含了大量可能产生负面影响的议题：①灾情的相关客观信息，容易引发共情的主要包括伤亡人数、灾害损失、次生灾害的可能性。从感情色彩上看，不同程度的恐惧情绪会伴随不同级别的灾情出现。②自然灾害的救援，主要包括救援的及时性、救援的措施、救援的成果，涉及救援工作的高风险议题主要是对救灾行为的监督与道德审判。自然灾害发生后，个人、企业以及政府等各类主体的行为都被高度关注。对于救灾过程中的不道德甚至违法行为，网络舆情会进行有力的声讨。这种自发的民间道德审判已经成为自然灾害网络舆情的常见议题。

在我国，面对重大自然灾害，在救灾过程中政府均发挥主导作用，相关救援单位均是政府形象的延伸，由于是舆情关注的焦点，稍有处置不当，经过舆论放大后，就容易形成舆情风险。如果涉及贪污腐败、权钱交易、道德滑坡等在网络舆论中具有普遍和持久号召力的话题，与灾难事件的情境叠加，亦容易导致舆论热点向不可控的方向转变。

在这类灾害事件中，还会出现对正面报道的负面解读。例如对救灾人员的歌颂，对人们爱心捐助的报道，有时会引发各种意想不到的争议。造成这种现象的原因有很多，比如正面报道的事实依据是否可靠？细节是否准确？任何主观的想象、表达的不严谨都有可能引发网友质疑，把正面报道转变为解构正义行为的论据，降低公众对正面信息的信任。引发这种现象的深层次原因还有：①部分正面报道的公信力不足。公信力的塑造是长期的过程，当一个组织或者个人的公信力缺失时，正面报道会引发怀疑。②漠视公众情绪的报道。在重大灾害发生时，公众情绪通常会经历震惊、悲伤、恐惧、怀疑等发展阶段。在很多情况下，一些主观善意的宣传，忽视了公众的情绪，或没有理解事件不同演化阶段的公众情感诉求，反而会引发负面解读。一方面应给予公众情绪宽容的态度，让公众情绪得到纾解；另一方面则要凝聚共识，克服困难。简单的、不合时宜的正面引导常常很难实现发声者的主观愿望。③价值观冲突。随着社会群体的多元化，不同群体之间价值判断差异很大，在灾害背景下易引发公共争议。例如在一些重大灾害中，一些弱势群体的积极捐款在舆论场中常会引发不同的解读，甚至误读。当然，在不影响灾害救助、社会秩序稳定的情况下，应对这些争议保持宽容态度，充分理解舆论场的复杂性，用更多的换位思考来探索解决问题的路径。

在救援过程中，针对物资短缺、次生灾害（如大灾引发的疫情）等产生的集体恐慌情绪也易引发舆情风险。尤其是围绕这些议题，容易产生谣言，此类谣言也较容易被受众接受，从而导致集体非理性行为。

以上内容都是需要重点关注的、可能引发风险的舆情内容。本书结合实践，总结自然灾害舆情中可能产生风险的议题，形成清单（表 6-3），为应对、处置风险提供参考，这些议题在实践中还将不断被丰富。

表 6-3　　自然灾害中可能引发舆情风险的议题及情绪反应

主题	可能引发关注和争议的议题	可能出现的显著情绪反应
灾害相关客观事实	伤亡人数	悲伤/恐惧
	灾害造成的其他损失	焦虑/恐惧
	灾害未来可能的走势	焦虑/恐惧
	对次生灾害的预判	焦虑/恐惧

（续表）

主题	可能引发关注和争议的议题	可能出现的显著情绪反应
对救灾行为的监督和道德评判	救灾反应速度	恐惧/愤怒
	救灾措施的落实情况	焦虑/愤怒
	救灾物资分配主体的诚信、道德	怀疑/愤怒
	救灾物资分配的准则、效率、方法	怀疑/愤怒
	对老人、儿童等各类弱势群体的关注	焦虑/愤怒
	正面形象的负面解读	怀疑/愤怒
围绕物资短缺、次生灾害的不确定信息	救灾物资的充沛程度	焦虑/怀疑
	次生灾害爆发的可能性	焦虑/恐惧
	灾害对经济、社会生活其他方面的长期影响	焦虑/恐惧

相关链接　宜宾地震的舆情走势和热点①

2019年6月17日22时55分，四川省宜宾市长宁县发生6.0级地震，震源深度16千米，随后发生多次余震。

据四川省应急管理厅消息，截至6月18日11时，地震已造成宜宾市和乐山市8县（区）受灾，因灾死亡12人，其中宜宾长宁县9人，珙县3人。

地震发生后，@人民日报、@中国地震台网速报等迅速报道，在18日凌晨引发第一波舆论关注。

随后，@每日经济新闻、@央视新闻、@头条新闻、@四川日报、@环球时报等众多新闻媒体跟进后续报道；@朱一龙、@TFBOYS-易烊千玺、@TFBOYS-王源、@Dear-迪丽热巴、@蔡徐坤等众多娱乐圈明星微博账号转发事件相关微博并祈祷祝福，舆情在18日上午达到第二波高峰。

#宜宾地震#、#宜宾地震现场#、#宜宾地震成都妈妈淡定吃饭#、#宜宾地震救援进展#等话题不断登上热搜榜单，“四川”“宜宾”“地震”“救援”“预警”“平安”等词汇成为网友热议焦点。

对网友关注及热议的方向进行归类分析可以发现，舆论广泛关注的几点主要为宜宾地震、地震台网、地震救援、地震预警。

1. 宜宾地震

2008年5月12日的四川汶川8.0级大地震和2013年4月20日的四川雅安芦山7.0级地

① 数据来源：蚁坊软件舆情报告。

震都给大家带来了惨痛的记忆，所以此次的宜宾地震也牵动了万千网友的神经，大家纷纷转发消息并祈祷灾区人们平安。

2. 地震台网

@中国地震台网速报对地震的测定也引发舆论关注。在一条关于宜宾地震的微博下，网友转、评、赞 11 万之多。

3. 地震救援

地震之后，舆论便聚焦在救援工作上，救援如何开展、进展情况、救援结果等成为大家关注的问题。

4. 地震预警

此次的地震预警也受到众人的赞扬，由成都高新减灾研究所与应急管理部门(包括原市县地震部门)联合建设的大陆地震预警网，成功预警本次地震。震中附近一些民众的电视、手机、专用地震预警终端等收到预警提示。大陆地震预警网为距震中 51 千米的宜宾市提前 10 秒预警，预估烈度 5.2 度；提前 61 秒向成都预警。此外，距震中 80 千米的泸州市、距震中 111 千米的自贡市、距震中 124 千米的毕节市等也均有接收到地震预警。

6.4.2 事故灾难舆情

自然灾害属于“天灾”，那么事故灾难便是“人祸”。事故灾难可能产生风险的议题(表 6-4)与自然灾害基本相同，包括事故造成的基本影响、救援情况、救援是否得力等，不同之处主要在于以下三点：

(1) 对事故原因的追究。与自然灾害不同，事故灾难发生原因中人为因素增多，舆情始终关注人，因此对事故原因的追究就成为这类事件发生后的舆情焦点，且在此类事件中，公众情绪化的特点非常明显。这种情绪往往会影响事故灾难网络舆情的走向，特别是当关于事故原因的确定信息未公布时，各种争议会非常多，所以关于事故原因的调查与回应就显得格外重要。

(2) 对事故发生原因的深层次反思也极容易形成舆情热点。通常情况下，对事故原因的反思，早期多为猜测，缺乏证据。这一阶段易产生各种联想，例如事故中有腐败行为，围绕事故发生的各种阴谋论会经常出现；到了事件发展后期，随着调查的深入，更多事实被挖掘出来，此时舆情已经趋向理性，但如果对事故的深层次调查中涉及贪污腐败等人为因素，仍容易引发新的舆情风险，还会引发公众对相关方信誉的质疑。

(3) 从情绪色彩上来说，公众可能产生的愤怒情绪会更加激烈。公众有避害心理，人们通常会怀着“事故原本可以避免”的良好愿望，出现事故后自然会产生巨大的心理落差。常会发现在事故灾难中，人们的悲伤情绪很容易迅速转化为愤怒情绪。但和自然灾害不同，随着人类社会的进步，这类事件可能产生的危害、资源紧张等问题大多能被较好地控制，公众对这些问题的恐惧情绪相对较弱。

表 6-4　　事故灾难中可能引发舆情风险的议题及情绪反应

主题	可能引发关注和争议的议题	可能出现的显著情绪反应
事故相关客观事实	伤亡人数	怀疑/悲伤
	事故造成的其他损失	怀疑/愤怒
	事故未来可能的走势	怀疑/愤怒
	对次生灾害的预判等	焦虑/愤怒
对事故救援行为的监督和道德评判	事故救援的反应速度	怀疑/愤怒
	事故救援措施的落实情况	怀疑/愤怒
	事故救援物资分配主体的诚信、道德	怀疑/愤怒
	事故救援物资分配的准则、效率、方法	怀疑/愤怒
	正面形象的负面解读等	怀疑/愤怒
围绕次生灾害的不确定信息	救灾物资的充沛程度	焦虑/愤怒
	次生灾害爆发的可能性	焦虑/愤怒
	事故可能引发的污染、疾病等潜在的、不易察觉的影响	焦虑/愤怒
	灾害对自然环境、经济、社会生活其他方面的长期影响等	怀疑/焦虑
关于事故原因的不确定信息	事故原因调查主体的公信力	怀疑/愤怒
	事故原因调查主体的效率、方法、结果	怀疑/愤怒
	事故责任方其他违法行为等	怀疑/愤怒
对事故原因的深层次反思	事故责任方的管理制度	怀疑/愤怒
	事故责任方、相关方、政府主管部门等的公信力	怀疑/愤怒
	对相关法律法规、管理机制的评判等	怀疑/愤怒

6.4.3　公共卫生事件舆情

与前两类突发事件相同，公共卫生事件舆情的主要议题包括：事件基本情况、事件处置情况、处置是否得力、事件发生原因追责。

从情绪色彩上来说，公共卫生事件舆情的主要风险在于无论在事件的什么阶段，其影响大多波及全社会，并可能长期催生恐慌情绪。这主要是由于公共卫生事件的爆发经常没有地域限制，任何地点都有可能成为易感区；自然灾害、事故灾难一般情况下只限于一地，地域属性强烈。特别是在人流、物流充分、高效流动的当代社会，无论是传染病还是劣质疫苗，可能影响的地域都非常广泛。公共卫生事件也常常没有人群之别，疾病、劣质药品对人群的危害不分种族、不分国籍、不分身份，因此公众的恐慌情绪有广泛蔓延的基础。现实中的恐慌情绪一般会在网络中被放大，对于人身安全与健康的深刻关切使得一部分网民宁愿夸大事件的危害，也不会去求证事实真相，草木皆兵的恐慌很可能贯穿事件始终，而且这种恐惧心理通常会存在很久。

例如，2018 年的长春长生生物科技有限责任公司疫苗事件中，舆情关注事件基本信息、相关部门处置过程和处置结果、问题疫苗流出市场原因等几个问题，引发的最大风险是公众对疫苗恐慌情绪的扩大，不少为人父母者有着这样的担忧：孩子接种的其他类别的疫苗也是涉事企业的，是不是也需要补种？为了防止接种到问题疫苗，我可以不给孩子打疫苗吗？一个事件甚至直接撼动了很多人对疫苗的基本认知。事实上，疫苗事件在各国都会产生长期的负面影响，美国历史上出现的疫苗事件也导致很多家长长期质疑所有疫苗的效果，在各类媒体上一直存在广泛争论并日益复杂。纽约街头有疫苗无害的巨幅公益广告，政客、学者在各类平台上各持己见。大量已经被证明是错误的研究结论仍被广泛传播。例如，麻疹疫苗导致自闭症被各种媒体广泛引用，如果以“vaccine（疫苗）”和“autism（自闭症）”为关键词在谷歌新闻上检索，依然可以获得多达 14 万条结果[10]，特朗普也发表过支持疫苗导致自闭症的观点[11]。疫苗与政治议题、经济议题、行业垄断议题等交织在一起，公众无所适从。

也就是说，人们感知到的风险远远大于事件本来的风险，出现这个现象的原因在于网络环境下信息传播机制扩大了风险，以及社会响应的滞后让人们感到不安。有观点认为，公众的焦虑并非来自专业医学知识的匮乏，而是事件真相的缺席。

公共卫生事件的恐惧情绪也极容易转化为愤怒情绪，这主要体现在对事件的处置应对上，人为处置不当常常会将悲伤、恐惧情绪转化为愤怒情绪。在重大公共卫生事件处置中，易使公众产生愤怒情绪的事件主要涉及捐赠物资分配、对医护人员的关爱和支持、对弱势群体的关注等。

与自然灾害、事故灾难不同，围绕公共卫生事件，健康话题会在很长一段时间内成为舆情热点，其中不乏巨大的商业利益之争。在利益驱使和公众焦虑、恐惧的心理需求下，容易滋生各类防护、养生、诊疗方面的谣言，误导公众。这一点在公共卫生事件中表现得更为显著，值得关注。

综上所述，从议题的内容上看，公共卫生事件易引发关注的议题常为自然灾害和事故灾难的综合。本书结合实践，总结可能产生风险的议题，形成清单（表 6-5）供参考。

表 6-5　公共卫生事件中可能引发舆情风险的议题及情绪反应

主题	可能引发关注和争议的议题	可能出现的显著情绪反应
事件相关客观事实	伤亡人数	怀疑/悲伤
	公共卫生事件发生的原因：自然/人为原因	恐惧/愤怒
	应对公共卫生事件的资源保障、科学技术水平、控制能力	恐惧/愤怒
	传播途径、诊断和治疗水平	焦虑/恐惧
	事件的严重程度，造成的损失	焦虑/愤怒
	事件未来可能的走势	焦虑/恐惧
	对次生灾害的预判等	焦虑/愤怒
对救援行为的监督和道德评判	事件处置的反应速度	怀疑/愤怒
	事件救援措施的落实情况	怀疑/愤怒
	救援物资分配主体的诚信、道德	怀疑/愤怒
	救援物资分配的准则、效率、方法	怀疑/愤怒
	对老人、儿童等各类弱势群体的关注	焦虑/愤怒
	正面形象的负面解读等	怀疑/愤怒

（续表）

主题	可能引发关注和争议的议题	可能出现的显著情绪反应
围绕次生灾害的不确定信息	救灾物资充沛程度	焦虑/愤怒
	次生灾害爆发的可能性	焦虑/愤怒
	事件可能引发的潜在的、不易察觉的健康影响	焦虑/恐惧
	事件对自然环境、经济、社会生活其他方面的长期影响等	怀疑/焦虑
关于事件原因的不确定信息	事件原因调查主体的公信力	怀疑/愤怒
	事件原因调查主体的效率、方法、结果	怀疑/愤怒
	事件责任方的其他违法行为等	怀疑/愤怒
	保证身体健康的防护、药物、养生、锻炼方法	焦虑/恐惧
对事件原因的深层次反思	事件责任方的管理制度	怀疑/愤怒
	事件责任方、相关方、政府主管部门等的公信力	怀疑/愤怒
	对相关法律法规、管理机制的评判等	怀疑/愤怒

6.4.4 社会安全事件舆情

社会安全类突发事件作为突发事件中影响较大的一类，主要包含群体性上访事件、公共场所滋事事件以及其他可能影响社会稳定的群体性事件。[12]

与自然灾害、事故灾难、公共卫生事件不同，社会安全事件的发生过程更为复杂，在社会、文化、宗教等方面围绕价值观的争议在社会安全事件的诱因中占主要地位，事件发展过程、走向也主要受人为因素影响，客观事实辨析难度大，公众情绪复杂。所以在研判高风险议题时，需要对事件危害、发生、演化过程等同样重视，在引导处置中要充分考虑相关方的诉求。

社会安全事件的爆发，一般是由事件驱动。一种是由一个案件或事件所引发，后续事件接连发生，例如，执法不当引发的社会骚乱在很多国家都曾出现过，前文提及的起自英国伦敦北部的骚乱就是如此；另一种是相关外部事件引发了公众的联想，导致了后续事件的发生。从发生连锁反应的范围来看，也有多种情况。一种是同一区域事件波及不同人群。在人口密度大、社会圈层相对复杂的城市，看似相对独立的事件在特定的情景下发生，很可能导致社会安全类突发事件从一个情境演变至另一个情境，导致不同人群不断加入。另一种是不同区域“联动”。我国城市生活情境类似，信息传播速度快，即便是在不同区域发生的事件，也十分容易引起共鸣。随着城市化水平的提高，这一点尤其需要关注。比如不同地区相近时间里连续发生多起类似事件，就会引发人们的高度关注，极易产生过激反应，扰乱社会秩序。这类事件具有偶然性、非可见性、潜伏性等特性。及时针对事件源头进行分析、处置，快速发布相关信息，是降低此类事件舆情风险的有效手段。

这类事件的情绪色彩最终常呈现为愤怒情绪。情绪可能起自恐慌，进而转化为不同程度的怨恨、报复、愤怒心理；也可能直接起自愤怒。引发这类事件的深层次外在原因常是资源配置不公平使集体心理状态非正常发展。[13]公众的恐慌心理、报复心理等常会激化矛盾，使事件朝着恶劣的方向演变。

例如 2017 年，上海和北京均曝出幼儿园虐童事件，两件事发生时间接近，一起发生在知名互联网企业，一起发生在朝阳区管庄红黄蓝幼儿园（新天地分园）。两起事件连续发生，在公众舆论中形成巨大反响。2017 年 11 月初，携程亲子园的教师打孩子的视频在网上流传，视频显示教师除了殴打孩子，还强喂幼儿疑似芥末物。上海长宁警方 11 月 9 日以涉嫌虐待被监护、看护人罪对携程亲子园的三名工作人员依法予以刑事拘留；13 日以涉嫌虐待被监护、看护人罪，对携程亲子园实际负责人郑某依法予以刑事拘留。之后事件趋于平息。2017 年 11 月 22 日晚开始，有十余名幼儿家长反映北京朝阳区管庄红黄蓝幼儿园（新天地分园）国际小二班的幼儿遭遇老师扎针、喂不明白色药片，并提供孩子身上多个针眼的照片。

两起事件时间如此接近，对公众情绪、家长情绪形成的冲击可想而知。对比两起事件会发现，红黄蓝事件中，公众和家长的恐慌情绪都更为激烈。这种恐慌、愤怒情绪蔓延的情感氛围也给制造谣言的不法分子提供了争夺眼球的绝佳时机。谣言滋生后，又反过来强烈刺激公众情绪，激化矛盾，引起了家长的恐慌，对事件涉及的未成年人也造成了极大伤害。在混乱的信息反馈中，家长情绪日益激化，集体在幼儿园门口上访。11 月 25 日下午 5 时，朝阳警方通过官方微博通报了朝阳区管庄红黄蓝幼儿园（新天地分园）虐童事件的最新调查结果。通报中称，一位刘姓教师（女，22 岁，河北省人）因涉嫌虐待被看护人罪，已被依法刑事拘留；造谣者刘某（女，31 岁，北京人）编造了“老虎团”人员集体猥亵幼儿的虚假信息，并通过微信群进行传播，造谣者刘某对违法事实供认不讳，并对造成的不良影响深表悔恨。① 2018 年 12 月 28 日，朝阳法院作出一审判决，以虐待被看护人罪，判处刘某有期徒刑 1 年 6 个月，同时禁止其自刑罚执行完毕之日或者假释之日起 5 年内从事未成年人看护教育工作。2019 年 6 月 11 日，北京市第三中级人民法院对案件作出二审宣判，维持原判。法院认为，“刘某身为幼儿教师，本应对其看护的幼儿进行看管、照料、保护、教育，却违背职业道德和看护职责要求，使用针状物对多名幼童进行伤害，情节恶劣，其行为严重损害了未成年人的身心健康，已构成虐待被看护人罪，依法应予惩处。根据其犯罪情况和预防再犯罪的需要，依法应当适用从业禁止。”②

值得注意的是，此类事件的发展中，常会引发社会管理、相关规制、政府政策等诸多问题的探讨，不断关联出新的议题（表 6-6），不断引发新一轮舆情关注，其产生的影响更为深远。这不仅给当事人造成损害，还会对社会大众造成很大的心理创伤，波及范围广泛。

---

① 北京朝阳警方通报红黄蓝幼儿园“虐童”事件.经济观察网，2017-11-25.

② 红黄蓝幼儿园虐童案二审宣判：涉事幼师获刑 1 年半 5 年内禁止从业.北京日报客户端，2019-06-18.

表 6-6　　社会安全事件中可能引发舆情风险的议题及情绪反应

主题	可能引发关注和争议的议题	可能出现的显著情绪反应
事件相关客观事实	事件危害（人员、经济、社会）	愤怒/悲伤
	事件过程	怀疑/愤怒
	事件原因	恐惧/愤怒
	涉事人员的身份	恐惧/愤怒
	涉事人员的其他违法行为	怀疑/愤怒
对事件处置的监督和道德评判	事件处置的反应速度	怀疑/愤怒
	事件处置主体的诚信、道德	怀疑/愤怒
	事件处置的准则、效率、方法	怀疑/愤怒
	正面信息的负面解读等	怀疑/愤怒
对事件原因的深层次反思	事件责任方的管理制度	怀疑/愤怒
	事件责任方、相关方、政府主管部门等的公信力	怀疑/愤怒
	对相关法律法规、管理机制的评判等	怀疑/愤怒
	价值判断	怀疑/愤怒
关联议题	腐败等其他违法行为	怀疑/愤怒
	围绕相关方的道德评判	怀疑/愤怒
	特权等资源分配不公	怀疑/愤怒
	民族/宗教问题	怀疑/愤怒
	历史遗留问题	怀疑/愤怒

6.5　社会发展主要矛盾引发的舆情风险及特点

除了前文所述突发事件，各类反映社会矛盾的舆情也是引发舆情风险的主要内容。2017年10月18日，习近平总书记在十九大报告中强调，“中国特色社会主义进入新时代，我国社会主要矛盾已经转化为人民日益增长的美好生活需要和不平衡不充分的发展之间的矛盾。”我们在现实生活中看到的很多问题，是此类矛盾的现实表现，比如贫富差距、医患矛盾、贪污腐败，以及围绕这些现象的价值取向争议，这些都是舆情关注的重点。可以说在舆情的世界里，只要存在“不平衡”的现象，就可能引发舆情风险。

我们之所要从“矛盾”这个角度来思考舆情风险，主要原因在于这样可以更好地理解议题，理解事件发生的情境，在舆情风险应对中能够迅速抓住主要矛盾，为风险应对提供解决方案。

6.5.1　不平衡现象引发的主要议题

在舆论场、公共争议中，围绕我国社会主要矛盾的议题常聚焦各种不平衡。本书从发展不平衡和分配不平衡的角度梳理这些议题，当然很多议题是由发展不平衡和分配不平衡共同引发的，也有很多议题不仅仅局限于不平衡现象本身。

1. 发展不平衡引发的议题

从发展角度看，贫富差距、城乡差距、环境问题都是主要由发展不平衡引发的议题。例如近年来引起广泛关注的环境保护问题，是经济高速发展过程中各国都曾面临或正在面临的问题。我国近几十年的高速发展带来的环境问题十分严重，这是发展与治理之间的不平衡，是发展速度与发展质量之间的矛盾。环境问题不仅引发了国内舆情的关注，还是国际舆论场中非常受关注的问题。北京奥运会前，2007 年《纽约时报》关于中国环境的报道出现过一次高峰，内容涉及气候变化、节能减排、环境污染、三峡库区生态、北京空气污染，首次提到了北京的 PM_{10} 和 $PM_{2.5}$ 状况。[14] 这些报道有两个清晰的指向：一是中国超过美国，成为全球最大的温室气体排放国；二是中国的煤炭消耗量是美国、日本与欧盟的总和。美国借此在相关“义务”的争议中，对中国施加压力。在国内舆论场中，围绕环境问题的争议常关联环境监测数据造假、企业事故威胁环境和安全、政府公信力等，不少环境争议还引发群体事件，成为近年来较为常见的高风险议题。常见的环境议题有气候变化/全球变暖、空气污染、生态问题、水污染、清洁能源与政策、环境治理研究、重金属污染、环境运动等。

2. 分配不平衡引发的议题

医疗资源不平衡、教育资源不平衡、高价住房等是发展问题，也是分配问题，更是近年来舆论场中反复被讨论的议题。近几十年，我国从传统农业大国向现代化工业大国转变，社会转型，原来的利益格局被打破。在分配方式上，“平均主义”“吃大锅饭”的思维模式逐步改变，通过各种激励政策，允许一部分人、一部分地区通过“自食其力”先富起来，以期实现先富帮后富，实现共同富裕。

虽然社会财富总体增加，但是人与人之间的禀赋差异、行业差距、城乡差距等多种原因导致不可能实现所有个体的财富、资源平均增长，这是鼓励竞争的必然结果。随着一部分人、一部分地区的“先富”，各个阶层之间、地区之间的贫富差距凸显出来，由此引发了一系列的利益纠葛和矛盾。而且不可否认的是，社会中存在以不正当、不公平甚至违法的手段获得利益的现象，也存在社会圈层分化、固化的现象。虽然我们的税收等再分配机制都在避免富者越富、贫者越贫的马太效应，但在局部，这种现象不可避免地存在。

所有这些现象在舆情世界中会被放大，不断产生各种议题。例如郭美美事件的起因就是这位当时 20 岁的女子在其微博中发布了一系列的炫富内容。脸庞稚嫩、打扮时髦，却有名包、名车、别墅，“郭美美 Baby”迅速成了网民关注的焦点。炫富，容易被关注，更为重要的是这种富裕指向不劳而获，且其实名注册与中国红十字会有关，舆情的内容逐步转化，舆情风险也逐步升级，进而引发了波及红十字会的信誉危机。舆情起自炫富，最后发展为质疑所有类似慈善公益组织的公信力。

值得注意的是，资源不仅指财富，还包括享有的教育资源、医疗资源、住房资源等，引发的议题有多种表现形式，在不同的情境中，产生不同的变体。城乡问题、教育不平衡问题，还有医患矛盾，其中最核心的矛盾仍是发展不平衡带来的差距，结合分配不平衡，导致不同人群占有资源的不平衡。

3. 围绕不平衡现象的议题

观察不平衡现象引发的争议，会发现容易引发舆情风险的议题不仅仅局限于不平衡现象本身。围绕这些不平衡现象，有三个方向容易形成舆情热点，进而可能引发舆情风险（图 6-3）。

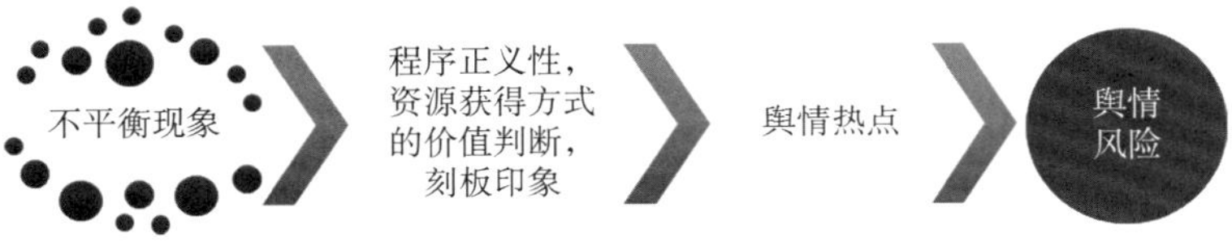

图 6-3　围绕不平衡现象引发舆情风险

一是财富获得的程序正义性。在贫富差距问题上，勤劳致富当然不会引发舆情热点，引发热点的一般是贪污腐败、违法乱纪、管理制度设计不合理导致的不平衡等，各种谣言大多围绕这方面展开。

二是资源获得方式的价值判断。随着当今社会日趋多元化，人们获得财富等各种资源的方式越来越多，也有很多新兴方式，在一定时间内让部分人难以理解。例如，游戏直播高收入、网红直播的上亿元带货能力都对传统的财富获得方式形成了冲击，在诞生初期引发的公众质疑也很多，随着社会的发展，公众可能会改变看法，但是对相关主体而言，如何化解这种价值争议，赢得更多认可，值得关注。

三是刻板印象造成的误读。资源不平衡是公众长期面对的问题，也因此会形成各种刻板印象，例如忽视事件的真相或是断章取义，只要涉及富裕阶层、公职人员，就先入为主作出评判。2019 年 5 月，有网友爆料北京有小学生家长把直升机开到学校，引发关注。网络立刻产生大量指责该家长特权、炫富、违规的话题。后经调查，直升机是受学校科技节邀请，且各种飞行手续完备，舆情才逐渐平息。① 可见化解这种先入为主印象的路径正是主动澄清程序正义性。

这种刻板印象通常围绕人群展开，弱势群体和特定的敏感人员会成为争议的焦点。那些在现实世界中占有资源相对较少的群体，在这个舆情世界里，容易引发同情，而公众认为占有资源较多的公职人员、富裕阶层，会因为刻板印象而受到更多的批判性关注。这种刻板印象并不一定符合实际情况，一旦形成，常会在舆情事件中反复出现，但也会随着时代的改变而改变。

从情绪色彩来分析，这类不平衡现象引发的议题中，舆情和公众情绪的互动激荡十分强烈。很多弱势群体会产生被剥夺感，形成巨大的心理落差，极端的会产生心理失衡甚至报复社会的心态，多表现为愤怒，一旦这种情绪积累到一定的程度，必然要通过某种途径表达出来，非常容易形成舆情热点。这些热点还会进一步作用于公众，激化公众情绪，产生共鸣，在极端情况下，会引发突发社会安全事件，破坏社会秩序。

---

① 北京小学生家长开直升机进校园回应：已获准飞手续.中国经济网，2019-05-13.

综上所述,我国社会矛盾中不平衡现象可能引发舆情风险的议题如表 6-7 所列。

表 6-7　不平衡现象可能引发舆情风险的议题及情绪反应

主题	可能引发争议的议题(不完全列举)	可能出现的显著情绪反应
发展/分配不平衡现象	贫富差距	怀疑/愤怒
	城乡差距	怀疑/愤怒
	环境保护	恐惧/愤怒
	食品安全	恐惧/愤怒
	特权现象	怀疑/愤怒
	医疗资源分配	怀疑/愤怒
	教育资源分配	怀疑/愤怒
	住房资源分配	怀疑/愤怒
不平衡现象的延伸	财富获得的程序正义性	怀疑/愤怒
	资源获得方式的价值判断	怀疑/愤怒
	刻板印象造成的误读	怀疑/愤怒

6.5.2 围绕价值观冲突的议题

社会快速发展带来的各种不平衡,在文化、宗教、道德等主观价值判断的作用下还会产生不可避免的新议题,这些议题从传播视角看,非常容易引发关注,牵动人们的情绪,引发人们的话题,存在很多潜在风险。结合实践可以发现,围绕价值观,公民的公共意识、社会公德,公众人物等敏感人物的价值判断,以及各种文化争议、民族争议、宗教争议都是须重点关注的议题。但是也应该注意到此类议题一般和其他议题叠加在一起。

部分公众的公共意识还没有匹配工业化、城市化进程。工业化、城市化是最近半个世纪中国社会变化的主基调,工业化、城市化带动了经济的增长,公众的生产生活协作方式日新月异,社会发展对公众的公共意识、社会公德以及在公共领域的行为规范等都提出了新的要求,但二者不匹配的现象层出不穷。人口越密集、城市化程度越高的区域,对公众的社会公德和运行秩序的要求就越高,一部分人的公德心、法律意识还未跟上城市化的节奏。2018 年 1 月 5 日,在高铁列车上,一教师拦住车门要求等候其丈夫,引发网友关注。该女性在高铁车门处大肆吵闹,引人反感,违背了社会公德。该事件引发广泛关注的另一个原因是当事者的职业,其行为和中国社会对教师这一职业的印象形成巨大冲突。舆情的议题向其他方向转化,影响其所在学校乃至教师群体的声誉。事实上,高铁中的各种不文明现象时有发生,这几年一直引发舆论关注。当然,这样的舆情事件在一定程度上对公众行为的改善是有积极作用的。

公众人物等敏感人群的个人道德水平、价值判断也易处于舆情风口。新冠肺炎疫情期间,一张"领导与唐山首批援鄂医护人员合影抢镜"的图片在网络热传,由于领导站立前排,被网友批评。党政领导干部的行为是舆情关注的焦点,集体照时,一线医务人员站在前排还是领导站在前排，是一种价值取向，在新冠肺炎疫情这样的特殊时期，格外易引发关注。

此外，各种宗教、文化冲突，特别是和涉外舆情关联时，可能产生的风险更大。

无论是各类社会矛盾、不平衡现象，还是各种价值取向争议引发的热点，其特点是有显著的时代性。它随着社会的发展而变化，在社会的转型期表现得特别明显，会出现主体的分层化、内容的复杂化、诉求的多元化和表达的多样化等特征。现代传播技术为言论和意见表达提供了平台，显性的媒体渠道表达的舆论还只是舆论的冰山一角，庞大的社会舆论还潜伏着巨大的隐形舆情，户籍制度、人事体制、社会保障、医疗改革、收入分配、公共权力的行使、教育的公平、民生问题、就业问题、住房问题等在不同年代背景下还会不断演化，因此，我们对社会风貌、社会发展要有全面的感知能力，关注时代变化，从细微处感受公众情绪的变化，对舆情风险进行识别、判断。

围绕价值观冲突的舆情演化的不确定性极强。这类舆情事件的爆发，可依赖的事实依据可能非常简单，一件过去我们认为的小事，在今天的环境下就是大事；或是我们某一个群体认为非常正常的事，在公共舆论场却是非常大的事。所以这类舆情难以识别，变化也复杂。有学者通过对舆情主题的敏感度、热度、跨度来建立指标体系。[15]不可否认的是，随着大数据技术的发展，热度和跨度等指标的可测量性越来越强，但是这类舆情的高度不确定性，使它很难被结构化，仍然主要依靠专业人员的判断。

6.6　涉外舆情风险

涉外舆情容易成为舆情热点的主题。国与国的博弈，涉及政治、经济、文化等各个方面，内容庞杂，公众因为信息的局限性以及自身知识层次的差异性，会形成大量非理性的表达，涉及主权、经贸、文化等领域。极端情况下，涉外舆情会引发群体性行为，甚至影响公共安全。在与国际舆论场的交互中，处置不当，则危及国家利益。

例如，有研究表明在涉外边境冲突中具有普遍性的高风险议题主要是国际舆论场“中国军事威胁论”、国内舆论场“中国军队软弱论”两种论调。境外势力刻意爆料冲突细节，网络水军借机进行渲染炒作，对我国外交与军事决策形成舆论压力。商业网站违规炒作涉军新闻、意见领袖盲目发表示强言论，将会影响舆论调控节奏与效果。国外媒体刻意放大网民偏激情绪，周边国家密切关注事态进展，可能损害我国国际形象与地区战略利益。[16]

贸易摩擦中，误导性言论会导致一些行业、企业对国际经贸风险进行误判，产生不必要的经济风险。舆情还常被作为一种非经济手段在国际贸易摩擦中反复应用，成为不同利益集团之间博弈的武器。例如近年来，对中国制造污名化、中国企业污名化的现象层出不穷。在这类议题出现时，还会滋生各类谣言，影响公众的判断。商业网站刻意炒作，借机谋取利益。

涉外舆情易在外国人聚集区引发群体性事件。这种风险在城市特别是外国人较密集的城市，爆发的可能性更大。据统计，涉外突发事件网络舆情与外国人在我国境内的分布状况表现出极为相关的特点。在外国人居住较多的区域，涉外突发事件网络舆论相对较多。例如，在我国各大城市之中，外籍人口最多的城市是广东省广州市，就其人口组成而言，非洲黑人最多，约有 20 多万人。2009 年发生的"一黑人跳楼身亡"事件，搜狐网一经发出消息就有 717 条跟帖，并且大部分跟帖人的 IP 地址为事发地点的附近区域。这一事件说明，外国人聚居区的涉外突发事件网络活动相对较多。[17]

在今天国际环境复杂多变以及全球信息传递技术成熟、传递成本降低的情况下，涉外舆情风险（表 6-8）需要重点关注。

表 6-8　涉外舆情风险的议题及情绪反应

主题	可能引发关注和争议的议题	可能出现的显著情绪反应
主权	历史遗留问题	愤怒
	边境冲突等	愤怒
经贸	国际贸易纠纷	怀疑/愤怒
	垄断企业	怀疑/愤怒
	企业违法行为/商业道德	怀疑/愤怒
	产业政策争议等	怀疑/愤怒
宗教	人权等	怀疑/愤怒
文化	歧视现象等	怀疑/愤怒
种族	个体权益保护等	恐慌/愤怒

参考文献

[1] 贝克，邓正来，沈国麟.风险社会与中国：与德国社会学家乌尔里希·贝克的对话[J].社会学研究，2010(5)：208-232.

[2] 喻国明，李彪，王斌.中国社会舆情年度报告(2016—2017)[M].北京：人民日报出版社，2017.

[3] 谢耘耕.中国社会舆情与危机管理报告(2014)[M].北京：社会科学文献出版社，2014.

[4] 莫里斯.西方将主宰多久：从历史的发展模式看世界的未来[M].钱峰，译.北京：中信出版社，2011.

[5] SLOVIC P. Perception of risk[J]. Science，1987(236)：280-285.

[6] 菲雷迪.恐惧：推动全球运转的隐藏力量[M].吴万伟，译.北京：北京联合出版公司，2019.

[7] 萨斯坎德，菲尔德.如何应对愤怒的公众[M].霍文利，译.北京：北京联合出版公司，2016.

[8] 姜胜洪.微博时代突发事件网络舆情研究[J].理论与现代化，2012(3)：47-51.

[9] 康伟.突发事件舆情传播的社会网络结构测度与分析：基于"11·16 校车事故"的实证研究[J].中国软科学，2012(7)：169-178.

[10] 王晗啸.疫苗安全议题中媒介间显、隐性议程网络关系研究：基于第三层次议程设置理论[D].南京：南京师范大学，2020.

[11] 唐倬，柯文."疫苗有害论"的"后真理"建构[J].自然辩证法通讯，2020，42(4)：48-54.

[12] 北京市突发事件应急委员会.北京市突发事件信息管理办法[EB/OL].(2014-01-16)[2017-01-03]. http://www.beijing.gov.cn/zhengce/zhengcefagui/201905/t20190522_59935.html.

[13] 常丹,桂昊宇,樊睿.超大城市社会安全类突发事件情景演化及仿真研究:以北京市为例[J].北京交通大学学报(社会科学版),2020,19(1):86-97.

[14] 邱鸿峰.环境风险社会放大的传播治理[M].北京:中国社会科学出版社,2017.

[15] 孙玲芳,周加波,徐会,等.网络舆情危机的概念辨析及指标设定[J].现代情报,2014,34(11):25-28.

[16] 肖飞,蔡陈梅宝.涉外边境冲突的网络舆情风险与舆论引导对策探析[J].对外传播,2016(8):66-68.

[17] 王凤香,张真真.涉外突发事件网络舆情应对存在的问题及其应对策略改进研究[J].内蒙古农业大学学报(社会科学版),2016,18(3):38-42.

7　舆情风险管理的核心:舆情引导

舆情风险是一种高度依赖主观认知的社会风险。在信息爆炸的时代,对于造成社会秩序混乱的各种谣言须依法处置,对危害各类组织和个人的诽谤、虚假信息等应诉诸法律,用法律的手段守住舆情风险防控的底线。面对海量良莠不齐的信息,不可能实现对每条可能产生风险的信息进行绝对阻断,即便阻断,信息传播带来的负面影响、长期影响可能已经产生,只能是在充分理解和把握信息产生、传播规律的前提下,在守住底线的同时,用传播的方法来解决传播的问题,用明亮的"灯塔"照亮复杂的舆情世界。这些舆情风险的特性决定了引导机制在舆情风险管理中的重要作用。

本书认为,在舆情风险管理的不同阶段,舆情引导都是主要的、有效的防控手段。我们也发现,在今天的信息传播条件下,传统的舆论引导理论外延正在扩展,舆论引导方法正在迅速迭代,尤其在舆情风险管理、舆情危机应对中,对传统的舆论引导应该有新的理解。

传播技术、信息形式的变化,都要求在舆情风险管理中,传统的舆论引导必须形成更强的互动性、服务性,必须实现信息的传播功能、沟通功能、服务功能的高度融合,发挥好不同的主体、不同的传播手段、不同的内容在舆论场中的协同作用,形成作用范围更广、手段更丰富的以风险防控为治理边界的舆情引导机制。在复杂的舆论场树立"灯塔",破除黑暗和迷茫;打通舆论场沟通的渠道,纾解复杂的社会情绪;汇聚理性的声音,更好地实现引导,有效防控舆情风险、将风险影响降到最低,回归社会主义核心价值观。

7.1　议程设置及其局限性

议程设置是舆论引导的重要思想来源,传统媒体的舆论引导主要通过议程设置来实现,虽然传播条件发生了很大变化,但这仍是应对舆情风险的重要方法。

7.1.1　议程设置的概念

西方学者研究认为,媒介不能决定人们对某一事件或者意见的具体看法,但可以通过安排相关议题来有效地影响人们关注哪些事实和意见。也就是说,大众传播无法影响人们怎么想,但可以通过设置议题议程影响人们想什么。这种理论在逻辑上印证了媒介可以对公众进行引导。

1968 年美国总统大选期间，北卡罗来纳大学新闻学院的两位教授在北卡罗来纳州开展了一次小型研究，他们的核心理念是通过大众媒介影响议题在选民中的重要性来为政治竞选设置议题议程。议程设置理论的核心论点是：随着时间的变化，新闻中强调的那些议题将会成为公众认为重要的议题。换句话说，媒介议程设定了公众议程（图 7-1）。[1]

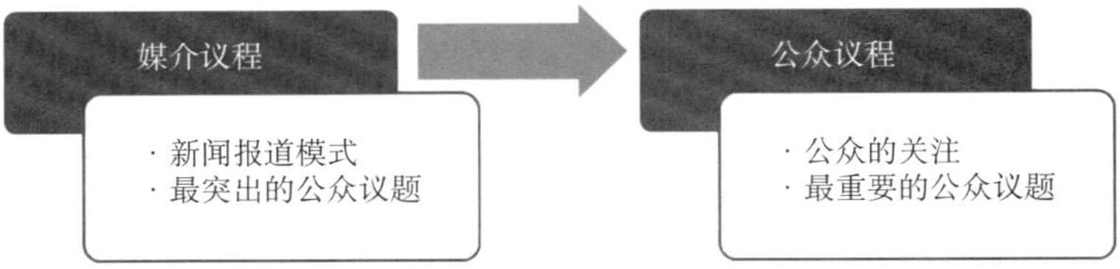

图 7-1　媒介议程与公众议程

议程设置的效果不仅存在于媒介与公众之间，而且也存在于不同媒介之间。当人们换一个角度考虑“谁设置了议程”时，就发现较大的通讯社和威望较高的报纸经常为众多较小的媒介设置了议题，记者或编辑个人作为把关人的作用实际上无形中受到消息来源的影响，媒介之间传播消息，包括消息的选题、角度，对记者和编辑个人的影响也很大。[2]

在危机事件中，议程设置会影响危机的走向。从议程设置理论一提出，学者们就开始关注在各类危机事件中媒介的议程设置对公众的影响。1973 年发生在德国的石油“危机”是由急剧增长的需求引发的，而刺激需求增长的仅仅是大量的报纸报道，并非现实中供给的减少。[1]还有很多研究都表明，媒体对风险报道的介入程度、信息量、阐释框架，以及用来描述风险的修辞与话术对群体或个体的风险判断影响颇深。在今天高度专业化的社会，公众对大部分风险的判断来自媒体的报道，比如对核电设施安全性的认识，基本是来自媒体对几次核事故高强度的、细腻的描述，这使很多人对核设施甚至其附近区域都产生恐惧。传播对负面事件的偏好，决定了在涉及危机的各种议题中，媒介的议程设置对公众议程的影响是显著的。

但正如美国《纽约时报》的社论中写的那样，扩大恐惧要比缩小恐惧容易得多，这是人类生活的一条简单真理。[3]在危机事件中，消除负面影响的难度更大，这个问题一直吸引着人们持续探索。这也说明，议程设置的作用有其客观规律，它并不能随心所欲地左右公众议程，在风险事件中议程设置的引导作用不可否认，但却是有限的，在今天复杂的舆论场中，尤其需要审慎对待。

7.1.2　议程设置效果的局限性

议程设置理论是舆论引导的重要理论基础，为舆论引导提供了一种思路和视角。但是很多研究也表明，信息传播对于态度的改变效果极其有限，影响引导机制发挥效用的因素很多。并非只要上了媒介，安排在显著位置或黄金时间，就会对公众的议程产生影响。大众媒介对舆论的引导是一个较为宏观的社会性工作，即使是对具体观念的引导，在传统的媒介条件下，设置议程的引导是“点”对“面”的传播关系，很难达到人际交流那样一对一、“点”对“点”的说服效果。

今天的传播具备了“点”对“点”的条件,传播效果得到提升,但深入信念层次依旧是一个复杂的问题。

很多研究都表明,希望通过信息传播来影响和改变受众的态度和行为是一项相当艰难的任务,传播者要说服受众,必须在充分了解受众差异的基础上,运用各种传播技巧。第二次世界大战后,霍夫兰等人开展了持续多年的耶鲁大学的“传播与态度变化项目”,研究发现:①可信度高的消息来源更具有说服力;②通常来说,结论较为明显的内容更容易产生说服效果;③诉诸恐惧的内容通常可能产生说服效果,但过强的恐惧感使说服的效果适得其反;④令人愉快、结构完整和生动活泼的内容更容易被记忆;⑤内容的排列次序一般不对说服产生根本的影响;⑥对于受教育程度低的受众来说,一面理的信息会导致更多的态度变化,对于受教育程度高的受众来说,两面理的信息会引起更多的态度变化;⑦受众对所属群体的归属感越强,就越不容易受到与群体意见相左的传播内容的影响;⑧传播的积极参与者比被动参与者更容易改变自己的态度;⑨自尊心弱、社会化程度不高和具有自我压抑倾向的个体更容易被说服;⑩反社会化(对社会冷漠或有敌意)倾向明显、神经质的个体则不容易被说服。[4]

可见,媒介议程影响公众议程,直至影响群体行为,这个过程复杂而隐蔽。在舆情危机处置的特殊语境中,运用不当甚至会有适得其反的效果。除了上面 10 条影响传播效果的因素,在舆情风险中,常常被忽略的还有舆情风险应对者的态度、受众的状态、议程设置的时间等。

中国传统文化就有报喜不报忧的理念,媒体也有正面宣传的任务,简单地以注重正面报道的思维模式进行议程设置,没有把视角植入公众诉求之中,在舆情危机中,不仅不能起到很好的引导作用,还会适得其反。在互联网兴起时,特别是微博等社交媒体发展早期,相关机构、部门对复杂的网络舆情缺乏认识,在舆情危机中,一味掩盖事实,报喜不报忧,不仅没有起到引导效果,还造成公众宁可相信谣言,也不愿相信政府公告以及主流媒体的报道,使得整个危机处置陷入被动局面。

“逆火效应”在舆情危机中也十分常见。在危机处置中,面对各种复杂的声音、虚假信息和恶意谣言,简单地纠正、否定很难缩小人们的观点分歧,反而会扩大人们的观点分歧。除了纠正的方式、纠正的时间,这还与受众本身的特点有关。例如在各类危机事件中,要发出大量警示性的信息,便于维护公众秩序、澄清事实。但是有研究发现,纠正认知偏误的解释警示信息对受众自我身份认同构成较强威胁时会适得其反。因此,在使用解释警示前,需要考虑纠正认知偏误是否会较为强烈地威胁到受众的自我身份认同。如果会,则应当避免使用解释警示。在说服或辟谣信息的编撰工作中,如果发现说服或辟谣信息会对受众的自主权、面子或知识体系构成强烈威胁,那就应该避免在说服或辟谣信息中解释警示认知偏误,以确保说服或辟谣信息的传播不会适得其反。[5]比如针对老年人容易受骗的善意警示,让老年人感到对自己认知能力的批评,这样的信息老年群体根本拒绝“打开”,也不可能起到说服作用。既要澄清事实,又要避免贴标签,避免陷入身份之争、种族之争、文化之争。

时间是议程设置效果的重要影响因子。公众的议程一般受最近时间内接受的媒介信息的影响较大。欧美新闻界有“新闻循环圈”的说法，强调新闻更新的频率。在报刊时代，新闻更新是以天来计算的；在广播电视时代，新闻更新以小时计算；在今天的网络时代，新闻更新是以分钟算、以秒算。这也意味着公众对每一个议题的关注时间会大大缩短，公众似乎永远在期待新的信息。议程设置的引导能力与时间的节点、议题发布的节奏等都有密切关系。在危机事件中，它和事件的发展尤其相关，是舆情风险管理中尤其要关注的。

相关链接　媒介议程设置影响公众议程的案例①

2018年8月1日，由中国人民解放军新闻传播中心网络部@军报记者主持的庆祝中国人民解放军建军91周年的八一微博话题#我和军队的不解之缘#上线，迅速引爆网络。短短两周时间，阅读量达14.9亿，创下微博话题阅读量的新纪录。后来#我和军队的不解之缘#微博话题阅读量持续增长，统计至2019年9月2日14时23分，阅读量达20.5亿。

这一案例有以下3个特点。

1. 议题设置注重互动，直抵人心

2017年8月1日中国人民解放军建军90周年之际，原解放军报社网络传播中心微博话题#军旗猎猎90年#阅读量达4亿。时隔一年，由4亿到14.9亿，阅读量剧增的奥秘首先在于“我和军队的不解之缘”九个字注重互动，直抵人心，引发万众共鸣。

网友留言大多从自我出发，抒发感受：

“只因军人二字，我必使命在肩。”

“我爸爸是军人，也是我心中最强大的存在。”

“我是兵妈，为了儿子能成为一个顶天立地的男子汉，只能把心疼的泪水默默往肚子里咽。愿中国军人都平平安安的！”

“一辈子的眷恋是部队，一辈子的喜爱是军装，一辈子的兄弟是战友……”

“没有一个人民的军队，便没有人民的一切。”

2. 议题具有广泛的包容性

军队是一个国家稳定和发展的基石。在中国，除了现役武装力量外，还有许许多多的退役军人。毫无疑问，这一广泛的包容性是引发广大网友共鸣共情并在网络上刷屏的深厚群众基础。

网友留言：

“从抗灾到守疆，那点点滴滴里，有中国军人的身影；那轰轰烈烈里，有血气方刚的你们……愿燃起军魂，穿上军衣，守护我们美好的祖国。”

“这不是逆行，而是精彩的直行！”

“看看人家的青春，再看看自己的。这辈子没服过兵役，真亏。”

“身在异国他乡，每每看到这些都感到满满的自豪感！感谢有你，感谢你们的每一次逆行，兵哥哥节日快乐！”

---

① 微博话题如何突破20.5亿？来看这个创新案例.中国军网，2019-09-02.

在网络空间,网友不分出生年代、不分性别、不分身份,在#我和军队的不解之缘#同一话题下,形同一家,畅所欲言,体会到、感悟到军人的家国情怀。在这里,那些脱下军装、转身到不同社会岗位的"最可爱的人"能够感受到"娘家"的温暖,可以倾诉自己离开军营后的酸甜苦辣。这些来自军营、来自校园、来自社会各界、来自世界各地的跟帖留言,背后反映的是亿万炎黄子孙拥有同一个中国梦、同一个强军梦。

3. 不同传播工具和传播内容的融合

八一建军节前,随着微视频《百位军人军属接力歌唱"我爱你中国"》《过完这个八一 脱下军装继续战斗》《图说军旗简史》等中国人民解放军新闻传播中心网络部策划制作的一系列精品力作的不断汇入,全军各大单位的专业团队和新媒体账号也纷纷响应,把他们的优秀原创网络作品推送进这一议题。在#我和军队的不解之缘#阅读和互动中,各种形式的传播内容不断融合为公众议程。

14.9 亿阅读量,数据洪流的背后是融合的威力。推出网上八一议题,是中国人民解放军新闻传播中心组建后打的第一场网络宣传主动仗。这个融报纸书刊、广播电视、网络新媒体、出版发行等业态于一体的军事新闻传播机构,将文字、视频、图片汇入议题,#我和军队的不解之缘#题下的作品从不同角度、不同侧面,形象立体地展示了新时代中国军人的形象和改革强军的伟大征程。

在中央网信办和中央军委政治工作部有关部门的大力协同下,新浪微博、人民日报《学习小组》、央视《国家记忆》栏目等平台与中国人民解放军新闻传播中心密切合作、资源共享,全面参与中国人民解放军新闻传播中心网络部旗下@军报记者主持的这一微博话题。14.9 亿点击量的奇迹就这样应运而生。

7.2 舆论引导的概念及发展

舆论引导是我国特有的概念。狭义的舆论引导是指社会主导者包括政府政党以及各种社会组织对舆论的引导,具体来说就是指社会主导者通过传播特定的评价信息,影响社会公众对公共事务的关注与评价,使社会舆论朝着符合社会规范和道德准则的方向发展。[6] 在我国,主流媒体通常代表着权力组织的意图,具有更大的权威性,会造成某种舆论的流行现象,影响公众的行为方向。通常主流媒体的舆论引导作用会更加显著,但舆论引导的主体范围不仅限于此,还应包括政府、政党,及各种社会组织、网络意见领袖。

7.2.1 我国舆论引导概况

舆论引导是复杂的系统。特别是当前我国处在社会转型期,经济社会发展面临着全新的课题。全球化、现代化带来价值观的中西之辨、古今之辨,形成了融合与冲突的复杂局面。在互联网兴起后,尤其是社交媒体兴起后,传播主体、舆情议题、传播手段发生了翻天覆地的变化,信息沟通方式、公众情绪表达方式、人和人的连接方式对社会形态正在产生深刻的影响。在这样的背景下，社会舆论引导主体更加复杂，运行机制和方法日益复杂。

从宏观上看，我国的社会舆论引导系统由政府机构、媒体、行业协会和社会组织等主体，按照维系舆论引导工作系统运行的一整套法律法规、程序规范、制度安排和执行措施，实现社会舆论引导的目标，积极培育社会主义核心价值观，用社会主义核心价值体系引领社会思潮，凝聚社会共识。

对于社会舆论，目前我国的舆论引导主体主要由三方面构成：一是进行宏观引导的中国共产党及其领导下的政府相关主管部门；二是作为舆论引导直接实施者的各级各类媒体及其从业人员；三是其他可能对舆论引导产生作用的相关社会组织或意见领袖等。[7]随着媒介环境的发展变化，互联网、手机媒体等新兴媒体发展势头的日益向好，舆论引导工作涉及的领域和范围也不断扩大。

1. 舆论引导的主要管理机构

在我国，中央及地方各级宣传、新闻出版、广播影视等党政主管机关是我国新闻管理工作的主体，也同时承担着舆论引导工作的职责，发挥着主导作用。党和政府作为社会舆论引导的主导，对舆论的引导和管理主要表现在原则设立、机构设立、形成舆论引导体系等方面。[7]

舆论引导的主要管理机构主要指中央和地方各级党委和政府新闻宣传主管部门，如各级党委宣传部、网信办等政府相关部门。党和政府在整个舆论引导工作格局中居于主导地位，负责制订和确立舆论引导的指导方针、宗旨和原则，并通过必要的法律和行政手段确保这些方针、宗旨和原则得以实施，使舆论引导工作有效开展。

在机构层面，2018年中共中央印发《深化党和国家机构改革方案》，明确中国共产党中央委员会宣传部（以下简称“中央宣传部”）统一管理新闻出版工作。为加强党对新闻舆论工作的集中统一领导，加强对出版活动的管理，发展和繁荣中国特色社会主义出版事业，将国家新闻出版广电总局的新闻出版管理职责划入中央宣传部。中央宣传部对外加挂国家新闻出版署（国家版权局）牌子。充分发挥广播电视媒体作为党的喉舌的作用，在国家新闻出版广电总局广播电视管理职责的基础上组建国家广播电视总局，作为国务院直属机构。坚持正确舆论导向，增强广播电视媒体整体实力和竞争力，推动广播电视媒体、新兴媒体融合发展，加快国际传播能力建设，组建中央广播电视总台，归口中央宣传部领导。①

相关行政管理部门也是舆论引导的重要主体。2011年前，国务院新闻办公室负责全国互联网站从事登载新闻业务的管理工作。省、自治区、直辖市人民政府新闻办公室依照《互联网站从事登载新闻业务管理暂行规定》负责本行政区域内互联网站从事登载新闻业务的管理工作。2011年5月，中华人民共和国国家互联网信息办公室成立，其职责如下：落实互联网信息传播方针政策和推动互联网信息传播法制建设，指导、协调、督促有关部门加强互联网信息内容管

① 中共中央印发《深化党和国家机构改革方案》.新华网，2018-03-21.

理,负责网络新闻业务及其他相关业务的审批和日常监管,指导有关部门做好网络游戏、网络视听、网络出版等网络文化领域业务布局规划,协调有关部门做好网络文化阵地建设的规划和实施工作,负责重点新闻网站的规划建设,组织、协调网上宣传工作,依法查处违法违规网站等工作。2014 年 8 月 26 日,国务院下发关于授权国家互联网信息办公室负责互联网信息内容管理工作的通知,授权重新组建的国家互联网信息办公室负责全国互联网信息内容管理工作,并负责监督管理执法。此举旨在促进互联网信息服务健康有序发展,进一步清晰了网络舆论引导部门的主体身份。2018 年,中央网络安全和信息化领导小组改为中国共产党中央网络安全和信息化委员会,其办事机构是中央网络安全和信息化委员会办公室,进一步强化相关管理工作(图 7-2)。

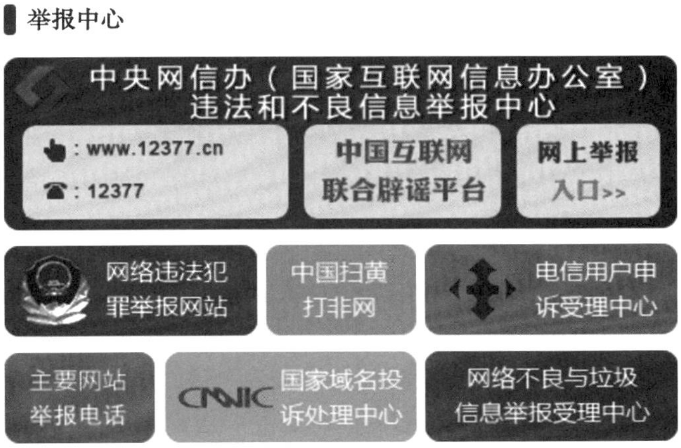

图 7-2 国家互联网信息办公室对违法和不良信息的监管

(资料来源:国家互联网信息办公室官网)

2. 舆论引导的主要实施主体

随着互联网技术的快速发展,舆情治理格局日趋复杂,在实施层面,参与的主体越来越多。但总体看,各类传媒在舆论引导的实施过程中发挥了骨干作用,特别是最近 1~2 年,各类传媒着力提升新传播时代下的传播能力,在舆论引导中成为中坚力量。其他社会组织、意见领袖同样是重要的引导主体,是重要的补充和辅助,是协调性力量,只有这样多元的结构才能更好地适应今天人人都是发布者、人人都是传播者的传播状态。

(1) 传媒:包括党报党刊、电台电视台、都市类媒体、网络等新媒体等。这是舆论引导实施过程中最重要、最核心、最有效的力量。这其中,以党报党刊、国家通讯社、电台电视台、重点新闻网站等为代表的主流媒体是中坚和骨干,具有重要的引领、带动和示范作用。

(2) 社会组织:包含各种民间组织、基金会、非政府组织(Non-Governmental Organizations, NGO)等,具有相对独立性、自主性、自律性、服务性等特征,虽然不具备政府所拥有的公权力,但同样能够参与社会治理,有时甚至能够发挥政府无法替代的作用。由于社会组织本身并不具备强制性的权力,一般需要通过组织本身的社会影响力,尤其是借助传媒的力量,组织并动员社会舆论，实现其目标和任务。在社会舆论引导中，社会组织经常会成为政府和企业的合作伙伴，是重要的沟通者、协调者，成为构建社会主义和谐社会不可或缺的重要力量。尤其在救灾、维权、教育、社会救助、环境保护等多个领域发挥了极为重要的作用，而这些领域也正是舆情风险高发的领域。

(3) 意见领袖：这一概念早已被提出，过去常指同侪群体认为在某一个特定问题上具有特殊能力的人。人们到意见领袖那里寻求对特定问题的建议，但通常不会就各种问题征求他们的看法。[8]过去这种意见领袖发挥作用，大多局限在小群体中，沟通方式多为一对一。而在今天，微博、微信等社交媒体中的一些“网络大V”“网络公知”常会成为表达公共议题的核心群体，他们对特定群体的影响力经常超过了传统媒体，是日益重要的引导主体。

7.2.2 党和政府进行舆论引导的主要原则

熟悉我国舆论引导的主要原则，可以为舆情风险管理确立基本的方向，在实践中提供衡量准则，无论在传统大众传媒时代，还是新媒体传播时代，这些原则都可以帮助我们识别复杂的信息诉求，确立引导、防范的目标。

1. 党性原则是舆论引导的最高原则

“唯物主义本质有所谓的党性，要求对事变作出任何估计时都必须直率而公开地站到一定社会集团的立场上。”[9]新闻事业的党性原则是中国共产党的党性在新闻工作中的体现。党性原则是新闻舆论工作的理论和实践要求，有着明晰的发展历程。从马克思、恩格斯开始，他们的办报办刊实践，就体现着明确的党性原则。中国共产党人继承并丰富、发展、创新了这一原则。党的一大通过的决议中，第一项就明确党的报刊“须由中央执行委员会或临时中央执行委员会经办”，并且“应由党员直接经办和编辑”，这项决议毫无疑问地明确了党报党刊的党性原则。党性原则是中国共产党领导下我国新闻舆论引导的最高原则，事关新闻事业的方向。自从有了自己的新闻事业以后，中国共产党就始终要求在新闻事业中坚持党性原则。

在我国，舆论引导工作是党的整个事业的重要组成部分，是加强党的执政能力建设的重要环节，因此舆论引导具有鲜明的党性，包括网络在内的各类媒体都要以坚持共产党的领导，以马列主义、毛泽东思想、邓小平理论、“三个代表”重要思想、科学发展观和习近平新时代中国特色社会主义思想为舆论引导的前提。以科学社会主义(即马克思主义)的世界观观察世界，对客观事件做出科学解释；正确宣传和贯彻、执行党的方针政策；人民利益高于一切，全心全意为人民服务；坚持真理，坚持真实性，不说假话；坚定地同一切错误的和反动的思想进行斗争，而不是退缩与调和；服从党的组织领导，具有组织纪律性。[10]

1942年10月，毛泽东提出：“抓紧对通讯社及报纸的领导，务使通讯社及报纸的宣传完全符合于党的政策，务使我们的宣传增强党性”，“整个通讯社及报社的新闻政策及社论方针，分局必须经常注意，加以掌握，使我们的宣传完全符合于党的政策”。[11]1980年1月，邓小平提出：“要使我们党的报刊成为全国安定团结的思想上的中心。报刊、广播、电视都要把促进安定团结，提高青年的社会主义觉悟，作为自己的一项经常性的、基本的任务。”[12] 1981 年，中共中央下发《关于当前报刊新闻广播宣传方针的决定》，指出“报刊、新闻、广播、电视是党的舆论机关，要加强组织纪律性。必须无条件地同中央保持政治上的一致，不允许发表与中央路线、方针、政策相违背的言论”。江泽民在 1994 年召开的全国宣传思想工作会议上，提出要“以正确的舆论引导人”和“弘扬主旋律”的思想，指出了新闻媒介的主要任务和特征。1996 年 9 月 26 日，江泽民在视察人民日报社时进一步强调了舆论导向的极端重要性，并强调新闻舆论要坚持党性原则，“舆论导向正确，是党和人民之福；舆论导向错误，是党和人民之祸”[13]。胡锦涛提出，新闻舆论的党性原则同尊重舆论宣传的规律相结合，讲求舆论宣传的艺术，目的在于提高舆论宣传的实效性。他认为，一方面，新闻媒体是党和人民的喉舌，一定要坚持新闻工作的党性原则，坚持团结鼓劲、正面宣传为主的方针，牢牢把握正确的舆论导向，努力营造昂扬向上、团结奋进、开拓创新的良好氛围；另一方面，又强调要尊重舆论宣传的规律，讲究舆论宣传的艺术，不断提高舆论引导的水平和效果。2004 年，《中共中央关于加强党的执政能力建设的决定》将舆论引导作为执政能力水平的部分，指出要牢牢把握舆论导向，正确引导社会舆论，坚持党管媒体的原则，增强引导舆论的本领，掌握舆论工作的主动权，用社会主义主流意识形态来整合多样化的思想观念和多样化的社会舆论，提高党的执政能力、巩固党的执政地位。党的十八大以来，习近平总书记在许多场合都强调新闻舆论工作要坚持党性原则，坚持党对新闻舆论工作的领导。特别是 2016 年 2 月，习近平总书记在党的新闻舆论工作座谈会上将以往常用的“新闻宣传”改为“新闻舆论”，显示出对于媒体所形成的舆论的特别关注。他提出“四个牢牢坚持”，即“牢牢坚持党性原则，牢牢坚持马克思主义新闻观，牢牢坚持正确舆论导向，牢牢坚持正面宣传为主”。他还提出“高举旗帜，引领导向”，旨在指出在舆论引导主体趋于多元化的情境中，高举旗帜对导向进行引领，是导向正确的根本保障。

2. 党性原则和人民性原则是高度统一的

2013 年 8 月 19 日，习近平总书记在全国宣传思想工作会议上提出“以人民为中心”，强调“党性和人民性从来都是一致的、统一的”，新闻舆论工作要坚持党的领导，即坚持党性原则，同时还要坚持人民性。“坚持人民性，就是要把实现好、维护好、发展好最广大人民根本利益作为出发点和落脚点，坚持以民为本、以人为本。要树立以人民为中心的工作导向，把服务群众同教育引导群众结合起来，把满足需求同提高素养结合起来，多宣传报道人民群众的伟大奋斗和火热生活，多宣传报道人民群众中涌现出来的先进典型和感人事迹，丰富人民精神世界，增强人民精神力量，满足人民精神需求。”①

2016 年 2 月 19 日，习近平总书记在党的新闻舆论工作座谈会的讲话进一步强调，党的新闻舆论媒体的所有工作，都要体现党的意志、反映党的主张，维护党中央权威、维护党的团结，做到爱党、护党、为党；都要增强看齐意识，在思想上、政治上、行动上同党中央保持高度一致；都要坚

① 习近平：胸怀大局把握大势着眼大事 努力把宣传思想工作做得更好.人民网，2013-08-21.

持党性和人民性相统一，把党的理论和路线方针政策变成人民群众的自觉行动，及时把人民群众创造的经验和面临的实际情况反映出来，丰富人民精神世界，增强人民精神力量。① 习近平总书记还曾寄语新闻工作者，要增强政治家办报意识，在围绕中心、服务大局中找准坐标定位，牢记社会责任，不断解决好“为了谁、依靠谁、我是谁”这个根本问题。“为了谁、依靠谁、我是谁”直接反映了人民性是党性的主要来源和根基。党性和人民性根本上是一致的，党性寓于人民性之中，人民性以党性引领方向。

在很多舆情风险的处置中，一些部门对公众舆情的回应让群众反感，让矛盾激化，说到底是没有认识到“以人民为中心”，没有认识到党性寓于人民性之中。

3. 国家利益是各国舆论管理的共性要求

马克思从阶级维护自身利益的角度出发，认为国家是统治阶级维护自身统治的暴力工具。从这一论断可知，坚持国家利益是世界各国新闻报道和舆论管理的共性要求。

经济全球化和一体化不断深化的国际社会，种族、国家利益相互交织，导致人们对国家利益的判定趋向复杂。从内容来看，国家利益分为政治利益、安全利益、经济利益和文化利益。政治利益主要包括政治独立、国际承认、国家主权、国际地位等，安全利益包括军事优势、领土安全、海洋权益和经济安全等，经济利益包括国际贸易、引进外资、海外投资、技术进出口等，文化利益主要有防止文物遗失、传播民族文化、提高发展模式影响力、向世界提供政治思想等。国家政治利益是各种国家利益的集中表现，其核心是国家主权；安全利益是国家利益的基础，只有安全利益得到一定程度的维护时，其他的国家利益才可能得以实现；经济利益是最经常性的国家利益，当国家生存安全有了基本保障时，经济利益则会上升为国家日常对外政策所追求的最主要内容；文化利益是国家利益中精神方面的重要内容，是较难实现的国家利益。[14]

国家利益观的形成主要由主、客观两方面因素决定。客观方面，对国家利益的判定受国家所处的国际环境、国家的自身实力、地缘环境及其所处时代的科技水平影响；主观方面，它受人的主观意识影响。塞缪尔·亨廷顿在《美国国家利益受到忽视》一文中揭示了当时美国国家利益的文化特性。他指出，国家利益源于国家认同，而认同包括文化和信仰两部分。这一观点也说明，文化软实力对维护国家利益的重要性。舆论引导在培育和塑造文化软实力的过程中有着举足轻重的作用。

在网络传播全球化时代，信息战、舆论战是国家间争夺利益的突出表现。美国在军方和白宫设立网络部队和网络安全办公室，在对中东、北非等国家的军事战斗前利用网络渗透和强化“互联网自由”，推行西方式的“自由民主”等，都是通过意识形态渗透来争取国利益的表现。舆论战争，尤其是互联网中文化和价值的输出，已经成为国家利益争夺、国际舆论博弈的通常做法。为了维护国家利益，我国高度重视对外传播工作。习近平总书记就对外宣传/对外传播提出的精辟观点主要如下：①加强国际传播能力建设，精心构建对外话语体系（即由构建对外话语

① 习近平：坚持正确方向创新方法手段 提高新闻舆论传播力引导力.新华网，2016-02-19.

体系入手,从根本上加强国际传播能力建设);②创新对外宣传方式,着力打造融通中外的新概念、新范畴、新表述("三新"是全新的要求,着眼于"融通中外",虽属于宣传方式的层面,但这样的创新至关重要);③讲好中国故事,传播好中国声音(在世界范围内,要让中国声音传得出、传得远,有效的办法是讲好包含中国文化元素的故事);④努力提高国际话语权(在国际传播格局中,中国要有话语权,话语的权重要能不断有所提高,改变中国的国际话语权与其世界第二大经济体的地位不相匹配的现象);⑤连接中外,沟通世界(新闻舆论工作者负有让世界了解中国和让中国了解世界的重任)。[15]

4. 遵循网络舆论规律,提升传播效果

党的十八大以来,遵循网络传播规律成为我国舆论引导的重要原则之一。主要包括以下四个方面:

一是遵循网络传播规律,把握网上舆论引导时、度、效的关键,提升传播效果。2014 年 2 月 27 日,习近平总书记在中央网络安全和信息化领导小组第一次会议上发表重要讲话,提出要创新改进网上宣传,运用网络传播规律,弘扬主旋律,激发正能量,大力培育和践行社会主义核心价值观,把握好网上舆论引导的时、度、效,使网络空间清朗起来。

二是媒体融合要遵循新闻传播规律和新兴媒体发展规律。2014 年 8 月 18 日,中央全面深化改革领导小组第四次会议审议通过了《关于推动传统媒体和新兴媒体融合发展的指导意见》,习近平总书记强调,推动传统媒体和新兴媒体融合发展,要遵循新闻传播规律和新兴媒体发展规律,强化互联网思维,坚持传统媒体和新兴媒体优势互补、一体发展,坚持以先进技术为支撑、以内容建设为根本,推动传统媒体和新兴媒体在内容、渠道、平台、经营、管理等方面的深度融合,着力打造一批形态多样、手段先进、具有竞争力的新型主流媒体,建成几家拥有强大实力、传播力、公信力、影响力的新型媒体集团,形成立体多样、融合发展的现代传播体系。要一手抓融合,一手抓管理,确保融合发展沿着正确方向推进。

三是坚持党性原则要遵循新闻传播规律。2016 年 2 月 19 日,习近平总书记在党的新闻舆论工作座谈会上指出,党的新闻舆论工作是党的一项重要工作,是治国理政、定国安邦的大事,要适应国内外形势发展,从党的工作全局出发把握定位,坚持党的领导,坚持正确政治方向,坚持以人民为中心的工作导向,尊重新闻传播规律,创新方法手段,切实提高党的新闻舆论传播力、引导力、影响力、公信力。

四是网络舆论的综合治理要遵循网络传播规律,尤其是对网上媒体的管理应科学化。由于传播快、影响大、覆盖广、社会动员能力强的各类社交网络(例如微博、微信、微网站、App 等)的移入,网络空间越来越具有社会形态的属性。这就要求把社会主义文化的内容、新媒体传播的特点和网民的心理结合起来,遵循网络传播规律,关注现实社会需求,建设符合社会主义精神文明的网络文化。网络社会虽然具有虚拟性和数字性,但网络舆论造成的社会影响是作用于现实世界的。网络舆论的综合治理要遵循传播规律,发挥好引导机制的作用,起到化解矛盾、关怀民生、促进发展的现实作用。

5. 依法依规，守住传播底线

网络立法是世界共识，用法治的办法来保护网络社会的权利和遏制不法行为的滋生是国际社会公认的做法。在舆论引导中，网络作为新媒体，倡导传播什么、可以传播什么、禁止传播什么，有文化、道德、政治的依据，但都必须有法律依据。网络世界不是法外之地，现实社会规范的法律体系要向网络社会延伸并不断丰富和发展。尊重不同国家网络法治的主体性是世界共识，任何国家都高度重视互联网相关法律规范的建设，并普遍保持谨慎态度，对传播什么合法与传播什么不合法的范围都有明确的界定。

在舆论引导中，法律原则是底线原则，对于触犯法律的言论应严格制止。尤其在重大突发事件中，这些言论很可能对整个社会应对风险造成极大损害，必须以法律为武器，维护社会稳定。例如在新冠肺炎疫情中，最高人民法院就强调有三类信息应属于严厉打击的对象，可以进行行政处罚，造成严重后果的，可以按照《最高人民法院、最高人民检察院关于办理利用信息网络实施诽谤等刑事案件适用法律若干问题的解释》第五条的规定，以寻衅滋事罪予以刑事处罚。一是谣言涉及疫情状况，造成社会秩序混乱的。比如，某地没有疫情而编造该地有疫情出现，从而造成社会秩序混乱的信息。但是执法机关在查处类似案件时，应全面审查其主观恶意与行为在客观上造成的影响。如果其主观上并无重大恶意，谣言也仅在较小范围内传播，造成社会秩序混乱的后果比较有限，鉴于该类谣言在客观上对一定范围群体自我保护意识的提高有一定积极影响，且澄清该类事实较为容易，对这类谣言的编造者、传播者，应以批评教育为主，以行政处罚为辅，刑事处罚在非极端情况不予考虑。二是谣言涉及污蔑国家对疫情管控不力等信息，造成社会秩序混乱的。中国是社会主义国家，中国的国家动员能力在国际社会广受认可和赞誉，具备相关专业知识的公民对国家更好地开展疫情管控工作可以通过正当途径提出自己的意见，有关专业人员可以提出自己的建议甚至是善意的批评。但是肆意编造国家对疫情管控不力等信息、明知是虚假信息还进行传播的，主观恶意极大，客观上容易引发严重的社会秩序混乱，依法应予严肃处理，必要时应予刑事追诉。三是谣言涉及捏造医疗机构对疫情处置失控、治疗无效等信息，造成社会秩序混乱的。民众对疾病治疗有重大关切，对医护人员在一线面临的防护措施出现短缺的现象有关切，对医疗机构治疗新冠肺炎的能力有关切，这些情绪也可以理解，这些正当诉求，民众可以通过正当途径进行表达，有关专家学者或者专业人员对上述问题开展正当学术批评，亦属言论自由范畴，依法应受法律保护。①

当前，网络舆论与社会舆论已经高度融合、深度互动，公众通过网络进行言论表达的使用习惯和心理依赖在短短几年内已经迅速形成，它强大的生命力、成长性，在令人惊叹的同时也不断带来各种新问题。我们早已形成共识，互联网既是国家基础设施建设的对象，也是精神文明、文化发展的阵地。现行法律法规对网络舆论的传播起到了有效的管理作用，但面对网络舆论传播中层出不穷的新动向和新领域，法律法规层面的舆论引导机制建设必须不断完善。

① 治理有关新型冠状病毒感染的肺炎的谣言问题，这篇文章说清楚了！中国经济网，2020-01-28.

7.2.3 互联网信息安全的相关法律法规

十八届四中全会《中共中央关于全面推进依法治国若干重大问题的决定》提出,要加强互联网领域立法,完善网络信息服务、网络安全保护、网络社会管理等方面的法律法规,依法规范网络行为,高屋建瓴地为全面推进网络空间法治化规划了蓝图。这是对网络社会治理的法治化原则的重申,归根到底是要尊重和保障网络主体的合法权益。

随着我国互联网的发展及其社会效应的凸显,党和政府从中央到地方对互联网管理都逐渐重视,相关的法律法规数量逐渐增多;国务院法规、相关部委颁布的部门规章、主管网络内容和主管网上音视频的相关管理部门颁布的一系列规范性文件,以及部分省区颁布的地方性规定等构成了互联网信息安全以及内容管理的法规体系;从法律法规的具体实施部门来看,互联网法律法规体系呈现出电信部门纵向管理和相关行业横向管理相结合的样态。

总体看,我国互联网法律法规主要围绕以下几个方面。

1. 计算机系统和信息安全领域

1994 年 2 月 18 日,国务院发布《中华人民共和国计算机信息系统安全保护条例》,对计算机信息系统安全等级保护制度和危害计算机信息系统安全的行为进行了规定。

1997 年 12 月 11 日,国务院批准《计算机信息网络国际联网安全保护管理办法》。2011 年 1 月8 日,该办法根据《国务院关于废止和修改部分行政法规的决定》修订,规定严格禁止利用国际联网危害国家安全、传播不良信息和进行计算机网络系统攻击等行为,对违反规定者明确了处罚措施。其中第五条明确,“任何单位和个人不得利用国际联网制作、复制、查阅和传播下列信息:(一)煽动抗拒、破坏宪法和法律、行政法规实施的;(二)煽动颠覆国家政权,推翻社会主义制度的;(三)煽动分裂国家、破坏国家统一的;(四)煽动民族仇恨、民族歧视,破坏民族团结的;(五)捏造或者歪曲事实,散布谣言,扰乱社会秩序的;(六)宣扬封建迷信、淫秽、色情、赌博、暴力、凶杀、恐怖,教唆犯罪的;(七)公然侮辱他人或者捏造事实诽谤他人的;(八)损害国家机关信誉的;(九)其他违反宪法和法律、行政法规的。”

2. 网络新闻和信息内容的规定与综合管理受到关注

随着计算机信息技术的发展和日益成熟,21 世纪初,网络信息内容的传播规定逐渐成为立法的重点。2000 年,我国的相关法规呈现“井喷”之势,国务院、全国人民代表大会等都对网络信息传播内容进行了规定,并提出综合管理的思路。

2000 年 9 月 25 日,国务院公布《互联网信息服务管理办法》;2011 年 1 月 8 日,根据《国务院关于废止和修改部分行政法规的决定》修订,对网络传播内容提出一些限制性规定。

2000 年 9 月 25 日,国务院公布实施《中华人民共和国电信条例》,后于 2016 年重新修订,其中第五十六条对网络传播中可能造成的违法内容进行了明确的规定,“任何组织或者个人不得利用电信网络制作、复制、发布、传播含有下列内容的信息:(一)反对宪法所确定的基本原则的;(二)危害国家安全,泄露国家秘密,颠覆国家政权,破坏国家统一的;(三)损害国家荣誉和利益的;(四)煽动民族仇恨、民族歧视,破坏民族团结的;(五)破坏国家宗教政策,宣扬邪教和封建迷信的;(六)散布谣言,扰乱社会秩序,破坏社会稳定的;(七)散布淫秽、色情、赌博、暴力、凶杀、恐怖或者教唆犯罪的;(八)侮辱或者诽谤他人,侵害他人合法权益的;(九)含有法律、行政法规禁止的其他内容的。”

2000 年 11 月 6 日,国务院新闻办公室、信息产业部发布《互联网站从事登载新闻业务管理暂行规定》,对我国网络新闻的管理主体进行了规定,国务院新闻办公室负责全国互联网站从事登载新闻业务的管理工作。省、自治区、直辖市人民政府新闻办公室依照该规定负责本行政区域内互联网站从事登载新闻业务的管理工作。该规定对各级各类网站的新闻发布权限进行了较为细致的说明。

2000 年 12 月 28 日,第九届全国人民代表大会常务委员会第十九次会议通过《全国人民代表大会常务委员会关于维护互联网安全的决定》,强调司法机关和有关政府机关、主管部门要依法履行职责,网络公司要依法经营,要动员全社会的力量,对互联网进行综合管理。针对维护国家安全和社会稳定,维护社会主义市场经济秩序和社会管理秩序,保护个人、法人和其他组织的人身、财产等合法权利等相关信息内容作出了较为清晰的界定,构成犯罪的,依照刑法有关规定追究刑事责任。

2002—2006 年,随着网络文化的发展,多项针对新闻、出版等文化产品内容、服务商、著作权的管理规定出台,网络管理的主体、渠道、内容管理进一步分类细化。

2002 年 8 月 1 日,新闻出版总署和信息产业部联合颁布《互联网出版管理暂行规定》,要求互联网出版内容不得含有违反社会公德和违法犯罪行为的内容。后《网络出版服务管理规定》自 2016 年 3 月 10 日起施行,《互联网出版管理暂行规定》同时废止,进一步规范了相关服务行为,促进产业发展。

2003 年 5 月 10 日,文化部发布《互联网文化管理暂行规定》,把网络游戏、音像制品在线销售、网上点播、网上艺术品拍卖等新兴的文化生活方式纳入规范管理范畴。2011 年 3 月 18 日,文化部正式发布新版《互联网文化管理暂行规定》,2017 年 12 月发布修订版。

2004 年 7 月 6 日,国家广播电影电视总局发布《互联网等信息网络传播视听节目管理办法》,确定对从事信息网络传播视听节目业务实行许可制度,确定国家广播电影电视总局负责全国互联网等信息网络传播视听节目的管理工作。县级以上地方广播电视行政部门负责本辖区内互联网等信息网络传播视听节目的管理工作。

2005 年 9 月 25 日,国务院新闻办公室、信息产业部联合发布《互联网新闻信息服务管理规定》,对互联网新闻信息服务单位从事互联网新闻信息服务的相关行为进行了规范。2017 年 5 月2 日,国家互联网信息办公室发布新的《互联网新闻信息服务管理规定》。

2005 年 9 月 25 日,信息产业部发布《关于进一步加强移动通信网络不良信息传播治理的通知》,对移动通信网络的信息传播提出治理意见。

2006 年 5 月 18 日,国务院颁布《信息网络传播权保护条例》,规范了信息网络引发的著作权法律问题。2013 年对该条例进行了修订。

3. 舆情管理相关法律规范等出台

2007 年,与网络舆论引导相关的重要法律规范出台,对政府作为舆论引导的主体所应承担的信息公开和突发事件通报进行了明确规定,其重要意义在于理清了舆论引导主体的责任和义务及对不作为的惩处。

2007 年,国务院公布的《中华人民共和国政府信息公开条例》,明确了必须以常态进行公开的政府信息和特例,以及必须公开/不公开的问题,对政府新闻发布的范围和新闻媒体公开报道的界限作了明确的法律界定。2019 年 4 月 3 日,国务院公布修订后的《中华人民共和国政府信息公开条例》。

2007 年,中华人民共和国主席令第六十九号公布的《中华人民共和国突发事件应对法》,把我国近年来在突发公共事件新闻处置中取得的重大进步法律化,要求各级政府和部门及时、客观、真实地发布有关突发事件的新闻信息,对于迟报、谎报、瞒报、漏报要追究相关责任。

2007 年,公安部等四部委下发《信息安全等级保护管理办法》,对信息安全等级保护设定管理规范,对信息系统中涉及国家安全、社会稳定和公共利益的相关内容予以保护。

2007 年,国家广播电影电视总局、信息产业部联合发布《互联网视听节目服务管理规定》,规定国家广播电影电视总局和信息产业部在互联网视听节目服务管理中各自的职责,详细规定从事互联网视听节目服务的规范行为,进一步规范互联网视听节目服务秩序。并于 2015 年 8 月 28 日修订。

针对利用网络传播淫秽内容等问题,最高人民法院、最高人民检察院于 2010 年 2 月 2 日出台了《最高人民法院、最高人民检察院关于办理利用互联网、移动通信终端、声讯台制作、复制、出版、贩卖、传播淫秽电子信息刑事案件具体应用法律若干问题的解释(二)》①。其他政府部门也陆续出台了相关措施以进一步保障网络内容的健康。

2011 年 9 月 1 日,《最高人民法院、最高人民检察院关于办理危害计算机信息系统安全刑事案件应用法律若干问题的解释》实施,对之前较为模糊的黑客犯罪的刑事责任予以了划定。

4. 信息主体责任与保护

2011 年 12 月 16 日,由北京市人民政府新闻办公室、北京市公安局、北京市通信管理局和北京市互联网信息办公室共同制定的《北京市微博客发展管理若干规定》发布,要求任何组织或者个人注册微博客账号,应当使用真实身份信息;网站开展微博客服务,应当保证注册用户信息真实。12 月 22 日起,广州、深圳市的腾讯网等开展微博客业务的主要网站开始实行微博客用户使用真实身份信息注册。从此,实名制在微博客领域逐步实现全面推行,对微博舆论环境产生了深远影响。

2012 年 12 月 28 日,第十一届全国人民代表大会常务委员会第三十次会议通过《全国人民

---

① 《最高人民法院、最高人民检察院关于办理利用互联网、移动通信终端、声讯台制作、复制、出版、贩卖、传播淫秽电子信息刑事案件具体应用法律若干问题的解释》于 2004 年 9 月 1 日由最高人民法院审判委员会第 1323 次会议、2004 年 9 月 2 日由最高人民检察院第十届检察委员会第 26 次会议通过,自 2004 年 9 月 6 日起施行。

代表大会常务委员会关于加强网络信息保护的决定》,明确国家保护能够识别公民个人身份和涉及公民个人隐私的电子信息。

5. 网络治理进一步细化

2014 年开始,我国信息产业发展进一步提升,网络环境迭代速度快,相关法律法规的出台进入了新的密集期。

2014 年 8 月 26 日,国务院授权重新组建的国家互联网信息办公室(以下简称“国家互联网信息办”)负责全国互联网信息内容管理和监督管理执法工作。国家互联网信息办陆续发出《即时通信工具公众信息服务发展管理暂行规定》(以下简称《微信十条》)、《互联网用户账号名称管理规定》(以下简称《账号十条》)、《互联网新闻信息服务单位约谈工作规定》(以下简称《约谈十条》)等法规条例,对规范互联网从业者和网民行为发挥了重要作用。

针对不同网络服务平台的特点,国家互联网信息办还先后出台《互联网直播服务管理规定》《互联网论坛社区服务管理规定》《互联网跟帖评论服务管理规定》《互联网群组信息服务管理规定》《微博客信息服务管理规定》等规范性文件,对直播平台、论坛社区、跟帖评论、群组信息及微博平台的服务主体资质、用户注册、信息发布等方面进行了管理和规制,对于净化新兴媒体舆论空间发挥了重要作用。

2017 年 6 月 1 日,《中华人民共和国网络安全法》开始施行,在法律层面为网络治理奠定了基础。同日,《互联网新闻信息服务管理规定》开始施行,旨在加强互联网信息内容管理,促进互联网新闻信息服务健康有序发展,也标志着互联网新闻领域法规建设不断健全。

2017 年,国家互联网信息办还先后出台《互联网新闻信息服务新技术新应用安全评估管理规定》《互联网新闻信息服务单位内容管理从业人员管理办法》,不仅在技术和应用程序层面对网络安全评估管理制度和保障制度进行了规范,还对互联网新闻信息服务单位和内容管理从业人员等主体的行为进行体系化的规范管理,体现出我国对网络舆论“发展与管理并重”的深刻认识,为“营造清朗的网络空间”提供了保障。[16]

2019 年 5 月 28 日,国家互联网信息办就《数据安全管理办法(征求意见稿)》公开征求意见,这是我国数据安全立法领域的里程碑事件。以法律的形式规范数据收集、存储、处理、共享、利用以及销毁等行为,强化对个人信息和重要数据的保护,可维护网络空间主权和国家安全、社会公共利益,保护自然人、法人和其他组织在网络空间的合法权益。以网络爬虫为主要代表的自动化数据收集技术,在提升数据收集效率的同时,如果被不当使用,可能影响网络运营者正常开展业务,为回应上述问题,征求意见稿第十六条确立了利用自动化手段(网络爬虫)收集数据不得妨碍他人网站正常运行的原则,并明确了严重影响网站运行的具体判断标准,这将对规范数据收集行为,保障网络运营者的经营自由和网站安全起到积极的作用。

2020 年 3 月 1 日,国家互联网信息办发布的《网络信息内容生态治理规定》开始施行。该规定鼓励网络信息内容生产者制作、复制、发布含有下列内容的信息:“(一)宣传习近平新时代中国特色社会主义思想,全面准确生动解读中国特色社会主义道路、理论、制度、文化的;(二)宣传党的理论路线方针政策和中央重大决策部署的;(三)展示经济社会发展亮点,反映人民群众伟大奋斗和火热生活的;(四)弘扬社会主义核心价值观,宣传优秀道德文化和时代精神,充分展现中华民族昂扬向上精神风貌的;(五)有效回应社会关切,解疑释惑,析事明理,有助于引导群众形成共识的;(六)有助于提高中华文化国际影响力,向世界展现真实立体全面的中国的;(七)其他讲品味讲格调讲责任、讴歌真善美、促进团结稳定等的内容。"

该规定明确网络信息内容生产者不得制作、复制、发布含有下列内容的违法信息:"(一)反对宪法所确定的基本原则的;(二)危害国家安全,泄露国家秘密,颠覆国家政权,破坏国家统一的;(三)损害国家荣誉和利益的;(四)歪曲、丑化、亵渎、否定英雄烈士事迹和精神,以侮辱、诽谤或者其他方式侵害英雄烈士的姓名、肖像、名誉、荣誉的;(五)宣扬恐怖主义、极端主义或者煽动实施恐怖活动、极端主义活动的;(六)煽动民族仇恨、民族歧视,破坏民族团结的;(七)破坏国家宗教政策,宣扬邪教和封建迷信的;(八)散布谣言,扰乱经济秩序和社会秩序的;(九)散布淫秽、色情、赌博、暴力、凶杀、恐怖或者教唆犯罪的;(十)侮辱或者诽谤他人,侵害他人名誉、隐私和其他合法权益的;(十一)法律、行政法规禁止的其他内容。"

该规定明确网络信息内容生产者应当采取措施,防范和抵制制作、复制、发布含有下列内容的不良信息:"(一)使用夸张标题,内容与标题严重不符的;(二)炒作绯闻、丑闻、劣迹等的;(三)不当评述自然灾害、重大事故等灾难的;(四)带有性暗示、性挑逗等易使人产生性联想的;(五)展现血腥、惊悚、残忍等致人身心不适的;(六)煽动人群歧视、地域歧视等的;(七)宣扬低俗、庸俗、媚俗内容的;(八)可能引发未成年人模仿不安全行为和违反社会公德行为、诱导未成年人不良嗜好等的;(九)其他对网络生态造成不良影响的内容。"

信息技术的迭代仍在继续,今后很长一段时间内,我们的法治建设都要着力解决法律应当如何应对网络对现实社会的冲击问题,即法律应当如何应对因互联网而出现的新的社会现象与新的社会问题。网络治理过程中,无论是政府监管,还是行业自律或社会自治,都应当在法治化的基本轨道上运行,以法治化保障多元价值目标的平衡实现、多元主体的有序参与以及多种路径的协调作用,促进网络社会的健康、有序发展,防止基于权力、市场优势、技术优势及多数人意志而产生肆意和武断。

7.3 舆情引导:传播、互动、引导、融合

7.3.1 舆情风险中舆论引导的"升级"

舆情风险中的舆情引导是对传统舆论引导的拓展和深化。

正如前文所述,网络传播的开放、匿名、及时造成了舆情分散、多元、随意、复杂、迅速传播、广泛聚合,且容易滋生负面、倒退、偏激等声音,渲染情绪,引发群体事件。这种非理性、盲目性、滞后性与社会发展之间的矛盾,是进行舆情引导的内在要求。

一是在重大突发事件应对中,舆情引导是否有效关乎能否达成共识、形成合力,直接影响突

发事件处置效果。二是在日常社会治理中，舆情是社会政治、经济、文化生活中的不稳定变量，其影响力和权重有所上升，对于任何国家而言，都有可能对社会的安定团结和稳定产生影响。三是在国际范围内，各国日益重视舆情管理，并利用各种手段加强自身在“国际意见市场”的话语权。按照美国哈佛大学约瑟夫·奈(Joseph Nye)教授的观点，“巧实力”既有别于以军事、经济和科技实力为主的“硬实力”，也有别于以信息传播力、文化影响力和舆论引导力为主的“软实力”，它是将“软实力”和“硬实力”有机融合在一起的一种特殊力量，在“国际意见市场”上能够发挥更大影响的一种新型“合力”。① 很多国家都看到这种能力的重要性，努力做到“善用巧实力”，就是要善于运用智慧和技巧，通过新闻手段来展示和表达国家的力量和影响，同时要发挥和体现出传媒自身的信息传播力和舆论引导力。这也是一种能力和水平的显示，它需要有灵敏的思维、灵活的手段和高超的技巧才能实现。这些说明舆情引导，不仅必要、重要，而且有难度。

习近平总书记于 2016 年 4 月 19 日在网络安全和信息化工作座谈会上指出，“网民大多数是普通群众，来自四面八方，各自经历不同，观点和想法肯定是五花八门的，不能要求他们对所有问题都看得那么准、说得那么对。要多一些包容和耐心，对建设性意见要及时吸纳，对困难要及时帮助，对不了解情况的要及时宣介，对模糊认识要及时廓清，对怨气怨言要及时化解，对错误看法要及时引导和纠正，让互联网成为我们同群众交流沟通的新平台，成为了解群众、贴近群众、为群众排忧解难的新途径，成为发扬人民民主、接受人民监督的新渠道。”②

这一论断充分说明了网络舆情的复杂性，也指导我们认识到防控舆情风险，要拓展传统的舆论引导，才能更好地宣介事实情况、化解怨气怨言、引导纠正错误看法、打造沟通新平台。

舆情风险应对与处置，首先在意识上要明确引导重于控制。舆情风险对象特殊、媒介环境特殊，在今天的社会背景下，对于海量的信息和丰富的信息呈现形式，简单的控制，例如删图删帖等手段，很难阻止信息的传播。一方面，网络舆情的跨国性、跨地区性对管理主体提出权限挑战，新生技术和新生内容的快速嬗变，使得法律法规容易滞后；另一方面，网络舆情主体庞大、多元、匿名、模糊，相关法律法规、职业道德和准则的约束对象和约束范围不易明晰。这些都使内容控制能力被削弱，甚至在极端情况下，简单的删帖等控制信息传播的方法还会引发公众的反感，甚至认为被删的内容是更贴近真相的内容，给了更多谣言传播的空间，激化矛盾。简单的控制还可能刺激产生层出不穷的传播手段，使传播和控制转变为一场传播技术和监测管控技术的“军备竞赛”，成本巨大，收益递减。

其次，媒介的变化、信息传播路径的变化、互联网发展的规模等当下的网络条件也都决定了要做好舆情引导，传统的方法已经不能适应，必须善于利用新的传播条件，用适合新媒介的新内容、新形式提高传播效果，必须在意识上对舆情风险有深刻的认识，才能有效运用传播工具，提高引导能力，提高舆情风险应对的有效性。

本书从风险视角出发，认为在防范、应对、处置舆情风险过程中，传统的舆论引导机制、方法

① 对外新闻传播策略：增强软实力 善用“巧实力”.新华网，2009-11-19.

② 习近平在网络安全和信息化工作座谈会上的讲话.中国记协网，2016-04-26.

必须进一步拓展,这是舆情风险的特殊性决定的。在方法上,简单的议程设置、评价性的舆论引导,在今天的传播条件、社会背景下,很难达到预期的效果。因此笔者认为,在舆情风险应对处置中,舆情引导应在守住法律底线的基础上,实现传播、互动、引导、融合四个维度的整合和拓展。从概念上说,舆情引导较舆论引导有更广泛的内涵,手段更加多样,更能适应今天的传播环境,体现今天的传播特征,是对传统舆论引导的一次升级、迭代(图 7-3)。

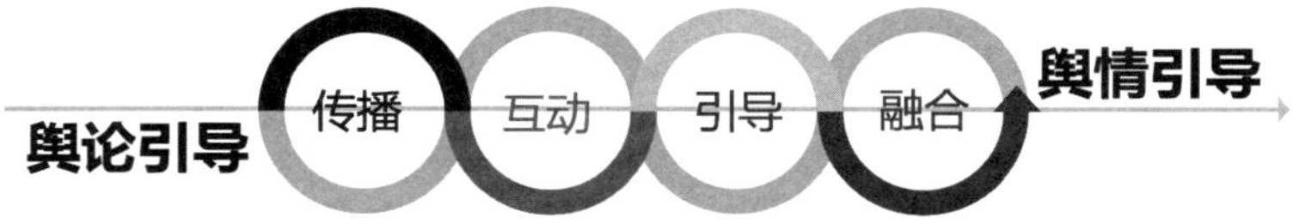

图 7-3　舆情风险下舆论引导的拓展

7.3.2　传播是舆情引导的基础

传播是舆情引导的基础,所有的引导都基于传播能力。舆情的引导从本质上说是一种特殊情境下的传播,引导目标的实现在很大程度上依赖于传播能力和传播内容,必须把理性、客观、真实的声音有效传递给公众。

(1) 必须认识到在舆情风险防范、应对、处置中,传播的物质基础是各种传播渠道、媒介。如何把真实、准确、理性的信息送达受众,首先要解决物质基础问题。除了传统的传播渠道,现代传播手段层出不穷,新的传播方式大多由商业目标驱使而自发产生,例如微博、短视频传播等。这些平台在市场环境中迅速成长,平台具备的传播能力基本在 1～2 年之内就迅速增强。解决传播问题,使舆情风险的引导机制发挥作用,在这些新领域的资源投入,是必要的准备。

(2) 要解决信息内容和媒介条件匹配的问题,以提高传播有效性。不同的信息适合不同的传播媒介。媒介的改变也改变了我们讲故事的方式,书信的语言和电报不同,博客的语言和微博不同,电视的表现手法和广播不同。今天,传统的新闻报道和 Vlog,即便同样是视听传播,表达方式也是完全不同的。不能匹配媒介的信息,是没有传播力的。这些都是在舆情引导中必须与时俱进的,也是当下提高传播能力要解决的重要问题之一。

(3) 必须认识到在舆情危机中,及时传播真实、准确、理性的内容的重要性。舆情危机中,信息过载,信息始终在争夺人们的注意力赛道。当谣言肆虐时,删帖不能控制谣言,形成和谣言对等的传播声势才可能实现更好地引导。在新冠肺炎疫情中,各种谣言不断产生,在海量的信息面前,腾讯等头部互联网信息服务平台、各大主流媒体、各级政府网站,以及各种专业团体都开辟了辟谣平台,形成一个强大的辟谣网络。权威媒体、政府部门、专业组织都参与其中。很多谣言对于掌握权威信息、专业信息的各种机构来说并不难攻破,难点在于调动他们参与辟谣、传播他们的辟谣声音,而这次疫情中形成的庞大辟谣网络,无疑是用真实的信息筑起防范谣言的大堤,用理性声音的传播力对抗谣言、不实信息、极端信息等可能引发舆情风险的信息。

总之,没有传播力,应对舆情风险、实施舆情引导就是空中楼阁。

7.3.3 互动是疏解情绪的主要手段

舆情风险中,公众情绪是重要驱动力,这是本书前文中多次重申的。在众多情绪疏解方法中,互动和沟通是主要手段。互动是舆情引导不可或缺的必要手段。互动和沟通的形式多种多样,可以是新闻发布会上的互动,可以是基于各种信息平台、实体平台的对话活动,从舆情风险化解的角度来看,这些沟通是广为人知的、被公开了的互动。也正是这种沟通的公开性,要求我们今天防控、应对舆情风险要运用好沟通互动这一方法。

(1) 沟通和互动是舆情风险化解的内在要求。前文我们对各类议题的情绪色彩作了区分,在通常情况下,理性、准确的信息是化解焦虑和恐惧的主要方法;及时沟通和互动是化解愤怒的主要方法。舆情风险应对处置中,沟通和互动就是一种有效引导策略。

(2) 互联网传播提高了沟通的便捷性,为舆情引导中强化互动提供了可能性。现代传播技术迅速发展,信息传播很难是单纯的传播,而是和互动高度整合在一起。由于信息传播的实时性,沟通和回应都可以在瞬间完成。无论是政府还是新闻媒体以及各类主体,通过微博、微信、客户端、直播平台、短视频平台发布信息时,公众都可以在瞬时完成评论、提出问题,过去的时空限制被完全打破。还有围绕视频、直播的各种"弹幕"①,同样可以实现实时互动。且这些互动是公开的,这是社交媒体的重要特性,处理好这些互动、运用好沟通平台是化解舆情风险的必要手段。

(3) 互动形成的意见对舆情风险走向的影响日益强烈。传播再也不是由点及面的高塔式传播,人们如同置身于一个在线的"广场"之中,快速实现群体内、群体间的互动。今天的社会是基于互联网技术的发展和网络空间中人们的互动关系而产生的数字化社会,即其中的个体与个体、个体与群体、群体与群体之间,及其与环境之间都存在着复杂的互动或联动关系,表面上是技术化延伸的结果,但实质上仍是社会互动关系的具体投射。[17]传播手段的实时性、互动性为社会联动方式提供了支持。在风险事件中,这种联动方式会影响人们的判断。韩国学者在研究公众抵制釜山—首尔高铁环境风险时认为,与传统媒体相比,非政府组织的网站的高效互动为积极的信息分享与公众参与提供了开放空间,这些连接点之间的互动,放大了公众的风险感知。[18]

传播技术本身的互动性要求在舆情风险的引导机制中,传播信息的同时必须充分考虑互动带来的影响。从传播的管理机制来看,必须建立快速的信息反馈通道,确保公众提出的各类信息能够及时得到回应。在采用的方法上,应结合新型传播技术,不仅实现各种评价性信息的充分传播,还要不断优化舆情与各种治理活动之间的沟通机制,就如何回应制订详细的方案。

这种影响提醒我们,在舆情引导中,从传播的修辞视角来分析,必须更加注重对话和沟通的表达,尤其要以公众视角来思考问题,而不是以"上级"满意来思考问题,要洞悉公众情绪背后的诉求,而不是立足于本系统、本部门、本企业的诉求,这样才能在舆情危机中,在公众情绪聚焦

---

① 中文流行词语,指的是在网络上观看视频时弹出的评论性字幕。大量评论从屏幕飘过时,效果看上去像是飞行射击游戏里的弹幕,所以网民将出现的这种大量评论称为弹幕。

时,做好对话,言之有理、有物、有情,疏解公众情绪,减少风险损害。

综上,舆情危机中的引导必须高度关注互动模式下的信息传播规律,尊重传播规律。通过加强信息公开和权威发布,充分沟通,聆听不同声音,及时回应关切。

7.3.4 引导是主动化解危机的核心方法

这里强调的引导,是狭义的引导,主要通过议程设置来实现。结合议程设置方法,我们认为在舆情风险的引导机制中,引导关注的核心始终是议题和时机,审慎选择议题和时机,必须对事件发展有清晰认识,深刻理解公众情绪。

在舆情危机中,主动提出某些议题确实能对公众产生影响,聚集人们的注意力。但是如果在错误的时间讨论看似正确的议题,反而会激发更大的危机,议题的选择要审慎,尤其要关注公众争议背后的诉求。例如灾害后,关于感恩、捐款金额的议题常会引发公众关注,这些议题并没有错,如果面对的是还没有平复的悲伤、愤怒等情绪,一些"正确"的议题反而会激起公众一时的逆反心理。这种逆反产生的原因有很多,情境差别巨大,例如因为没有顾及被救助者的心态,在救助工作还十分艰难时,引导公众过于强调捐赠者就很容易引发公众的反感。还有很多企业在遭遇舆情危机时,当公众还处于探寻真相的焦虑和对事件发生的愤怒情绪中,企业的回应却探讨事件的初衷,强调原本的善意,这样的议题会让公众感到推卸之意,引发公众的反感。面对舆情危机,任何处置者主观愿望上总是希望化解,提出的议题都有一定的道理,但常常适得其反,其中最重要的原因还是在于对时机的把握不恰当。

如何把握时机?只有学会换位思考,以真情实意体会公众情绪,才能发现能够引发共鸣的议题,在情感最聚焦的一刻说出人们最想说的话。在抗击新冠肺炎疫情前期,因为形势艰难,各地"硬核"封堵措施纷纷出台,湖北人受到歧视伴随而生,《光明日报》推出了新媒体评论《湖北人,是同胞也是同袍!》,引发全网转发;一个多月后,国际防疫日趋严峻,归国同胞和留学生成为"外防输入"的情绪投射对象,光明时评网又推出《回国的他们,也曾包机送口罩》,瞬间刷屏。其实这两篇评论的道理并不艰深,无非是强调常识,但因为恰在大众情绪由释放到反思的当口推出,而且采取了一种引发共情的表达方式,如请公众反思归国歧视时,先点出疫情早期海外同胞们"买光"全世界口罩送回国的情谊,所以很容易产生以心换心的言说效果。①

议程设置中议题和时间是基本的、核心的问题,在危机应对中,是一个要持续面对的动态问题。本书在不同的章节从不同的角度强调了时机和议题的重要性,在舆情引导中,它是应对舆情风险的出发点和落脚点,贯穿了工作的始终。

7.3.5 融合是汇聚声音的基础

舆情风险的引导机制中,只有融合,才能汇聚更多声音。融合是目标,也是手段,传播工具等媒介的融合、信息传播各项功能的融合是为了实现公众议程的融合、观点的融合,从而达到汇

---

① 写好"硬核"评论,非常时期有非常之道|战"疫"深思考.中国记协网,2020-04-29.

聚声音的目的。

今天的舆情热点中，从左到右的观点谱系里每一个细微"颗粒"的观点都有支持者。引导和说服的作用不是绝对的，甚至随着整个社会公众个人意识的强化、公民意识的增强和社会公德的普及，各种各样的行为楷模失去了往昔难以企及的神圣性，大众文化的兴起、理性主义权威的弱化令公众对自我意见和表达更加重视，对权威、专家，乃至主流媒体的引导和说服很难认同。

此外，不难发现在舆情风险事件中，参与主体不断丰富，尤其是传统的各类社会组织在发生变化，各种新型组织不断涌现，参与公共生活的各类社群在年龄构成上更加年轻，是完全的互联网一代，他们的组织方式更加灵活，表达方式和信息接收方式都与传统的各种社会组织不同，但在舆情风险中的作用日益显著。

因此，在今天的社会环境中，在舆情风险处置中，引导并非是说服了意见不同的群体，更多是因为汇聚了来自不同社群中的理性声音，公众在彼此的表达和交互中实现意见趋同。"沉默的螺旋"理论基本描述了这样一个现象：人们在表达自己想法和观点的时候，如果看到自己赞同的观点受到广泛欢迎，就会积极参与进来，这类观点就会越发大胆地被发表和扩散；而发觉某一观点无人或很少有人理会（有时会有群起而攻之的遭遇），即使自己赞同它，也会保持沉默。[19] 可见人们的意见表达，在很大程度上受所在群体的影响，和受众之间的互动有关。在今天的传播条件下，人人都可以成为表达者，人和人之间的互动更加频繁，人们会怎样选择自己的表达？笔者认为这一"沉默的螺旋"现象在今天的传播条件下依然适用，在舆情危机中，当更多的理性声音汇聚时，也会促进更多的理性声音被这个螺旋放大，反之亦然。

实现汇聚的基础是融合，包括议程的融合、媒介的融合两个方面，这二者密不可分。

今天媒体的议程设置对公众议程的影响越来越困难。媒介议程和公众议程之间融合和交互日益显著。这也要求我们应对处置舆情风险，必须更多地参考、重视公众、社群议程，在这个融合过程中加入自己的观点才能实现更好地传播。

《议程设置》作者马克斯韦尔·麦库姆斯认为，议程融合并非取代议程设置，而是试图解释议程设置在不同的媒介、群体和个体之间为什么有所不同。传统媒介面对的是不分圈层的、广泛的受众，可以说是纵向延伸往下，而博客、网站、微博、微信，指向的是特定的群体，从某种意义上说，这些媒介是横向铺展的。纵向媒介为公众的生活提供主要的新闻议程，而横向媒介提供支持性的信息和视角，它们会帮助我们混合或融合来自纵向和横向媒介的议程，以形成令人满意的议程结合体。

在我国，学者们普遍认为，媒介融合包括渠道融合、内容融合和终端融合。这是一个内涵丰富的概念，如丁柏铨[20]认为，"媒介融合是由新媒体及其他相关因素所促成的媒介间在诸多方面的相交融的状态。"议程融合和媒介融合是同一过程的一体两面。

从实践层面看，近年来我国大力推动传统媒体主动出击，与各种新媒体融合，成效显著，这也是我国传统媒体在新传播环境下转型的必然选择。在 2013 年 8 月 19 日全国宣传思想工作会议的讲话中，习近平总书记在讲到宣传思想工作创新时指出，"手段创新，就是要积极探索有利于破解工作难题的新举措新办法,特别是要适应社会信息化持续推进的新情况,加快传统媒体和新兴媒体融合发展,充分运用新技术新应用创新媒体传播方式,占领信息传播制高点。"[21] 2014 年至今,媒体融合已经经历了从以《人民日报》"中央厨房"为代表的央媒层面的媒体融合到以浙报传媒控股集团有限公司为代表的省级媒体层面的媒体融合,并纵深发展进入县级媒体层面的媒体资源融合。习近平总书记在 2018 年 8 月 21 日的全国宣传思想工作会议上明确提出"要扎实抓好县级融媒体中心建设,更好引导群众、服务群众",这是习近平总书记首次对"县级融媒体中心"的建设工作作出重要指示。县级媒体是现代传播体系中的基础环节,县级媒体融合应当发挥区域优势和新媒体互动性,面向基层群众的需求,用场景化的服务连接社区用户,增进社区用户对本地媒体的关系黏性。[22] 显然,作为我国现代传播体系的基础环节,县级融媒体中心依托现代传播手段,相较于传统媒体,承担起更多联系和服务基层群众的职能。

通过媒介融合,信息的多重功能进一步融合,效用得以更好地实现,对社会治理日常机制的改变发挥了重要作用。在舆情风险的应对和处置中,因为媒介融合,舆情风险处置主体可以更加清晰地了解公众需求、了解不同社群的意见和看法。借助新媒介,不同社群也可以更好地表达自己的观点,社群议程、公众议程和新闻媒体设置的议程可以更好地交互。因此,在舆情风险处置中,融合是舆情引导机制的有机组成部分。

综上,不同的社群借助新的传播方式,用新的表达方式、组织方式参与公众生活,也决定了防控舆情风险的舆情引导要不断与时俱进,丰富手段和方法。舆情风险中的引导,相较于传统的、狭义的、以新闻媒体为主要实施者的舆论引导,主体更加丰富、运行机制更加复杂。舆情引导必须完善传播、互动、引导、融合四个层面的功能(图 7-4),即完善传播基础设施,提高传播效能;通过媒介的互动功能,完善沟通机制,疏解公众情绪;以主动设置议程等方法引导公众议程;通过媒介融合,打破传播壁垒、社群壁垒,汇聚理性声音,从而有效防控舆情风险,处置舆情危机,达到回应舆情关切、调节社会情绪、维护主体信誉或公信力的目标。

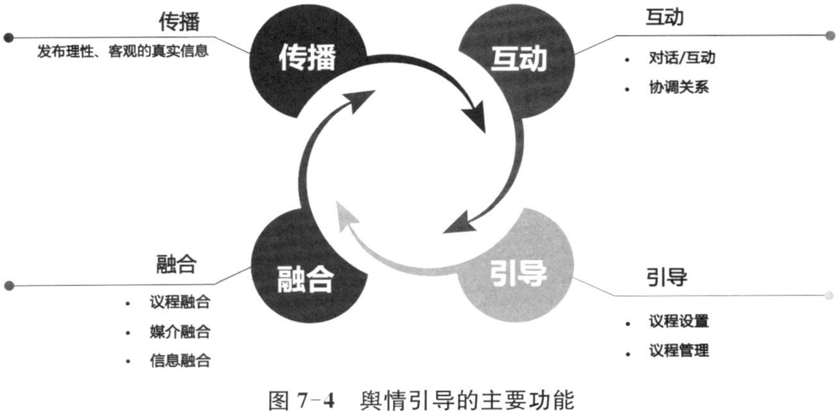

图 7-4 舆情引导的主要功能

需要强调的是,注重传播、互动、引导、融合的舆情引导,在风险的潜伏期和爆发期,都发挥着重要作用。对识别出的高风险议题,应打通沟通渠道积极对话,设置议程,主动传播信息,减少误解，减少舆情风险爆发的可能性。当风险爆发、舆情危机出现时，注重传播、互动、引导、融合的舆情引导同样是减少损失、抚平公众情绪、化解危机的重要手段。

参考文献

[1] 麦库姆斯.议程设置：大众媒介与舆论[M].郭镇之，徐培喜，译 .2 版.北京：北京大学出版社，2017.

[2] 陈力丹.舆论学：舆论导向研究[M].北京：中国广播电视出版社，1999.

[3] The statistical shark[N]. New York Times，2001-09-06(26).

[4] 胡翼青.西方传播学术史手册[M].北京：北京大学出版社，2015.

[5] 熊炎.解释警示逆火效应是醍醐灌顶还是火上浇油？[J].新闻与传播研究，2019，26(1)：58-76，127.

[6] 程世寿.公共舆论学[M].武汉：华中科技大学出版社，2003.

[7] 薛宝琴.网络舆论引导机制研究[M].北京：人民日报出版社，2018.

[8] 洛厄里，德弗勒.大众传播效果研究的里程碑[M].刘海龙，译 .3 版.北京：中国人民大学出版社出版，2009.

[9] 列宁全集：第 1 卷[M].北京：人民出版社，1984.

[10] 甘惜分.新闻学大辞典[M].郑州：河南人民出版社，1993.

[11] 毛泽东新闻工作文选[M].北京：新华出版社，1983.

[12] 邓小平文选：第 2 卷[M].北京：人民出版社，1994.

[13] 江泽民文选：第 1 卷[M].北京：人民出版社，2006.

[14] 阎学通.中国国家利益分析[M].天津：天津人民出版社，1996.

[15] 丁柏铨.新中国成立以来中国共产党新闻思想研究论纲[J].新闻与写作，2019(8)：59-67.

[16] 雷跃捷，薛宝琴.舆论引导新论[M].北京：社会科学文献出版社，2018.

[17] 张春华.社会舆情：核心议题与治理实践[M].北京：社会科学文献出版社，2016.

[18] 邱鸿峰.环境风险社会放大的传播治理[M].北京：中国社会科学出版社，2017.

[19] 诺尔-诺依曼.沉默的螺旋：舆论——我们的社会皮肤[M].董璐，译.北京：北京大学出版社，2013.

[20] 丁柏铨.媒介融合：概念、动因及利弊[J].南京社会科学，2011(11)：92-99.

[21] 中共中央文献研究室.习近平关于全面深化改革论述摘编[M].北京：中央文献出版社，2014.

[22] 谢新洲，朱垚颖，宋琢.县级媒体融合的现状、路径与问题研究：基于全国问卷调查和四县融媒体中心实地调研[J].新闻记者，2019(3)：56-65.

8　舆情危机应急处置主要工作

风险管理理念重预防，但舆情风险爆发的不确定性强，在实践中常会让人感到防不胜防，这对应急处置工作提出了更高的要求。风险爆发，负面影响已经初现，必须及时对舆情危机开展应急处置，这是高度协同的工作，政府、媒体、各类社会组织需要共同努力，协同运作，舆情才能有一定的可控性。

舆情引导是舆情危机应急处置的呈现，公共舆情事件引导背后是由党委政府领导、宣传部门牵头、互联网信息办公室主抓、相关单位协同的领导与监管机制。行业、企业其他各类组织在遭遇舆情危机时，应识别出利益相关方，分析目标受众，确立风险处置目标，明确责任部门，确保组织内部各类信息充分流动，与相关媒体积极互动，围绕关系、声誉、责任和反应四方面内容，做好舆情引导，降低危机影响。

确立应急处置主要原则，制订好舆情危机应急处置预案，并依托预案开展工作，通过新闻发布这一主要形式实现有效舆情引导，是舆情危机处置中的主要工作。

8.1　突发舆情危机引导、应对的主要原则

舆情危机中的引导，难在要面对公众意见的复杂性、诉求的隐蔽性。舆论场充斥着各种非理性的声音，我们可以把舆情引导理解为是一场与公众的，包含点对面、点对点、社群对社群的，复杂的、公开的对话。正如哈贝马斯提出的交往理性的运用条件为可理解、真实、正当和真诚，在危机下的这场公众对话中，组织、媒体、社群之内和彼此之间需要进行充分的交流和互动，要确保真实、有价值的信息在组织、媒体、公众之间有效传播，减少谣言、非理性信息传播，将各种损失降到最低。要在充分了解公众的基础上，真诚沟通，影响各个“利益攸关方”对组织及其所经历的危机的态度、认知和反馈形成共识，通过语言、行动、传媒等渠道，为危机的减缓直至化解营造良好的舆论氛围，最大限度避免舆情风险爆发，维护公共利益。笔者认为，在新闻发布等各种形式的舆情引导中，应遵循以下原则。

8.1.1　快速:传播与时间赛跑

舆情世界有自己的规律，在公共突发事件面前，政府部门等处置主体如果未能在第一时间作出回应并进行有效的传播，那么即便事后补救，实施的也可能是无效传播行为，很容易使危机

向着不利于政府工作的方向发展。

在公共事件中,政府向公众传递信息的速度,是政府对危机反应速度的信号。在突发事件面前,这个信号传递的信息是:应急预案已经启动,无序状态正在逐渐被掌控。在人们心中,未知永远比可知的、具体的形象要让人感到迷茫、恐惧,正如恐怖电影中迷雾中的、黑暗中的不可知、不可控的形象更容易令人害怕一样,突发事件中公众如果无法得到任何消息,会加剧恐慌氛围,形成极其复杂的舆情环境。公众没有获得任何政府开始作为的信号,会让公众对政府的公信力表示怀疑,怀疑情绪一旦滋生,也会影响后期政府对突发事件的处置。

2010 年,人民网舆情监测室首次提出“黄金 4 小时”概念。① 人民网舆情监测室表示,“黄金 4 小时”考虑了理清事实真相、政府各部门协调工作和完成信息披露文书所花的时间。传统观点认为,官方处置突发事件有“黄金 24 小时”之说,即在事发 24 小时内发布权威消息主导舆论是平息事件的关键。人民网舆情监测室之所以要把 24 小时减去 20 小时,是因为新兴媒体崛起、渗透并深刻参与突发事件的发展过程,在新媒体的冲击下,传统的“黄金 24 小时”法则渐显无力。随着微博、即时通信和社交网络工具的广泛应用,现在新闻在网上的呈现与传播不是以小时计,而是以分秒计,近乎实时,一代熟悉互联网的受众已经不能容忍原来的新闻周期了。网络传递速度使得危机处理从原来的“黄金 24 小时”法则转变为人民网舆情监测室提出的“黄金 4 小时”原则,甚至现在有观点提出“钻石 1 小时”原则。

观察近年来突发事件的信息发布,可以发现时间逐步缩短。2010 年 1 月 7 日 17 时 30 分,兰州石化公司石油化工厂 316 罐区发生爆炸。21 时 30 分,甘肃省政府短信向市民通报事故。22 时 40 分,省政府召开新闻发布会。发送手机短信的时间刚好距爆炸发生 4 个小时,先行发布政府已经掌握的信息,迅速稳定人心。2019 年 5 月 16 日 11 时 10 分左右,上海长宁区昭化路 148 号正在改建的东驰奔驰汽车 4S 店顶部坍塌。[1] 市民拍摄的相关视频很快在网上传播,12 时 40 分上观新闻等主流媒体关于事故的已知准确信息开始广泛传播。之后关于事故本身的各种官方数字不断被公布:“上海消防救援总队调动 24 辆消防车、150 余名指战员赶赴现场救援,截至 13 时 30 分,已救出 11 名被困人员”②“截至 14 时 45 分,已救出 17 名被困人员”③。这些突发事件发生时,第一时间公开发布权威信息,不给流言、谣言任何可乘之机,发挥出了社会化媒体的互动性优势,对人民群众反应强烈的热点、难点、焦点问题,不遮掩、不回避,正视问题、直面矛盾,真实回应有效避免了可能带来的各种风险。

8.1.2 准确:用准确信息占领人们的注意力

舆情热点一旦形成,各种观点都会争夺公众的注意力。人的注意力是有限的,且具有排他性。听任持不同观点的组织或个人发表意见,会使媒体和公众无所适从,容易进一步加剧舆情

① 赢得时间就赢得舆论引导权 善用“黄金 4 小时”引热议.人民网,2015-11-25.

② 上海奔驰 4S 店坍塌 20 余人被困已救出 11 人 应急管理部派员赶赴现场.新京报,2019-05-16.

③ 上海一建筑物坍塌已救出 17 人 其中 1 人危重在抢救.中华网,2019-05-16.

风险。因此,用准确信息占领人们的注意力,是十分重要的原则,可以避免无效传播。

重大事件发生时,公众需要清晰信息,一方面是指各类数据信息要真实准确,边界清晰,不可前后矛盾;另一方面,提供给公众的指导性信息要准确、有可操作性。20 世纪 90 年代中期,美国中西部遭遇洪水,官员提醒市民把水煮沸后再饮用。美国民众没有喝开水的习惯,因此很多人希望知道一些更为具体的信息,例如水要煮多久、温度要达到多高才可放心饮用。然而,政府和专家提供的指导性信息在细节上却不尽相同,在烧煮的时间和所达到的温度上莫衷一是。公众和媒体对此表示不满,开始怀疑政府的能力和专家的可信度。这说明,危机期间的信息发布要注重以行动为核心的指导性信息,且须贯彻准确性和一致性的原则。新闻发布应当既具有较强的实践性和可操作性,又包含深厚的人文关怀,这一点在危机期间的新闻发布中尤为重要。在信息的传递中,要注意简明扼要,通俗易懂,获得传播效果的最大化。公众在获得此类信息后能够采取行动,能够在生理上和心理上主动应对危机,积极配合政府部门的危机管理工作。

一旦公众得到的信息不准确,对权威主体的信任度会迅速下降,会给其他各种谣言、虚假信息传播的空间,形成混乱的舆情环境。正如前文反复论述的,各种虚假信息以迎合公众需求为诉求点,更容易获得传播,会造成信息传播的“劣币驱良币”,对后续危机处置带来不良影响,甚至造成公众的逆反心理。

8.1.3 真诚:以人为本,真诚面对群体情感爆发

随着社会发展,公众对以人为本的要求和认知越来越深刻。在各类舆情风险的处置中,以人为本都是根本原则。在辨析各类矛盾的过程中,始终要有以人为本的价值导向。在处理很多复杂舆情风险时,面对公众,站在个别企业、个别行业、个别部门的利益之上,失去以人为本的判断,只会导致舆情更严厉地反噬。

正如前文所述,舆情的世界重情感,只有以人为本价值导向下的情感流露,才能真正感人,具有感染力。有学者认为,处置舆情危机时,使用以情感为核心的“调适性信息”[2],可以有效缓解公众的紧张情绪。但这种信息的发布必须是在以人为本的理念指导下,才会真诚、感人,传递政府的良好形象。2012 年北京发生罕见的“7·21”雨灾,在新浪微博上拥有百万粉丝的北京市政府新闻办主任王惠女士通过“微发布”的方式,在政府和公众之间建立起通畅的传播渠道。很多网民在微博跟帖中吐槽在暴雨中因熄火而被迫丢弃在路旁的自驾车被恪尽职守的交通协管员贴上了罚款单。她关注到这一舆情后,及时向主管部门领导反映了公众的诉求。在获得领导批准和授权的情况下,第一时间发布了有关部门作出的“‘7·21’雨灾当天违规停放的车辆按照特例免于处罚”的决定,体现了“以人为本”的执法理念,获得了舆论的赞誉,有效缓解了公众在这场雨灾中对政府产生的对立情绪。

在危机事件中,信息发布会出现各种与公众情绪“不合拍”的表达,比如一些场合新闻发言人使用幽默等表达方式,不仅不能调节气氛,还会让人反感。在危机事件中应通过多种反馈手

段了解公众情感，分析、把握公众隐蔽的心理诉求，才能与社会心理产生共鸣。从根本上说，要改变思维方式，从公众视角感同身受，才能真正真诚面对公众，真诚对话，化解危机。

8.1.4 客观：聚焦已知事实，慎作主观评价

舆情风险爆发时，公众聚焦一个议题，但观点却是千人千面。因此在应对舆情危机时，传递客观的、难以产生争议的、难以产生新的话题的信息，就显得十分重要。在新闻发布时，常被总结成“快讲事实，慎讲原因，不下结论”。

在事件原因还没有完全调查清楚前，发布信息时把话说得太“满”、不留余地，或是积极为事件的某一方进行辩解，都很有可能引发新的舆情风险，也有可能暴露部门内部的分歧和职责不清之处。

本书 6.4.4 小节中提及携程亲子园教师打孩子事件，在事件的发展过程中，携程曾表示，亲子园的成立旨在解决员工孩子的托育问题，提升员工的幸福感。可见企业希望以出发点的善良来引导公众对其的评价。然而这种言论引起了很多网友的反感，当触目惊心的视频呈现在公众面前时，一切带有逃避意向的言辞，都可能在情绪上激发新的议题。

事实上，客观就是一种态度。在事件发生初期，急于作出主观判断，往往代表了利益相关方的意见，究其根本还是没有把公众的利益和情感放在第一位，没有以人为本，也就难免引发新的议题，不但不能有效引导舆论，还容易激发新的舆论风险。

值得注意的是，客观、理性地陈述事实，还是避免符号化、污名化的重要方法。符号往往是具有浓烈感情色彩的，有丰富的象征意义，经常是事实的延展、解读。在危机事件中，主观化的符号一旦形成，会加速其传播，且难以消除，因此要用客观的信息避免污名化。

在危机中，各种主观判断、猜测层出不穷，特别是不同的利益群体会不顾事实，引导公众对特殊人群、特殊事件形成刻板印象，直至形成一种符号化、污名化的表达，这种影响十分恶劣，有的甚至在几十年内都无法消解。这种情况下，反复陈述客观、理性事实，是应对这种主观判断的重要方法。同时在传播策略上，可以基于客观事实形成传播符号对抗污名化传播。例如 2020 年 1 月 29 日，《新华每日电讯》发表评论《记不住、念不全、易出错……疫情名称能否化繁为简?》，建议将疫情名称简称定为“新冠”。2020 年 2 月 8 日，国家卫健委新闻发言人发布通知，将此前拗口的“新型冠状病毒感染的肺炎”的简称定为“新冠肺炎”。“新冠肺炎”的命名方式紧扣病毒本身的客观信息，而拒绝任何主观化的臆想，在实际传播效果上，挤压了污名化的传播空间。

8.1.5 动态：持续跟踪舆情风险演化，及时回应舆论关切

舆情风险是动态的，舆情处置也必须牢记动态原则，对舆情的变化不敏感，未能及时澄清各种负面传闻很有可能使相关处置工作功亏一篑。

突发舆情传播时间有长有短，取决于事件的危害性、辐射面以及是否有新议题出现。如果不断有相关的新消息和新热点出现，则该事件舆情的持续时间会较长。虽然危机事件发生后，

短期内的议题较为集中，多以两三个议题为主，但这些议题内容的走向会发生改变，改变可能会产生新的讨论热点，不断吸引着公众对事件的关注。导致舆情走向变化的主要原因，一是出现新事件，二是相关方发起新的话题。一旦在舆论发酵的过程中出现这些致变因素，议题的走向就极可能发生变化，因此在舆情风险应对中，从来没有一劳永逸的策略。必须时刻反馈，时刻根据舆情变化，在不改变主要目标的情况下，调整信息传播的内容，回应公众的关切。在舆情发展的不同阶段，都要有提前处置的意识和相应的应对举措。

在应对突发舆情的过程中，还要学会时时发布客观信息。特别是重大灾害面前，时时有可靠信息，可以有效杜绝新的谣言产生。正面信息既要集中发布，也要“掰开揉碎”，时时有信息，切割和衍生出更多的同类信息，从而实现正面新闻的时时发布，挤占负面舆论炒作的空间。反之，对负面信息，则要尽可能归并和压缩，既不刻意回避和掩盖，又要尽可能降低其新闻效应。2010 年 8 月 5 日，智利圣何塞铜矿发生矿难。据统计，共有 1 300 多名外国记者云集位于智利北部的指挥救援活动的大本营“希望营”，他们来自五大洲 33 个国家的 200 多家媒体，仅英国广播公司（British Broadcasting Corporation，BBC）一家就派出了近 40 名记者。智利总统皮涅拉多次作为新闻发言人亲自与记者沟通，并且设定了专门机构负责为全球媒体和记者提供服务。[3] 在长达 69 天的矿难救援中，这一旷日持久的事件可能引发的舆情风险很多，但全球媒体几乎是众口一词地赞誉智利政府的危机处理和该国民众所表现出的强大凝聚力。在这一事件中，有大量的细节被媒体报道，例如，媒体不厌其烦地描述矿工们的井下生活细节，包括通过名为“白兰鸽”的空心圆管向井下运送补给品的过程，甚至连美国营养师配置的食谱也被媒体津津乐道，通过这些碎片化的正面报道体现出智利政府对井下矿工无微不至的关怀。在各类媒体平台上可以很容易找到每一位获救矿工的照片、姓名、升井时间、年龄等。甚至十年之后，这些信息还在广泛传播。这种时时有信息的发布方式，也是一种议程设置，旨在引导公众议程。

8.2 舆情危机应急处置预案

当前，各地各部门高度重视各类突发事件应急处置预案编制工作。对于舆情风险，大部分组织是通过制订以媒体应急为核心内容的危机传播预案，做好舆情应对准备。这有利于防患于未然与及时反应，增强信息发布主动性，打好舆情引导主动仗，掌握处置工作主动权。突发事件发生后，能否按照事先制订的媒体应急处置预案，及时披露信息、引导报道方向，会深刻影响突发网络舆情博弈的成败。

突发网络舆情应急处置预案在危机管理中起着关键作用，它明确了在突发事件网络舆情发生之前、发生过程中，以及刚刚结束之后，谁负责做什么、何时做、相应的策略和资源准备等。它是针对可能发生的突发事件网络舆情及其影响和后果严重程度，为应急准备和应急响应的各个方面所预先做出的详细安排，是开展及时、有序和有效的应对工作的行动指南。

8.2.1 舆情危机应急处置预案制订原则

结合风险管理中预案制订的一般原则，我们认为舆情危机应急处置预案应主要遵循以下主要原则。

1. 全过程原则

制订舆情危机应急处置预案必须按照舆情事件的生命周期进行通盘考虑，尤其是舆情事件常会出现反复现象，稍有大意，就会引发新的关注。因此，同一事件从突发舆情的预防准备，到发生之中的应急反应，再到发生之后的应对、舆情修复，对涉及舆情处理的所有方面和所有工作内容等都要进行完整的安排，包括危机处理的目标、为实现目标而进行的所有工作安排等。

2. 预见性原则

预案不可能预见突发事件网络舆情的所有可能情况，但是预案必须体现预见性，通过关注以下几个方面来提高组织处理的预见能力并促进危机的有效处理：基于议题管理，研判不同类型突发事件的性质和主要原因；网络舆情的可能发展方向；可能动用的资源；针对突发事件可采取的措施等。

预案中的所有措施应该具有主动性，突出预防，要实现在舆情风险爆发之前，尽可能依据预案进行主动引导，防止网络舆情的影响扩大。

3. 关联性原则

很多舆情事件伴随其他突发事件产生，因此舆情危机应急处置预案不是孤立的，与其他应急预案有联系。从相关方看，舆情风险很多由小事引发，却可能导致区域性群体事件，影响广泛，因此，舆情危机应急处置预案与所在行业应急预案、所在区域及地方政府的相关应急预案都有一定的联系。

在编制应急处置预案时，应充分分析议题可能关联的历史事件、相关方利益等。在处置过程中，要考虑利益相关方的协作，按照内部和外部区分，并与之进行沟通和交流，明确一旦出现紧急情况后如何进行通报，如何协助应急以避免危机影响扩大等；同时还应及时与政府部门沟通，以便可以在紧急情况下最快地得到政府部门的应急支持。

4. 可操作性原则

应急处置预案的所有措施都要结合环境及资源的实际，具备可操作性。预案中的文字要简单、易懂，必要时可采用标志或图案等。同时，应急处置预案是为应对突发事件网络舆情而制订出来的防范、处理、管理和恢复体系，具有强制性和权威性，所以必须简洁明确。应急处置预案的制订过程既是动员、协调相关部门和传播风险管理理念的过程，也是使相关主体明确应急状态下各自的目标和责任、在组织内部建立相应规章制度的过程。在这一过程中，要不断明确各部门各岗位的运作模式。

5. 层次性原则

应急处置预案的制订应根据制订单位层级的不同，分出层次，不同层级的管辖范围、职责职权不同。同一单位应根据不同的突发事件网络舆情制订出不同层级的应急预案，使预案有较高的针对性、科学性与有效性。

6. 持续改进原则

舆情危机应对非常依赖专业团队的经验，因此，持续改进是提升处置能力的重要手段，预案中也要体现对事件处置的反馈与改进，为处置能力迭代奠定基础、提供保障。舆情风险议题、敏感词积累、舆情引导策略等都依赖于长期训练、演练、实践，且不同主体遭遇的舆情主题差别大，借鉴其他主体的实践、在实践中持续改进对于舆情风险防控十分重要。对没有引发负面影响的舆情事件也要高度关注，从中识别出公众关注热点，持续改进应急处置预案。

8.2.2 预案关注的主要内容

在预案编制中，主要关注以下五项内容。

1. 联动机制

突发舆情事件的现实成因错综复杂，处置中需要采取的工作千头万绪，社会公共舆情的处置，单靠宣传部门显然独木难支，因此，需要建立联动机制对突发事件网络舆情进行联合处置。

公共舆情处置中，党委与宣传部门把握方向，做好突发事件网络舆情指导工作；宣传部门、通信部门、公安部门分别履行好网上信息内容管理、互联网行业管理、打击网络犯罪等职责；同时要发挥互联网行业组织的作用，推动业界加强自律，不为有害信息提供传播渠道。齐抓共管，形成合力。

行业、企业和各类组织遭遇舆情危机，一个部门难以处置，事件的相关方应迅速形成联动。通常包括企业内部相关部门的联动，以及企业外部相关主管单位、供应方、客户以及相关行业组织的联动。

在处置过程中，可以采取信息交流会、重大舆情会商、处置情况通报等形式，努力实现政府议题、媒体议题和公众议题的有机结合，引导突发事件网络舆情朝着有利于事件处置的方向发展。

2. 信息发布机制

信息发布是应对突发舆情的主要手段，是实施舆情引导的重要渠道。新闻发布会是信息发布的主要形式，一般企业和组织还会采取各种声明、通报等形式发布信息。新闻发言人不是自然人，是机构与组织的代表，其工作需要相应的保障。

（1）要有支持团队。要联络媒体、搜集分析舆情、撰写发布材料、拟定答问口径、策划组织活动，以及明确相关部门沟通协调等工作的负责人。

（2）要及时研判舆情，尤其要注重研判团队知识结构的多元化，这样才能产生多个角度的认知，为新闻发布、信息发布做好充足准备。研判可根据主体的特征采用不同的角度，前文所述的风险评估等都是研判的依据。除了对议题进行内容分析，还要考虑组织当下的资源和能力，对组织面临的问题进行宏观层面的分析，包括政治、经济、社会和技术等方面；微观层面从组织优势、劣势、机会、威胁四个方面进行分析等，保证在具体应对时不偏离危机应对的总体目标。

(3) 建立快速反应机制。对涉及本地、本组织的突发事件网络舆情现象，要快速核实情况，制定口径，准确发布。

(4) 建立重要信息汇集机制，保障新闻发言人等信息发布主体及时掌握相关重要信息。

3. 保障机制

(1) 问责机制。问责工作有利于避免突发事件网络舆情升级与事态扩大。就公共舆情而言，2009 年 6 月，中共中央办公厅、国务院办公厅印发了《关于实行党政领导干部问责的暂行规定》，在问责的七种情况中，包括"对群体性、突发性事件处置失当，导致事态恶化，造成恶劣影响的"情形。这是责任追究机制建立的现实依据，同时也能保障突发事件网络舆情应对工作的顺畅开展。各类组织在面对舆情危机时，同样要明确问责机制。

(2) 资源保障。资源保障工作主要是指法律保障、人才保障、经费保障，充足的保障是有效解决突发事件网络舆情的坚强后盾。我国实行依法治国，法律是一切活动的依据与保证，加强与突发事件网络舆情相关的法律法规保障是当前解决此类问题的关键。人才与经费保障是应对突发事件网络舆情的基础，吸收专业性人才能够提高应对突发事件网络舆情的效率，很好地减少突发事件网络舆情带来的负面影响。各类组织同样需要相关的规章制度保障、人才经费保障，以保证预案可以顺利执行。

4. 评估反馈机制

突发事件网络舆情消退以后，要认真总结评估突发事件事发前、事发中、事发后三个阶段的舆情特征和应对效果，要采用定性与定量相结合的方法，详细分析和全面评估整个事件特别是关键点的舆情应对措施及成效，深刻总结经验教训，研究舆情生成机理，掌握舆情处置规律，并及时修改突发事件舆情应对预案，不断改进方式方法，提高处置效率。

5. 基本模块

基于以上内容，在编制过程中，尽管不同层级、不同类型的舆情风险预案各异，但应包括以下几个模块：

(1) 资料性、介绍性材料。一般包括法律、法规及规章制度、法定责任等。相关单位的负责人签字表示对预案责任的承诺。文件基本信息表明文件制定或修改的日期。分发记录记载本预案送达的单位和部门等。

(2) 说明性内容。预案目的说明预案制订的理由和目的。预案适用范围规定本预案适用的范围和情景，描述预案针对的风险、影响以及预案制订的基本依据。

(3) 主要行动方案、程序文件。一般按照时间范围、负责人、具体行动展开。规定在什么样的时间范围内，在谁的指导下，采取怎样的应对行动，一般包括以下几个主题：①上级政府(部门)与下级政府(部门)、同级政府(部门)之间的责任划分；②激活紧急事态行动预案的程序；

③在每个层级实行行动的预警水平和任务；④在紧急事态前、中、后采取行动的一般后果；⑤谁可以申请援助以及申请的条件。

(4) 组织与责任划分。规定应对突发事件网络舆情的组织，要明确列举各个部门的任务和责任。一般公共事件舆情应对组织主要包括政府主要负责人和分管负责人、公安部门负责人、卫生与医疗部门负责人、应急管理部门负责人、网络监测部门负责人、通信部门负责人、新闻部门负责人、资源管理部门负责人等。[4]企业等各类组织应对危机的成员主要包括主要组织的主要负责人、分管负责人，舆情事件相关业务部门，媒体协调人和信息发布人，相关方协调人，内部资源协调人等。

(5) 围绕行动方案和信息发布，预案中还应准备相应的各种功能性、支持性附件。一般包括围绕行动方案的指挥和控制子系统；通信保障系统；明确信息发布条件和程序的预警系统；信息发布的手段和方式；资源管理，规定突发事件网络舆情应对所需要的资源获得和分发的程序和方法。明确评估组织、评估结果的报送程序等。舆情风险作为一种主观性极强的社会风险，围绕各类议题的分析、受众分析等都应作为信息发布的背景资料，为信息发布、沟通的临场应对提供支持。

相关链接　美国应对重大网络事件的响应行动

因重大网络事件涉及公众利益、国家安全甚至会带来重大损失，对重大网络事件的响应一般是美国联邦政府各类应急响应中心的核心任务。网络事件响应一般需要建立专门的协调机制，整合多家联邦政府机构、州/地方/部落/领地政府、其他单位或公众进行共同响应。美国网络事件响应预案中，一般按照响应行动的工作对象、内容和行动主体三个因素，将具体响应行动划分为资产响应、威胁响应、情报支持和受影响对象响应四类。

1. 资产响应行动

资产响应(Asset Response)行动是对受影响对象的信息、技术、设备等有形和无形资产所受危害进行响应的行动。资产响应行动的目的是帮助受影响资产从网络事件中迅速恢复重建，保护受影响对象的有形、无形资产，减轻系统脆弱性，维护其完整性。

2. 威胁响应行动

威胁响应(Threat Response)行动主要是对造成网络事件威胁的团体或个人的犯罪调查。威胁响应行动的目的是查清网络事件威胁的来源和责任人，并对有意实施这种损害行为的嫌疑人追究其法律责任。

3. 情报支持行动

网络事件中的情报支持行动主要是协调各情报单位的情报工作，通过对各类响应行动信息的整合、分析，描述网络事件的完整情境，并通报相关政府、非政府组织和个人。

情报支持行动的主要内容：克服沟通短板，通过跨部门协作对抗外来网络事件威胁；协调各机构形成网络事件威胁的态势感知；向相关决策机构提供综合性的情报支持；协调各类网络事件的信息分享；共享各类威胁指标或威胁分析；威胁趋势和事件综合分析；识别或确认认知差距；最终整合成为一个全景式的事件场景。

4. 受影响对象响应行动

在网络事件预案中，将受到网络事件影响的个人或其他组织称为“受影响对象”。受影响的联邦政府机构通常通过多种途径进行网络事件响应，包括维持业务或运营连续性；解决网络事件对金融运行的不利影响；保护个人隐私；管理责任风险；进行合规管理（包括披露和通知）；与受影响机构的员工或其他人员进行沟通；处理响应行动的对外事务（如接受媒体采访和国会质询）。当网络事件影响的对象是私人机构，并不涉及特定公众时，联邦政府通常不会发挥主导作用，但它将依然与受影响对象就事态发展、响应行动保持沟通，并按上述原则与受影响对象进行协调。相关领域的具体机构将通过协调联邦政府，了解掌握网络事件对私营部门的关键基础设施或潜在业务的影响。

8.3 舆情危机应急处置中的新闻发布

新闻发布是舆情引导的重要集中呈现，是舆情风险处置的重要表达。在危机事件中，新闻发布会不仅是信息发布平台，还是交流沟通平台，舆情引导主要依靠新闻发布来实现。危机事件中其他媒体、引导主体的舆情引导工作主要以新闻发布为导向。

8.3.1 我国新闻发布机制的发展历程和主要功能

1913 年，美国白宫在威尔逊总统的倡议下，建立新闻发布机制。今天新闻发布已经成为政府、企业等各类组织与媒体、公众进行沟通和交流的主要渠道。在今天的全球传播时代，无论何种危机发生，公众都会期待通过各种媒介（收音机、电视机、手机短信、微博、微信等即时通信工具）来获取政府部门，或能代表事件当事者的、具有法律地位和公信力的组织发布的信息。

1983 年 2 月，中宣部和中央对外宣传领导小组联合发布了《关于实施〈设立新闻发言人制度〉和加强对外国记者工作的意见》，要求外交部等对外关系较多的部门确定新闻发言人，建立新闻发布制度。1983 年 3 月 1 日，时任外交部新闻司司长的齐怀远作为外交部新闻发言人，在国际俱乐部举行了第一次例行记者会，开启了中国政府新闻发布的实践进程。

1983—2003 年是中国政府新闻发布的“初级阶段”，主要表现为：新闻发言人的设立由“偶然事件”催生，具有一定的外部驱动性和被动性；设立新闻发言人的政府部门较少，实质开展新闻发布工作的更少；一些政府部门领导公开意识和新闻发布观念淡薄，不愿出席或被动参与国务院新闻办公室新闻发布工作，缺乏主动自觉性；总体发布频率不高；新闻发布受关注程度较低，缺乏标志性的事件和人物。[5]

以 2003 年“非典”为标志，中国政府新闻发布进入快速推进期。正是“非典”的深刻教训与经验，使中国政府对新闻发布的重要性有了深刻认识，有力地推动中国政府新闻发布进入一个快速发展、全面改进和提高的新阶段。首先，政府连续出台了相关的条例、规章和法律，对政务公开和信息发布作出了规定。2003年5月9日，国务院出台《突发公共卫生事件应急条例》，即日开始实施；2006年1月8日，国务院出台《国家突发公共事件总体应急预案》，即日开始实施；2007年4月5日，国务院颁布《中华人民共和国政府信息公开条例》，自2008年5月1日起实施；2007年8月30日，第十届全国人民代表大会常务委员会第二十九次会议通过《中华人民共和国突发事件应对法》，自2007年11月1日起实施。相关法律都明确信息发布的必要性。发生突发公共事件后，及时准确地向公众发布事件信息，是负责任的重要表现。对于公众了解事件真相、避免误信谣传、稳定人心、调动公众积极投身抗灾救灾，具有重要意义。中国政府的新闻发布从突发应急逐步向政府信息公开延伸。其次，"国新办—部委—省"三个层次的新闻发布机制形成。2004年4月8日，中共中央下发《中共中央关于加强和改进新形势下对外宣传工作的意见》，该文件明确指出，"建立中央对外宣传办公室、国务院各部委及省级政府三个层次的新闻发布工作机制，明确职责，注重策划，加大对新闻发言人的培训力度，提高新闻发布的效果和权威性，做到经常化和制度化。"[6]

当前，中国政府新闻发布的工作流程与机制已初步理顺与成型：确立了新闻办和宣传部门负责与协调新闻发布的主体地位；形成了以新闻发言人为核心，团队支撑，其他部门参与配合的协调发布体制；明确了一般资讯和热点新闻、国内发布与国际传播结合的内容发布格局；健全了日常发布实践和集中培训的学习机制；完善了危机发布与常态发布并行、线上发布与线下发布相结合的新闻发布机制。

2008年汶川地震，2009年席卷全球的流感风波，新疆"7·5"事件，新冠肺炎疫情等危机事件中，中国政府的新闻发布工作秉承"真实、透明、迅速"的原则，逐渐成为构建国家形象和实现国内、国际舆论有效沟通的主要渠道，在这些危机事件中新闻发布工作成为应对舆情风险、实现舆情引导的主要工作。

在危机事件中，新闻发布会一是对事件信息和公众认知进行管理，二是对利益相关方的反馈进行管理。目标是引导形成关于事件本身的公众认知、共识；影响利益相关方对组织所经历的危机的态度、反馈，营造良好的舆论氛围。

新闻发布会的内容通常包括信息传播、对有争议的问题进行回应，还可以主动设置议题，聚集公众注意力(图8-1)。这些也是我们所说的舆情引导的主要做法。同时，新闻发布会具有仪式化的特征，通过这样一种形式发布信息，本身就在释放一种信号，表明相关主体积极应对处置危机。在危机事件中，这一点十分重要。

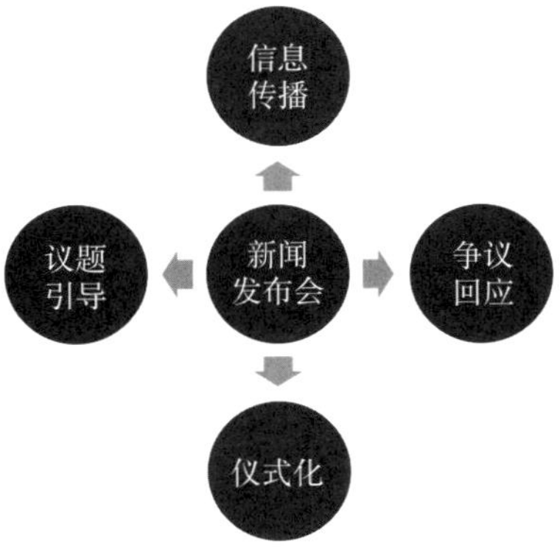

图8-1　新闻发布会的主要内容

8.3.2　提高新闻发布会的有效性

我国的新闻发布机制经过了几十年发展，已日益成熟，但是对各级政府、各类组织而言，还是一种较为新兴的形式。同时，近年来社会环境、媒介环境的剧烈变化，都倒逼新闻发布活动迅速与时俱进，在思维方式、表达方式、传播手段上提高有效性，不断满足舆情事件应对需要。

1. 新闻发布工作要处理好发布主体和媒体的关系

要实现高效引导，必须处理好发布主体和媒体的关系。在舆情风险处置中，媒体作用十分重要。2009 年 3 月，习近平总书记在中共中央党校的开学典礼上，把“同媒体打交道的能力”列为领导干部应具备的六种基本能力之一。2010 年下半年起，从中央到省市级的党委职能部门也开始全面推进党委新闻发言人制度。新闻发布机制已经成为我国各级党委、政府部门推行党务公开、政务公开的重要保障。在今天的全媒体时代，政府部门的新闻发布工作更要注意符合传播规律，用更为人性化的手段传递好党和政府的声音，在危机事件中，最大限度地传递有效信息，实现传播效果最大化，让各种谣言失去滋生的土壤。

政府职能部门应对媒体角色有充分认识，坚持新闻媒体定位。新闻媒体有自己的工作规律和职业性质，有自己的职业特点和行业局限，有自己的业务范畴和长处短板，政府部门一定要了解并予以理解。媒体既是党和政府的“喉舌”，又是人民群众对政府工作进行舆论监督的“平台”，它们既要及时传递党和政府的声音，也应该不遗余力地保障广大人民群众的知情权。

在全球、全民、全媒传播的时代，各级政府部门还要学会与不按照本土“游戏规则”运作的境外媒体以及话语权与日俱增的“自媒体”打交道。与各类媒体进行有效的合作，发挥他们的作用。对不同媒体的特性、关注点有所了解，不对立，更不能把媒体看作下属，而是学会换位思考，保持有效顺畅的沟通，协同处置危机，维护公共利益。事实已经证明，简单、片面地“防”和“堵”不但无助于危机的缓解，反而会使主管部门陷入更加被动的境地。

在公共危机中，政府部门真诚的态度、务实的行动会影响媒体立场，间接为媒体设置议题。从政府的角度来看，确保新闻发布的及时、准确和一致。媒体在报道的角度选择上表现出一定的灵活性，就危机事件本身进行探讨、争论和预测，充分发挥其在公共领域的职能。对此，政府应当持包容的态度。与此同时，政府也应毫不含糊地坚持“以事实为依据”的底线，对于媒体散布的不实之词应该及时指出，并督促其尽快加以纠正。

2. 借助现代传播技术及时对各类反馈信息进行管理

回应公众关切，是新闻发布的重要内容。因此，应充分考虑如何获得和及时分析目标受众的反馈信息。这将有助于对信息传播的效果进行及时评估，并在此基础上进行及时改进。

危机事件后，公众关切得不到迅速回应，会引发新的舆情热点。因此，必须采取多种手段加大舆情监测力度，及时回应关切。可以通过热线电话、电子邮件、社交平台、媒体报道等了解公众关切，也可以利用大数据的舆情监测系统了解热点。根据这些热点进行研判，并从中总结出公众舆论的发展趋向，提供给新闻发言人及相关人员。同样道理，微博、聊天室等渠道也存在大量意见和感受，可从中梳理出公众可能关注的问题，担心和害怕的是什么，还有哪些问题需要解释，政府部门提出的建议和措施是否奏效，等等。通过新闻发布会予以回应，或通过传统媒体、微信、微博、政务信息服务平台等渠道发布。

要及时了解负面信息和谣言，对其中影响较大的要及时作出回应。危机爆发后会引发公众强烈的情绪反应，应通过舆情监测了解公众情绪，这对发言人来说非常有价值，对新闻发布会的筹备和信息设计至关重要，对议题设置的时机把握也十分重要。

在这样的反馈和互动中，媒介议程和公众议程充分融合，可以更好地实现舆情引导。当舆情热点被及时反馈给发言人，发言人就可能预测到媒体会向他提出哪些问题。公众关注的问题又会成为媒体报道的热点。新闻发言人可以积极主动地应对媒体，为媒体设置议程，而不是简单地进行被动回应。

3. 强化新闻发布会对其他媒介的引导

在危机事件中，最权威的信息大多通过新闻发布会的形式予以发布，在一定程度上引导了其他媒介。根据"两级传播"的理论，新闻发布首先是影响那些有影响的人，其次才谈得上影响公众。在社交媒体兴起的时代，仍是纵向传播和横向交互相结合。有学者将 Twitter 用户分为两类：媒介中间人和普通用户，其研究发现 46%的媒体信息经媒介中间人到达普通用户。[7] 在危机事件中，围绕危机的事实性信息一般都由权威主体发布。如果权威主体不能及时发布准确信息，会错失信息发布的"头部"地位，给了其他信息传递的机会，当虚假信息占领传播通道时，很容易会出现"劣币驱良币"的现象，权威主体会在整个危机事件中丧失公信力。

总而言之，新闻发布会应以高质量的信息，充分、真诚的互动，影响各类媒体。需要强调的是，今天的新闻发布会与各种新媒介协同，拓宽发布平台，丰富发布形式，效果显著。新冠肺炎疫情期间，各地密集举行新闻发布会，不断创新，取得了良好的效果。配合新闻发布会的各种"微发布"，例如微博发布、短视频发布，在移动互联网时代，都获得了公众的广泛认可。新闻发布会的引导功能得到了强化。

4. 新闻发布会的准备

一场好的新闻发布会是充分准备的结果。

1）关于主题的准备

从内容方面来说，要确定新闻发布会的主题和重点。一般情况下主题不宜过多。例如新冠肺炎疫情期间，国务院新闻办公室以及各地召开的新闻发布会大多一场一主题，邀请这一主题的相关专家、部门参加，回答记者提问。

通常情况下，危机事件的发布会内容会围绕以下问题：

(1) 事件的基本情况及其影响力如何？

(2) 已经采取哪些措施？

(3) 对公众利益尤其是对公众健康和安全带来哪些威胁？

围绕主题，进行文案准备。要注意：

(1) 对重要信息，要精心设计，明确提纲，对所有数据进行严格核对。

(2) 在文案风格上，应简洁。危机事件中媒体、公众都急于获得相关信息，冗长的表达非常容易引发公众反感。

(3) 情感上应注意贴近公众,要把发布的信息和公众的价值观或者切身利益联系起来,形成情感共鸣。

(4) 专业术语的表达要通俗易懂。特别是涉及公众生命健康的信息表达要准确、通俗、具体、好记、好理解。在表达数据等信息时,可采用对比等方法,凸显正面力量。

(5) 明确相关行动性信息。在危机事件中,公众希望获得相关行动的信息,或者通过自己的行动减少对危机事件的不确定感,新闻发布会应告知相关部门的具体行动和公民可/应采取的行动,这是缓解公众情绪的重要信息,但也是容易引发争议的信息。可以通过比照同等条件语境下的成功经验,增加公众信心。

(6) 采用多种措施了解公众反馈,关注近期相关热点。对一段时间内公众有刻板印象的、污名化倾向的词汇和表达方式,保持敏感,在表达时慎重使用。

2)关于问答的准备

新闻发布会的问答是相关方重要的沟通机会。新闻发言人作为政府或组织的代言人不仅要回应媒体立场和公众立场,也要把媒体和公众的注意力引导到新闻发布会要表达的核心信息上。

通常情况下,在新闻发布会的问答环节,媒体关注的问题有三个特征。

(1) 影响:有社会影响、政治影响的问题。

(2) 争议:社会舆论意见不一致的,亟须权威说法的问题。

(3) 挑衅:暗含挑衅的敏感话题。

应对争议和挑衅问题,在表达上一般常采取“表态—桥梁语—转移到核心议题”的模式,将问题过渡到核心议题上,旨在掌握对问题回答的主动权。但表达上的策略,背后是对核心议题的充分准备,对相关信息的充分了解。

围绕问答的准备,要注意:

(1) 充分了解核心议题。新闻发言人要对本次发布会的主题、价值有清晰的认识和充分的准备。

(2) 充分了解媒体立场和公众立场,了解媒体和公众感兴趣的话题。了解这些信息的方法并不复杂,主要是和不同类型媒体充分交流,熟悉不同媒体关注的常见议题。了解新媒体、不同社群关注的议题,可以通过互联网、社交媒体的报道、评论、帖子等,及时进行舆情分析或议题监测,了解舆情走势;也可以与社群的意见领袖进行座谈。

(3) 建立不同媒体的资料库,心中有不同媒体的“画像”,对他们关注的问题有一定的感知。例如,有的媒体关注宏观,十分专业;有的媒体擅长从公众生活视角观察各类政策;还有很多新媒体关注不同小众社群的观点意见,但却很新颖,容易引发关注。熟悉媒体需要长期的积累。

(4) 明确每次发布会议题的边界,也是很好地把控问答的方法。例如新冠肺炎疫情期间,新闻发布会的主题通常会提前一定时间在网上公布,保证了提问的聚焦,对于超出议题范围的问题，无法当场回答的，主持人会作出说明，并明确关于这类问题的信息将在何时通过何种方式发布。

3）关于心理和其他支持性资料、设备的准备

新闻发言人具备高度的专业性，但又具有极强的跨专业能力。新闻发言人要对每个问题都有深入的了解，也要对社会观点有全面的认识，兼顾多种角度，而又能找准自己的立场，坚定不移，是新闻发布会的聚焦点。

新闻发布会聚焦的是新闻发言人。在新闻发布会现场，面对媒体和公众的关注，即便是非常成熟的新闻发言人也会感到紧张，克服这种紧张需要长期的自我训练，对每一场新闻发布会都不能懈怠。曾任外交部副部长、全国人大新闻发言人的傅莹曾说："新闻发布会总有可预见的成分和不可预见的成分，好的新闻发布会引人入胜之处，恰在于其可预见性和不可预见性的交错。可预见得益于充分、有效和有针对性的准备，而对不可预见的部分能否应对好，有赖于平日的积累和现场的把控。预先做尽可能全面的准备，有利于增加可预见部分，认真学习和积累则可以为应对不可预见的部分奠定基础。"[8] 傅莹和她的团队会在发布会前筛选、梳理问题，对重点问题做调研，拟写答题要点，然后反复地演练，达到理想状态。可以说，只有做到充分准备，才能真正有效克服各种复杂情绪，专注做好眼前的事。

在很多危机事件中，新闻发布会会邀请相关专业人员参加，他们的优势在于有对专业的长期积累，不足之处在于视角的单一化以及表达上的过度专业化，对于公众视角的"敏感词"缺乏敏感度，还有面对公众的紧张情绪等。可能导致的情况有表达上的模糊、回答问题时间的失控等。在这种情况下，亟须专业新闻发言人的指导，尤其是客服心理上的紧张情绪，迅速进入状态。

同时，各种资料和其他支持性设备的准备也十分重要。设备的故障、资料的混乱等都会打破发布会节奏，影响发言人的表达，影响发布效果。

参考文献

[1] 上海市人民政府.上海市人民政府关于同意《上海市长宁区昭化路148号①幢厂房"5·16"坍塌重大事故调查报告》的批复[A/OL].(2019-09-29)[2019-10-22]. https://www.shanhai.gov.cn/nw44391/20200824/0001-44391_62892.html.

[2] 史安斌.全媒体时代的新闻发布和媒体关系管理[M].北京：五洲传播出版社，2014.

[3] 史安斌.智利矿难救援：媒介事件营销的典范[J].公共外交季刊，2011(2)：139-143.

[4] 周蔚华，徐发波.网络舆情概论[M].北京：中国人民大学出版社，2015.

[5] 冯春海.中国政府新闻发布变迁[M].北京：清华大学出版社，2015.

[6] 汪兴明，李希光.政府发言人15讲[M].北京：清华大学出版社，2006.

[7] WU S M, HOFMAN J M, MASON W A, et al. Who says what to whom on twitter[C]//www'11: Proceedings of the 20th International Conference on World Wide Web. New York: Association for Computing Machinery, 2011: 705-714.

[8] 傅莹.我的对面是你：新闻发布会背后的故事[M].北京：中信出版集团，2018.

9　舆情引导实施主体的作用与融合

今天的传播条件下，人人都是传播者，决定了舆情引导的主体变得日益广泛。舆情风险应对中，各级党和政府部门是主要领导和管理部门，对传统媒体的宣传报道进行指导和规划，是“网络新闻”“网络舆情”的管理部门。各类互联网媒体、各类社会组织和以意见领袖为代表的个人，在舆情风险应对处置中承担起不同的责任。只有它们融合协同，共同发挥作用，才能有效实现舆情引导，降低风险损害。

正如前文所述，在舆情风险应对中，新闻发布是重要手段，围绕新闻发布活动，各类媒体呼应、互动、融合，才能在更广泛的层面实现有效引导。因此，需要对我国的媒体格局有充分了解，对不同主体在舆情引导中的作用有清晰的认识，才能在舆情风险中更好地动员、组织、协同融合各方力量，实现引导目标。

9.1　传统媒体的引领

在我国整个舆情引导格局中，传统媒体一直处于主导和核心地位。在舆情风险应对中，传统媒体依靠自身的专业素养和传播能力，成为公众获得权威信息的主要渠道，在引导格局中担当起引领作用。

传统媒体是一个相对概念，在这里主要指党报党刊、通讯社、电台电视台、都市类媒体，他们在长期的引导实践中，依托强大的宣传资源，统筹协调、分工合作，形成了功能互补、覆盖广泛的引导格局。近年来，在多元舆论场格局中，出现了传统媒体主导权不断下降的问题，党和政府及时提出了构建舆论引导新格局的战略，其中重点是推动媒体融合发展，主动借助新媒体传播优势，充分研究把握现代新闻传播规律和新兴媒体发展规律，强化互联网思维和一体化发展理念，推动传统媒体和新兴媒体优势互补，使各种媒介资源、生产要素有效整合，使信息内容、技术应用、平台终端、人才队伍共享融通，着力打造一批形态多样、手段先进、具有竞争力的新型主流媒体。

9.1.1　传统媒体的构成

党报、党刊，主要指中央及地方各级党委或政府相关部门的机关报刊。中央级党报党刊有《人民日报》《人民日报海外版》《光明日报》《经济日报》《解放军报》《求是》《人民论坛》《马克思主义研究》①等。各省、市、县党委也都有相应的机关报刊，如《北京日报》《河北日报》《吉林日报》等。党报党刊是传统媒体舆论引导格局中的排头兵。宣传、贯彻、落实各级党委的路线、方针和政策，正确引导社会舆论是各级党报党刊最基本、最重要、最核心的工作内容。

通讯社。新华通讯社，简称"新华社"，是中国国家通讯社和世界性通讯社。总部设在北京，在全国除台湾地区以外的各省区市均设有分社，在台湾地区派有驻点记者，在一些重点大中城市设有支社或记者站，在中国人民解放军、中国人民武装警察部队设有分支机构，在境外设有180个分支机构。新华社建立了覆盖全球的新闻信息采集网络，形成了多语种、多媒体、多渠道、多层次、多功能的新闻发布体系，集通讯社供稿业务、报刊业务、电视业务、经济信息业务、互联网和新媒体业务等于一体，每天24小时不间断用中文、英文、法文、俄文、西班牙文、阿拉伯文、葡萄牙文和日文8种文字，向世界各类用户提供文字、图片、图表、音频、视频等各种新闻和信息产品。新华社坚持围绕中心、服务大局，牢牢把握正确的政治方向和舆论导向，忠实履行"喉舌""耳目"职能，充分发挥消息汇总作用，努力建设在传统媒体和新兴媒体领域均占主导地位的国际一流的世界性通讯社，为协调推进"四个全面"战略布局、实现"两个一百年"奋斗目标和中华民族伟大复兴的中国梦提供有力的舆论支持。

中国新闻社，简称"中新社"，是以港澳台同胞以及海外华侨华人、与中国有关系的外国人为主要服务对象的国际通讯社。中新社建有多渠道、多层次、多功能的新闻信息发布体系，每天24小时不间断向世界各地播发文字、图片、视频、图表、网络、新媒体等各类新闻信息产品，用户遍及五大洲一百多个国家和地区，形成了涵盖海外主要华文媒体的全媒体客户网络。中新社是亚洲较早上网的中文媒体之一。1995年，中新社在香港分社上网，中新社的稿件从此进入国际互联网。1999年1月1日，中新社总社在北京开办中国新闻网，简称"中新网"，并办有中国侨网。中新社编辑出版《中国新闻周刊》《中国新闻》《世界华文传媒年鉴》《中国慈善家》等报刊。

在我国，中央及全国每个省（自治区、直辖市）、市、县都设有广播电视播出机构。中央级有中央广播电视总台，2018年由原中央电视台、原中国国际电视台、原中央人民广播电台、原中国国际广播电台合并组建，由中共中央宣传部领导。中央广播电视总台主办有国家应急广播网，以突发事件预警、新闻、科普为主要内容，以图文、视频、音频为主要形式，以服务公众应急之所需为主要目的，是"平时服务、战时应急、平战结合"的应急信息公益平台。

都市类媒体，包括都市报、电台、电视台中的娱乐、体育、综艺等非新闻、非时政类的频率频道。都市类媒体关注市民生活，他们常能敏锐地从与市民生活息息相关的角度观察危机事件的走向、政府的处置方式。对国家大政方针常可以"以小见大"，提出质疑或追问，在很大程度上反映了市民的心声。他们对各种与人们生活息息相关的话题高度关注，比如网约车的规范、校园霸凌、环境污染、医疗纠纷等，都是都市类媒体上高频出现的话题。显而易见，这些话题也是容易引发争议和探讨的，其导向的把握对舆情走向有重要影响。防范舆情风险，对这类媒体中出现的高频词、反映的问题要保持敏感，其中很可能蕴含潜在的风险。

① http://cpc.people.com.cn/GB/64162/116900/.

9.1.2 传统媒体的升级

随着互联网、移动互联网等新兴媒体的普及和发展，传统媒体不断整合网络媒体等新兴媒体资源，提高舆论引导的实效性。这种整合大致可以分为三个阶段。

第一阶段是新媒体端的创新，主要通过开办网站等方式，在互联网端进行增量投入，寻找新的突破点。传统媒体不做新媒体，影响力得不到延续，价值大打折扣，将失去连接能力。中央及地方各级报纸、电台、电视台几乎都依托传统媒体资源创办了自己的网站，有的成了重点新闻网站，如人民网、新华网。人民网“强国论坛”是中国网络媒体创办的第一个网上时政论坛。新华网已成为全球最具影响力的新闻网站之一。

第二阶段是一边向移动端倾斜，一边进行传统媒体自身的创新，包含内容、形式、技术手段等方面的创新。“两微一端”建设进入风口，移动“互联网＋”媒体成为外延扩张和内涵增长的主线，“中央厨房”建设成为其中一个重要的后台节点。

第三阶段是全面实现媒体融合。媒体集团旗下的各个产品的生产流程全面打通，即报（台）网端微相融。打造包括视频、音频、文字、图片等各类媒介形态，能够适配广播、电视、手机、报纸、图书等全部终端，实现快、全、深、广覆盖，让信息无处不在、无所不及、无人不用，适应人们工作学习、娱乐运动、日常生活等各类场景，面向城市乡村、海内海外等各类差异化、分众化需求，更好地进行垂直细分服务，拓宽信息传播的广度和深度。

经过近几年的探索实践，一批主流媒体顺应全媒体时代大潮，已经探索推出 5G 媒体应用实验室、中央厨房、大数据云平台等一系列融合发展模式，县级融媒体中心这种集政务、商务于一体的新媒体组织逐步发挥效用，媒体转型升级的动能正加速聚集，取得了显著成绩。人民网研究院发布的《2019 年媒体融合传播指数总报告》显示，首先，主流媒体传播渠道继续拓宽，电视台传播矩阵更为完整。各媒体均通过自建平台、入驻第三方平台等方式，形成传播矩阵。电视台在各渠道的总体开通率高于报纸和广播，除抖音平台外，各渠道开通率都在 94％以上。其次，媒体传播矩阵覆盖用户数增加，电视总体上覆盖用户较多。2019 年媒体融合传播矩阵触达了更加广泛的人群。除网站、微信、聚合音/视频客户端外，平均每份报纸融合传播覆盖用户总数是 1 518 万，是传统报纸发行量均值的 39.7 倍；除网站、微信外，平均每个广播频率融合传播覆盖用户数为 232.5 万，是传统收听人数均值的 1.9 倍；平均每家电视台融合传播覆盖用户数为 1.55 亿，是传统收视人数均值的 74 倍。不论从媒体账号覆盖用户平均值还是最高值来看，电视总体上吸引用户更多。

相关链接　全媒体传播实践案例

1. 人民日报社构建全媒体传播的成效和做法①

“人民日报”已由一份报纸，转变为全媒体形态的“人民媒体方阵”，成为拥有报、刊、网、端、微、屏等 10 多种载体的媒体方阵，综合覆盖受众超过 9 亿。

① 人民日报社：提升“四力” 构建全媒体传播格局.人民网，2020-03-25.

人民日报客户端下载量突破2.61亿,据第三方研究机构数据,活跃度在主流媒体创办的客户端中居首位。

“人民日报”法人微博在新浪微博粉丝数突破1.14亿,成为新浪微博首个粉丝数过亿的媒体微博账号,连续7年保持中国媒体第一微博的影响力。

“人民日报”微信公众号用户订阅量超3 200万,传播指标及综合影响力在所有微信公众号中稳居第一。

“人民日报”抖音账号上线1年多,关注数突破8 000万,在抖音所有账号中高居第一,多条短视频刷新抖音平台传播记录。

人民日报客户端地方频道加大在各地区运营和推广力度。

人民日报英文客户端用户自主下载量和活跃度稳步攀升,海外用户占比达71.2%,居国内主流媒体英文客户端第一阵营。

“人民日报+”短视频客户端上线以来,受到了互联网业界和用户的广泛关注。

人民日报媒体融合主要做法如下:

(1) 瞄准移动互联网技术最新发展成果,把人民日报客户端项目作为融合发展的切入点和突破口。目前,人民日报“两微两端”影响力和网民活跃度均居主流媒体前列。

媒体融合重点项目——全国移动新媒体聚合平台“人民号”,定位为全品类内容聚合平台,是依托平台模式汇聚全网内容的大数据内容中心。通过不断优化板块设置,人民日报客户端已搭建“人民号”“人民直播”、问政、公益、生活服务、智慧党建等六大平台,进一步强化了客户端公益服务功能。

人民网着力建设好“人民视频”“人民党建云”“地方领导留言板”三大移动客户端,重点发展内容原创、内容代运营、内容风控、内容聚合与分发四大内容板块,推进信息生产供给侧结构性改革,强化观点评论、政策解读、深度调查等精品内容的原创能力。

同时,人民日报各个编辑部、社属媒体也发力微信平台,打造独具特色的微信账号,形成了影响广泛的微信公众号矩阵。报社还在全国各省区市、特别行政区建设电子阅报栏,目前已自建并正常运行逾2万台。

(2) 瞄准云计算技术的运用,把人民日报社全媒体新闻平台项目(中央厨房)作为资源互联互通、业务转型升级的重要载体。中央厨房通过一个大厅(全媒体新闻大厅)和三大系统(全媒体生产管理系统、媒体超市、媒体融合云平台),为人民日报融合发展提供全面的技术支撑和业务承载,成为人民日报社新闻生产的“大脑”和指挥中枢,有效破解了“两张皮”问题。

(3) 瞄准大数据技术的运用,把人民日报数据中心项目作为媒体融合发展的底层支撑。数据中心立足汇聚人民日报社内部以及其他渠道信息资源,搭建大数据挖掘平台,推动行业大数据、社会大数据、政府大数据的整合,提供舆情、财经、人文、健康和政务等垂直领域的信息服务,并通过提供高附加值的数据产品,实现项目的自我造血、自我增值、自我发展。

人民日报还建设了主流短视频PUGC聚合平台,助力短视频内容生产、传输转换以及智能分发全流程的效率提升。在人民日报客户端和“人民号”增加短视频模块的同时，还发布了独立运行的短视频 App“人民日报+”，内容分发充分利用人工智能技术，实施算法推荐和关键内容的人工优化。

2. 新华社打造全媒传播体系的主要做法①

新华社坚持一体化发展、移动端优先，以打造全媒报道平台为龙头，以供稿线路调整为依托，以采编流程再造为关键，以提高融合报道能力为重点，推动新闻采编从文字、图片“两翼齐飞”向文字、图片、音视频“三位一体”转变，从单一、单维、单向，向全媒、多维、互动转变，从以服务纸媒为主向为各类媒体服务转变，使报道既“可读可听可看”又“可互动可分享可体验”，初步构建起与融合发展相适应、体现通讯社特色的全媒传播体系。

(1) 做强“高端”。无论媒体形态如何变化，高品质的内容永远是“稀缺品”和“硬通货”。新华社作为国家通讯社，最大优势就是着力加强中央新闻、受权发布、权威评论、高端访谈等报道，特别是把精心做好习近平总书记治国理政报道和习近平新时代中国特色社会主义思想宣传作为重中之重，充分发挥国家通讯社的权威性和不可替代性。从特稿《“人民群众是我们力量的源泉”——记中共中央总书记习近平》到述评《历史的选择，人民的期待——党的十八大以来以习近平同志为核心的党中央治国理政评述》，从说唱动漫《四个全面》到微视频《领航》，生动展示了大党大国领袖形象，唱响了时代最强音。

(2) 升级“云端”。融合发展必须有新技术应用作为支撑和引领。近年来，新华社积极运用大数据、云计算、人工智能技术，推出“媒体大脑”“AI 主播”“现场云”等，并承建媒体融合国家重点实验室，不断提升数据处理和人机协作能力，增强新闻信息编辑制作的智能化水平。2018 年世界杯期间，“媒体大脑”共制作短视频 3 万余条，其中最快一条视频报道生成仅耗时 6 秒。“现场云”入驻机构超过 3 700 家，日均现场直播超过 800 场。

(3) 用好“终端”。提升传播力有赖于打通“最后一公里”。目前，新华社已经形成了集通讯社多语种发稿线路、报纸刊物集群和网站、客户端、社交平台等各类终端于一体的传播矩阵。新华社客户端下载量达 3.56 亿，新华网全端口日均页面浏览量超过 1 亿，“新华视点”法人微博粉丝超过 9 000 万，“新华社”微信公众号粉丝近 3 000 万。同时，在 Facebook、Twitter、YouTube 等海外社交媒体平台开设 New China 官方账号，总粉丝量达 1.68 亿，覆盖面和影响力稳居世界主流媒体第一方阵最前列。

3. 中央广播电视总台打造全媒体的主要做法②

1) 以主流价值引领“全媒体”舆论导向

全媒体的迅速发展，一方面加大了舆论引导、凝聚共识的难度，另一方面受众面对碎片化信息泛滥、虚假新闻的频繁出现，对新闻真相、权威信息的需求更加强烈。

作为主流媒体，不管媒体形态如何演变，媒体属性都不会发生改变，要始终高举习近平新时

① 社长总编谈媒体融合|新华社：从“融”起来到“强”起来.中国记协公众号，2020-03-31.

② 社长总编谈媒体融合|中央广播电视总台：唱响全媒体时代的主流声音.中国记协网，2020-04-07.

代中国特色社会主义思想伟大旗帜，用专业化的信息生产能力为全媒体注入新闻灵魂和价值理念，让正能量更充沛、主旋律更昂扬，形成网上网下同心圆。

中央广播电视总台聚力打造“头条工程”，推出《传习录》《人民领袖》《春风习习》等融媒体产品，持续擦亮《央视快评》《国际锐评》《央广时评》《玉渊谭天》等融媒体评论言论品牌，以有风骨、敢亮剑、接地气的新语态“引爆”舆论场，总阅读量达 34.19 亿。国庆 70 周年盛典新媒体视频直点播收看次数超过 36.93 亿次，伴随式推发的《习近平：伟大的中华人民共和国万岁！》《这是领袖对红旗的致敬和礼赞》等新媒体产品，“国庆大阅兵”“五星红旗有 14 亿护旗手”等新媒体话题，总阅读量达 355 亿。

2）以机制创新推进“全媒体”改革重塑

当前，媒体转型发展中遇到的最大问题是原有机制不适应新媒体内容制作生产。要建设资源集约、结构合理、差异发展、协同高效的全媒体传播体系，不能只满足于开发了多少个客户端、建立了多少个账号，也不能只关注转发量、点击率这些数字，而是要勇于跳出条条框框，以流程再造推动内容生产供给侧结构性改革，向体制机制创新要动能，全面推进组织架构、内容生产、平台渠道和管理机制的流程再造。

总台成立以来，持续深化“台网并重、先网后台、移动优先”战略，找准广播与电视、传统媒体与新兴媒体、对内宣传与对外宣传、产业与事业融合发展的新路径、新机制，不断催化融合质变，持续产生“化学反应”，在“一带一路”国际合作高峰论坛、亚洲文明对话大会、国庆 70 周年等重大宣传报道中，充分发挥融合传播优势，引发从大屏到小屏的强烈反响，唱响奋进新时代的昂扬旋律，有力服务党和国家工作大局。

3）以技术赋能驱动“全媒体”转型升级

全媒体时代，媒体向智能化、社交化、视频化、移动化方向演进，已是鲜明趋势。越是积极拥抱新技术、运用新技术，媒体就越能在全媒体格局的激烈演变中占据先机。

总台始终把强化技术引领作为驱动高质量发展的重要抓手，积极构建“5G＋4K/8K＋AI”全新战略格局，积极推进我国首个国家级 5G 新媒体平台建设，开播 4K 超高清上星卫视频道 CCTV-4K，推进 5G＋4K、5G＋VR 制播应用，成功实现我国首次 8K 超高清内容的 5G 远程传输。国庆 70 周年盛典直播报道中，总台搭建了 1 个总系统、6 个分系统、总机位达 177 个的中国电视史上规模最大、设备最先进、技术最复杂的直播系统，积极运用“天鹰座”索道摄像机、无人机、5G、4K/8K 等先进技术，向全世界受众奉献了一场大气磅礴、行云流水、震撼人心的视听盛宴，是全媒体时代主流媒体引领技术潮流发展的一次创新探索和实践。

4）以平台建设构建“全媒体”传播生态

全媒体时代，要有“得平台者得天下”的意识。信息革命带来的万物互联推动了传播边界的不断拓展，媒体能够以更大的辐射范围对接不同类型的社会需求，必须不断提升自身连接社会的广度和参与社会的深度，构建全新的传播生态。

平台打造是系统工程，要坚持从适配自身发展实际出发，不搞“一刀切”“一个样”，既充分用好“大而全”的共享平台，又积极打造“专而精”的自建平台，既吸引用户、聚集用户，又服务用户，努力做打破行业壁垒的推动者，实现产业链上下游的通力合作，在内容生产、版权开发、产业拓展等领域积极探索，在合作共赢、互通共融中获得新空间、赢得新机遇。

2019 年 11 月 20 日，“央视频”客户端正式上线，标志着总台以“央视频”为品牌、短视频为主打的视听新媒体旗舰扬帆起航。“央视频”从技术流程上实现了内容用户数据的共享分享、互联互通，力争以高起点高标准实现“眼前一亮、闻之一振、爱不释手”的传播效果。

9.1.3 “日常机制”与“突发机制”相结合

舆情的发生、发展和变化具有偶然性和突发性，传统媒体的舆情引导同时配备日常机制和突发机制。在日常机制方面，我国传统媒体已经形成了比较成熟和稳定的基本制度。在舆情突发情况下，传统媒体的突发机制更考验新闻从业者的政治敏感度、社会责任感和新闻业务素质。主要体现如下：

（1）把握大局的能力。在重大公共事件爆发时，把握大局，传统媒体责任重大。传统媒体专业素质高，社会责任意识强，在公共事件中主动配合政府处置突发事件的各类信息发布，按照中央精神进行重大事件新闻宣传报道策划，进而深刻把握事件对国家经济、政治、社会等领域的影响，维护国家利益、公共利益，稳定公众情绪，传统媒体担当的责任重大。

（2）发挥好监督与反馈功能。危机事件应对，涉及主体多，难免有各种不合法、不合理、不合情的现象，传统媒体在危机事件中，深入一线，触角敏锐，经常能及时发现各种问题。通过各种形式，及时报道、反馈各种现象，有助于危机处置。新冠肺炎疫情期间，2020 年 1 月 31 日，《新华每日电讯》发表的《别让形式主义消耗基层干部抗疫精力》，以大量来自基层的一手案例，率先批评一些地方抗疫中出现的填表多、会议多等形式主义苗头。这篇评论发表后，在基层干部中引发强烈反响，各地发文要求战“疫”必须力戒形式主义。评论中提及的“走访花 6 小时，填表却要 2 小时”“同一件事，六七个部门要求报六七个不同的表格”等案例，被媒体后续评论多次引述，该评论还同时吸引了《人民日报》、央视等媒体跟进。这也提醒相关处置单位，要高度关注媒体的报道，对媒体报道中出现的高频问题予以充分关注，及时回应、化解、处置，降低风险。

（3）快速反应。“大灾大难大事”来临时，传统媒体的快速反应能力是日常专业能力、资源调动能力长期积累的表现。危机事件中，传统媒体会打破常规的报道体系，启用专门的应急机制和应急指挥系统。如紧急成立报道指挥部，各部门参加；有前线报道组，也有后方协调机构，做好各种协调，与其他媒体（包括传统媒体和新媒体）及时联动互通信息。同时，报道后方每天对相关舆情进行收集、研判和调度，加强与国内国际媒体联系，对热点话题和事件及时跟进报道。通过自身的传播能力，对在舆情监测、研判中发现的误解、非理性认知进行引导，担当起一定的调节作用。

随着全媒体能力的强化，传统媒体的传播能力、与公众的互动能力、引导能力、融合公众议题和融合不同社群的能力都极速提升，在舆情风险的调节和化解中发挥着越来越重要的作用。

9.2　网络媒体和媒介平台的传播、互动与服务

随着传统媒体的转型升级，今天所有媒体都存在于互联网环境中，截至2020年3月，我国网络新闻用户规模达7.31亿，占网民整体的80.9%。① 根据2017年6月1日起实施的《互联网新闻信息服务管理规定》，互联网新闻信息服务包括互联网新闻信息采编发布服务、转载服务、传播平台服务。按照这一规定，这类服务应当取得互联网新闻信息服务许可，禁止未经许可或超越许可范围开展互联网新闻信息服务活动。本节关注的是除9.1节提及的传统媒体之外的其他通过互联网站、应用程序、论坛、博客、微博客、公众账号、即时通信工具、网络直播等形式向社会公众提供互联网新闻信息服务的媒体和媒介平台。

在社会功能上，网络舆论既可以促进社会稳定和社会发展，也可能因其平台特有的便捷和互动优势，为各类社会矛盾和非主流意识形态提供宣泄和酝酿激发的场域，影响社会稳定和发展。因此，遵循新媒体传播规律，不断增强舆论引导的实效性格外重要。以互联网、移动互联网为代表的新媒体具有鲜明的数字化、移动化、社会化等特征，传播速度快、信息容量大、覆盖范围广、交互性强、参与程度高。这些都是传统媒体无法比拟的技术优势与特点。正是这些技术特点给新时期舆论引导带来了巨大挑战。挑战的背后也蕴藏着新的机遇和可能，产生风险的技术和手段，在舆论场中，同样是化解舆情风险的技术和手段。利用好网络媒体、媒介平台，充分利用新媒体技术优势，扬长避短、趋利避害，对增强舆论引导实效性具有重要的现实意义。

网络媒体和媒介平台互动性强、及时性强、服务性强，在舆情风险的引导中，可以发挥独特作用，主要体现在传播、互动、服务三个方面。

9.2.1　发挥传播能力，放大引导效应

在舆情风险处置中，各种网络媒体、媒介平台的引导能力主要体现在放大和延伸传播主流舆论，消弭和解构负面舆论，促进社会的和谐稳定。

1. 用户规模大，技术迭代快，发展变化多

近年来，网络媒体、媒介平台发展速度快，一方面，舆情风险很大程度上是在这样的传播环境中产生的；另一方面，新的传播技术也为舆情引导提供了更多手段和方法。

据第45次《中国互联网络发展状况统计报告》显示，我国手机网民规模为8.97亿，各种新兴传播模式的增长速度超越了以往传统媒介的扩张速度。2009年微博上线，2020年2月发布的2019年第四季度及全年财报显示，截至2019年年底，微博月活跃用户达到5.16亿，相比2018年年底净增长约5 400万，其中移动端占比94%；日活跃用户达2.22亿，年对年增长2 200万。2011年微信上线，根据《2019微信数据报告》显示，2019年微信月活跃账户数超过

① 第45次《中国互联网络发展状况统计报告》，中国互联网络信息中心发布。

11 亿。今日头条于 2012 年 3 月创建，是一款基于数据挖掘的推荐引擎产品，为用户推荐信息、提供连接人与信息的服务的产品。除了分发内容，它吸引为数可观的政府机构、企业、自媒体入驻。抖音于 2016 年 9 月上线，是一个短视频分享平台，通过各种技术创新、模式创新，降低传播门槛，让用户可以轻松快速产出短视频，用户增长迅速。2020 年 1 月 6 日发布的《2019 抖音数据报告》指出，截至 2020 年 1 月 5 日，抖音日活跃用户数已突破 4 亿。从 2019 年 1 月、2019 年 7 月到2020 年1 月，抖音 DAU① 以每半年 7 000 万～8 000 万的速度增长，一年时间，抖音 DAU 增长超过 1.5 亿。还有针对不同社群的平台，例如，年轻用户聚集的分享平台 B 站是国内知名的视频弹幕网站，2009 年成立，2019 年第 4 季度，平均每月活跃用户达 1.3 亿，同比增长 40%；平均每日活跃用户达 3 790 万，同比增长 41%。②

通过以上数据可以发现，整个互联网传播环境在几年之内迅速迭代，这些平台又与各种综合门户网站、垂直专业网站、移动应用等高度融合，使信息传播如同空气般存在于人们生活的各个场景中。

这些平台之间，传播壁垒逐步被打破，传播形式丰富多元，文字、图片、视频等可以在一个平台发布，也可以在不同平台间转载，丰富了移动互联网时代的传播手段。利用各种大数据技术，这些平台能够对用户实现精准传播。例如，用户可使用微信、微博、QQ 账号或注册今日头条账号登录今日头条，今日头条会根据用户社交行为、阅读行为、地理位置、职业、年龄等挖掘其兴趣，通过社交行为分析，计算出用户的兴趣。通过用户行为分析，用户每次动作后，迅速更新用户模型。

和今日头条一样，不少平台可以对每条信息提取几十个到几百个高维特征，并进行降维、相似、聚类等计算去除重复信息，对信息进行机器分类、摘要抽取、主题分析、信息质量识别等处理，根据人的特征、环境特征、文章特征三者的匹配程度进行推荐。这样的社会信息传播系统是一个智能传播系统，也是用户洞察追踪平台，还是内容生成平台、自动推荐平台和智能经营平台。

这些平台的崛起基本是依托移动互联网的，它们结合产生的内容，深刻改变着受众的阅读习惯，"深阅读"变成了"浅阅读"。碎片内容传播阻力小，人们利用碎片化时间获取碎片化内容，同时也可以随时随地利用碎片时间制作碎片内容，利用手机"小屏"传播各文字、图片、视频、音频等碎片内容。短短几年之内，传播技术、信息形式、受众阅读习惯都发生了深刻变化。

2. 集聚正能量的有效场域

这些变化都在几年之内发生，伴随这样的高速发展，"人人都是传播者"的传播方式缺乏"把关人"，不可避免地催生了各种乱象。随着相关法律法规的完善，经过针对侵权、低俗信息、违规

---

① DAU(Daily Active User)即日活跃用户数量，常用于反映网站、互联网应用或网络游戏的运营情况。DAU 通常统计一日(统计日)之内，登录或使用了某个产品的用户数(去除重复登录的用户)，这与流量统计工具里的访客(Unique Visitor，UV)概念相似。

② https://www.bilibili.com/read/cv5163246.

信息的多次“净网行动”后，不少乱象得到有效治理。各个平台也主动行动，积极开展治理活动，净化网络空间。例如 2020 年 1 月 6 日，字节跳动安全中心公布了打击黑产专项行动“啄木鸟2019”的打击成果，截至 12 月 31 日，“啄木鸟 2019”专项打击行动中，封禁涉嫌刷量作弊的违规抖音账号 203 万个，封禁 100 万粉丝以上抖音账号 293 个，封禁 10 万粉丝以上抖音账号4 638 个，封禁涉嫌黑产带货抖音账号 17 089 个。[①]

主流媒体、政府部门、企业积极向这些新媒介靠拢，依托它们的传播能力，传播自己的理念，并努力探索使用适合互联网传播方式的表达方式和内容来提高传播效果，将这些新兴的媒介平台转化为传播正能量的重要平台。

例如，除了娱乐、搞笑、秀颜值、秀舞技，不少传播社会主义核心价值观的内容开始在短视频平台上流行起来。2018 年 6 月，国务院国有资产监督管理委员会新闻中心携中央企业媒体联盟与抖音签署战略合作，首批 25 家央企集体入驻抖音，包括中国核能电力股份有限公司、中国航天科工集团有限公司、中国航空工业集团有限公司等昔日人们印象中高冷的央企，它们正在借助新的传播形式寻求改变。此前，北京市公安局反恐怖和特警总队、共青团中央委员会等机构也开始入驻抖音等短视频平台。2019 年 8 月，《新闻联播》入驻抖音、快手平台，入驻当天粉丝超千万。今日头条在媒体合作方面逐年增加投入力度，目前已覆盖大多数中央媒体、省级媒体、地市级媒体，以及各行业媒体，如新华社、光明网、解放军报、新京报、澎湃新闻等，在今日头条可以看到越来越多的优质媒体内容。

官方机构和主流媒体强势发力，活跃度高、影响力强、数量多，逐步成为这些舆论场的信心新源头。在互联网舆论场中，主流媒体日益摆脱严肃、刻板的形式束缚，采取更加亲民朴实的话语与民间舆论场主动沟通对话，加强融合，两个舆论场之间进一步走向互联互通。

同时，这些媒介平台也主动对各类信息进行引导，激发社情民意中潜在的积极情绪，激起普通用户表达生活感受和正面情绪的热情，使之成为集聚正能量的有效场域。根据《2019 抖音数据报告》，2019 年，共有 1 489 万个知识类视频和 1 275 个国家级非遗项目上线抖音，这些内容的加入，丰富了平台内容，也让更多用户认可平台。B 站数据显示，被用户称为 ＃study with me＃的学习直播，已晋升为 B 站直播时长最长的品类。2019 年，用户在 B 站直播学习时长突破 200 万小时。2019 年，泛知识学习类内容的观看用户数突破 5 000 万，相当于 2019 年高考人数的 5 倍。[②]这些平台中的正能量逐步被激发出来，越来越多的公共事件中，这些平台中理性、客观、具有责任感的声音传播出来，受到了社会的广泛认可。新冠肺炎疫情期间，B 站 UP 主[③]制作的多条科普视频如《为什么现在不能开学》，将专业理论用通俗的动画模拟出来，广受欢迎，并被“人民日报”微信公众号转载推送。

---

① 抖音公布打击黑产成绩：封禁作弊账号 203 万 拦截刷量请求 5.5 亿次.新华网，2020-01-03.

② https://www.bilibili.com/read/cv6429626/.

③ UP 主（uploader），网络流行词，指在视频网站、论坛、ftp 站点上传视频、音频文件的人。UP 是 upload（上传）的简称，是一个日本传入的网络词汇。

相关链接　如何用小屏幕讲故事?[1]

用小屏幕讲故事,适配移动端的场景报道,应该实现叙事的移动端化。无论是传统媒体巨头,还是新兴媒体网站,都在探索如何从移动端读者的角度出发去呈现新闻故事。BBC新闻学院(BBC Academy)就针对移动端标题、导语、结构等,给出了移动端叙事的指引。例如,移动端标题不应超过55个字符,否则就会显得冗长,为读者增加阅读障碍;导语是移动端写作中最难的部分,它需要通过短小精悍的一句话吸引读者;只有那些十分庞大和复杂的故事才需要超过600字,对于移动端而言,一篇500字的稿子已经很长了;问答结构在移动端有很好的阅读效果,读者喜欢小块地接收信息。但是,BuzzFeed的移动端主编Stacy-Marie Ishmael也曾指出:"在更小的屏幕上去呈现新闻故事并不是说要把故事精简得很短,因为这并不意味着在移动终端上就没有人会去看长篇大论的文章。"问题的关键在于,在有限的移动显示屏和内容之间找到平衡。

由半岛电视台开发的移动端新闻产品AJ+,在努力探索移动用户的阅读需求。AJ+采取的方式是将内容分成适合手机阅读的"小豆腐块",每个"小豆腐块"是包含视频、话题、小测试等有互动元素的"卡片"式小板块,而一条新闻中包含若干"卡片"。例如,一篇解析外交局势的报道可能包含4～5个"卡片",每个"卡片"包含一段视频,一段访谈,然后是三分钟的解读,再插一个小测验,最后是一个讨论。AJ+认为,"卡片"式的叙事方式不仅适合手机小屏阅读,还能方便用户快速浏览信息,了解报道梗概。

9.2.2　高效互动,增强群体说服作用

互联网媒体、媒介平台在危机事件中能够发挥引导作用还在于互联网媒体、媒介平台的强大互动能力,有利于增加用户黏性,对人群的说服作用更加强烈。

例如,微信平台具备封闭兼扩散、内向兼多元的传播模式,用户可以点对点直线推送,也可以多渠道裂变分享转发,既表现出类似传统媒体订阅关系的经典传播特点,也表现出新媒体注重用户反馈和参与的传播特点,由此形成了巨大的信息网络。直接订阅公众号阅读类似传统传播模式,但是干扰少,信息渗透力强,评论互动更加直接。朋友圈的分享传播方式,是用户根据喜好转发,可以辐射不同的圈层,传播效率高,且容易汇聚不同评论,这些来自"熟人"的影响,更有说服力。

人际关系网络可以分为强关系网络和弱关系网络两种。强关系网络是指个人的社会网络同质性较强,即交往的人群从事的工作、掌握的信息都是趋同的,并且人与人的关系紧密,有很强的情感因素维系着人际关系。微信是比较典型的基于强关系网络的应用工具,还有很多社交平台是强关系和弱关系网络结合的应用。微博、抖音这些平台上,一方面,陌生的意见领袖、网红作为传播者,围绕这些传播者可以形成社群;另一方面,基于通讯录的朋友圈几乎可以和任何社交平台对接,在线上继续维持"熟人"关系。这种模式相较于微信平台,社群的聚合离散更加灵活,看似有很多弱关系,但是这类社群针对单一主题的组织能力和动员能力不容忽视。

互联网媒体、媒介平台都具有很强的凝聚力，对于同一社会事件的看法能够形成相对完整的公众意见，具有强大的自组织力。同时，在网络大范围传播扩散的过程中，通过互相交流信息和发表评论，还将形成多场域的信息互动关联。从而借助人际社会网络的复杂关系，交叉勾连形成共同意见，在密集的互动中推动舆情发展，产生强大的群体说服作用，尤其是在一个社群中非常容易形成一致的意见，促使产生一致的行动，在危机事件中，对舆情的走向产生非常重要的影响。利用好这些平台，可以实现有效互动，对群体的引导作用清晰而强烈。

但是其难度也可想而知，特别是以微信为代表的社交平台，拥有较为封闭、私密的传播环境和互相交叉的微社群，较难引导和控制。首先，这些社群内的舆情有一定的隐蔽性，其中存在的潜在风险较难被发现；其次，社群内部易实现一致意见且意见不易被外界影响。外部信息较难介入，除非是用户主动订阅或主动添加朋友，与受众观点不一致的信息无法进入微信舆论场，进而难以形成"观点的自由市场"，这种现象更说明提升主流价值观在这些平台影响力的重要性。

9.2.3 发挥服务功能，提升舆情引导效果

在舆情危机中，主体如何快速回应公众，将各种指引性信息、服务性信息、行动性信息发布给公众并及时回复公众的疑问是舆情引导的重要方面。过去常通过开通热线电话等方式搭建沟通渠道，网络时代的到来，借助新媒介点对点直线传播、强关系网状扩散的传播模式，越来越多的整合信息发布、综合服务和社会动员多重功能，积极宣传国家方针政策和决策部署的在线服务平台迅速发展。尤其以在线政务服务为代表，形成了主流媒体提供新闻、在线政务提供服务的引导格局，在危机事件中表现出更强的引导能力。

中国互联网络信息中心发布的第 45 次《中国互联网络发展状况统计报告》指出，截至2020 年3 月，我国在线政务服务用户规模达 6.94 亿，较 2018 年年底增长 76.3%，已占到网民整体数量的 76.8%。而同期我国网络购物用户规模为 7.1 亿，二者已十分接近。

(1) 通过各种平台实现政务公开，发布权威、服务、引导信息，有效提升引导能力。

拓展政务公开渠道，通过各种平台发布政务信息是加强政策解读、回应关切，促进平台建设、数据开放，保障公众知情权、参与权、表达权和监督权，增强政府公信力、执行力，提升政府治理能力的要求。在危机事件中，公开透明是化解危机、消除疑虑、有效沟通、疏解公众情绪的基础性举措。近年来，各级政府着力提升政务公开质量，深化重点领域信息公开，特别注重通过新媒体提高传播效力和服务能力。在政务新媒体发展方面，截至 2019 年 6 月，经过新浪平台认证的政务机构微博为 13.9 万个，我国 31 个省(区、市)均已开通政务机构微博①；截至 2019 年年底，各级政府开通政务头条号② 82 937 个，政务抖音号 17 380 个，我国 31 个省(区、市)均已开通政务抖音号③。

① 第 44 次《中国互联网络发展状况统计报告》，中国互联网络信息中心发布。

② 政务头条号是今日头条的政务公共信息发布平台。

③ 第 45 次《中国互联网络发展状况统计报告》，中国互联网络信息中心发布。

由于政务微博微信提供的信息主要是与公众生活息息相关的政策类、服务类等功能性强的信息，公众关注的主动性强，信息传播效率高。与被动接收信息不同，用户还会主动搜寻、关注（图 9-1），这在一定程度上决定了政务新媒体的传播能力。加上政务新媒体代表着政府的公信力，在危机事件中，是公众获得权威信息的重要来源，可以对舆情走向产生重要影响。

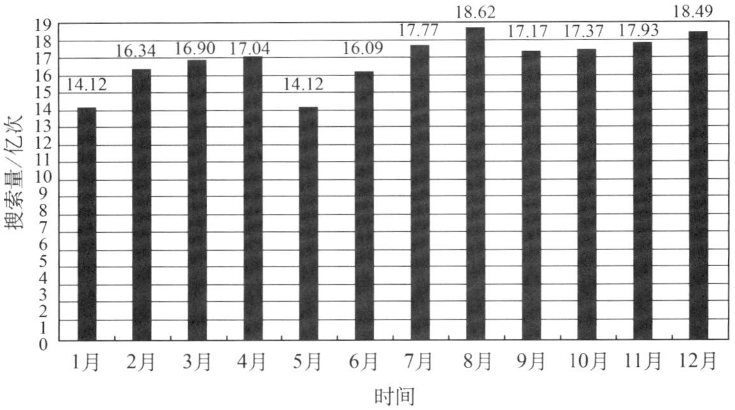

图 9-1　2019 年百度移动端政务服务搜索量

（资料来源：《第 45 次中国互联网络发展状况统计报告》）

（2）政务服务平台功能完备，服务与传播融合，提高了舆情引导的有效性。

2019 年 11 月，国家政务服务平台整体上线试运行，联通 32 个地区和 46 个国务院部门，对外提供国务院部门 1 142 项和地方政府 358 万项在线服务。截至 2019 年 12 月，32 个省级网上政务服务平台的个人用户注册数量达 2.39 亿，较 2018 年年底增加 7 300 万；其中，实名注册个人用户达 2.21 亿，占比为 92.5%，较 2018 年年底增加 7 600 万。① 国家政务服务平台实现了八个方面的创新：第一次建立全国权威身份认证体系、第一次实现全国电子证照目录汇聚和互信互认、第一次实现全国政务服务事项标准化、第一次实现全国政务服务统一评价和投诉建议、第一次解决地方部门平台间用户信任传递问题、第一次构建全国政务服务大数据、第一次实现地方部门政务服务数据共享需求统一受理和服务、第一次实现全国政务服务平台安全一体化管理。

在县级融媒体发展方面，各级政府坚持移动化、智能化、服务化的建设原则，积极开展县级融媒体中线建设工作。2019 年，我国县级融媒体中心建设在全国范围内系统性展开，数量呈井喷式增长。随着中心陆续建成，其作为县域社会治理监督中心、信息集散中心、生活服务中心的三大功能不断凸显，推动县域治理体系和治理能力向现代化转型，同时在防范和应对重大风险、引导和服务群众的过程中发挥重要作用。多数地区融媒体中心均成立了“新闻 110”技术集成平台，为县域平安建设起到关键性作用。中心与社会综合治理等相关部门密切配合，针对交通事故、生产事故、暴恐线索等方面，成体系进行线索收集和汇总，实现协同治理。引导服务好群

① 全国一体化政务服务平台初步建成.中华人民共和国国家互联网信息办公室，2020-04-28.

众，创建基层“互联网＋综合服务”智慧平台。融媒体中心整合报纸、广播、电视、网站等各类媒体资源，精简冗余重复的媒体机构，强化服务与宣传核心职能。中心充分发挥了最接近基层群众的区位优势，大幅提升信息传播的时、度、效。中心将党建、公安、教育等领域的政务微信、微博等新媒体纳入融媒体中心平台，引入电子商务、文化娱乐、百姓生活等服务，形成了“新闻＋政务”“新闻＋电商”“新闻＋文化”“新闻＋服务”等多种服务模块，拓展成为一个功能丰富、生态健全的“互联网＋综合服务”平台。平台能提供多元化服务满足群众需求，增强与群众交流互动，反映群众的呼声并解决群众的困难。

危机事件中，在线政务服务担当起权威信息发布的角色，将服务功能和发布功能紧密整合，更容易获得公众的信任。公众在接受政务服务的过程中，能够更清晰地看到处置部门的行动，从而减少各种误解，能够更加理性地看待问题，降低舆情风险爆发的可能性，减小舆情危机的损害。公众将更多的问题通过政务服务平台来和相关部门进行沟通时，也是一种主动探寻解决方案的选择，舆情管理部门从中可以识别出公众关注的焦点、潜在的舆情风险，提升防控能力。

9.3　发挥好社会组织的沟通互动作用

社会组织进入宏观政策视野并受到前所未有的关注，是因为它们在参与社会管理、扩大公共服务等方面有独特的功能和巨大的作用。社会组织不仅是党和政府联系人民群众的桥梁和纽带，更是党和政府实施社会管理的重要依托，提供公共服务的“生力军”。我国的社会组织由民政部民间组织管理局负责管理。按照民政部的分类方法，我国的社会组织共有三类：社会团体、基金会以及民办非企业单位。截至 2021 年 2 月，全国各级民政部门共登记社会组织超过 90 万个，其中全国性社会组织 2 292 个。①

在舆情事件中，社会组织主要发挥以下作用。

(1) 社会组织活跃的领域是舆情风险高发的领域，应充分发挥好社会组织在舆情风险识别防范中的作用。

第一，社会组织活跃的领域，往往集中在社会矛盾较为突出的领域。这是社会组织诞生的时代背景决定的。在传统社会向现代社会转型的过程中，社会矛盾纷繁复杂，社会利益分化调整，使得政府面临着巨大的压力。社会组织通过为特定群体提供差异化、专业化的服务，能够有效分担政府的一部分社会事务管理工作，成为连接政府与市场、政府与社会公众的桥梁和纽带，可以起到一定的缓冲和减压作用。因此，我国社会组织的服务范围主要集中在环境保护、扶贫开发、权益保护、社区服务、经济中介、慈善救济等领域。比如环保领域是政府大力推动、积极倡导公众参与的领域，也是和普通百姓的生活息息相关的领域，同时又是在可持续发展战略下国际社会极为关注的领域，这样的领域非常容易产生舆情风险。

由于长期活跃在这些领域，社会组织可以获取比公众个人更多和更完整的信息，对于这些

① 民政部：全国各级民政部门共登记社会组织已超过 90 万个.光明网，2021-02-09.

领域出现的现象和热点问题的认识也更为清晰，公众出于对社会组织专业能力的信任，经常希望通过社会组织与政府等主管部门进行对话。因此，社会组织常能敏锐地识别出各类风险。

第二，社会组织善于利用公众舆论，参与社会监督。社会组织的影响力、组织力主要取决于它的价值观、公信力。社会组织以此凝聚人心，开展各类社会活动。因此，社会组织大多高度重视与媒体的互动，特别注重倡导并宣传自己的组织理念，有些组织的负责人或会员本身就是媒体从业人员，有着成熟的媒体沟通技巧和策略，善于通过媒体表达观点，引起社会关注。社会组织经常通过公众舆论参与社会监督，他们常是很多议题的发起者，依托自身的专业能力，为公众设置议程。比如环保组织、消费者保护组织开展的各类维权活动，多年来一直是公众关注的焦点，但也十分容易产生舆情风险。

第三，社会组织自身的管理问题，容易引发舆情关注。一方面，社会组织的资金主要通过政府拨款、社会捐赠等形式获取，必须接受公众对其开展活动和运营情况的监督。另一方面，社会组织的价值判断一般更倾向于弱者，常超越经济利益之争，一旦社会组织做出与其价值观相左的行为，就会受到社会的广泛谴责，并影响相关政府管理部门的公信力。例如，慈善组织的价值观常围绕扶危救困，信息不公开、贪腐等非常容易引发公众反感；行业协会的价值观常围绕行业良性发展，如果出现利益输送、助推垄断等现象也容易引发舆情风险。

(2) 社会组织的角色定位和专业能力决定了其在舆情风险处置中能起到沟通协调的作用。

社会组织是政治决策的重要参与者，是社会多元利益的表达者，在大众与政府之间发挥着中介和桥梁的作用，能把最真实的社情民意以及公众利益要求传递给政府，使政府在充分获取信息的基础上作出科学判断并合理制定政策，以公共利益和民众利益为基本原则，实现决策的科学化和民主化。社会组织专业能力强，组织方式灵活，常常受到政府和公众的共同信任，可以为不同协商主体之间的对话搭建有效的协商平台。

在公众层面，社会组织可以借助自身的专业优势和在专业领域的影响力，以对话、协商的方式，监督并督促政府改进行政方式和行为。一方面，社会组织能代表公民利益与政府进行平等的对话，这样就有利于在全社会达成共识，疏解公众情绪，有效减少群体事件的发生。另一方面，在危机事件中，作为政府管理和舆情引导的对象，社会组织可以依靠自身的专业能力，更好地发挥出解释能力、沟通能力，在政府的统一协调下开展舆情引导，协助政府对社会秩序进行控制、引导和维护，保证国家利益的完整性。同时，可以依托社会组织丰富的专业资源、传播能力、影响力，在局部范围内营造小的舆情氛围，从而使大的舆情环境得到改善。

(3) 开展宣传教育，发挥日常机制下社会组织的引导作用。

社会组织活跃的领域常是社会矛盾比较突出的领域，而且矛盾长期存在，需要社会各个层面协作、建立长效机制，社会组织是长效引导的重要力量。例如，在我国环境污染与治理问题上，舆情事件频发。提高公众对环保问题的理性认知，使其积极参与环保行动，是对这类舆情进行长效引导的关键。在这些方面，我国环保组织大力提高公众积极参与环保的意识，并推动公民积极参与对环保事件和环保政策的监督与评价，广泛开展各类围绕环境问题的科普行动。环保组织通过开展公益活动、出版书籍、发放宣传品、举办讲座、组织培训、发布媒体报道等多种宣传教育方式，为我国公众环境意识的提升作出了自己的贡献。如中华环保联合会利用多种形式组织各类宣传活动，比如举办环保进社区活动，向我国西部地区居民宣讲新环境保护法、开展环境维权知识和案例授课；还有多个环保组织从 2004 年开始联合开展“26 度空调节能行动”，在他们的推动下，这一理念已深入人心。

社会组织还依据一定的价值取向和行为评价标准，对符合标准的行为进行奖励，从而树立和强化社会主义核心价值观，倡导积极的社会风尚，推动社会舆论的良性发展，这都是一种长效引导机制。例如，中华全国新闻工作者协会(简称“中国记协”)是党领导下我国新闻界的全国性人民团体，任务之一是开展优秀新闻作品、优秀新闻工作者和先进集体评选表彰活动，促进多出精品、多出人才。中国记协组织评选的“中国新闻奖”和“长江韬奋奖”，是我国仅有的两个全国性的新闻评奖。中国记协的另一项任务是促进新闻行业自律，规范新闻从业行为，制定系统的新闻行业自律规范等。从长远看，这些都是通过评价确立行业价值导向的方法，是各类社会组织发挥引导作用的实践。

9.4 意见领袖的补充作用

李普曼在《公众舆论》中提出了意见领袖理论的雏形，后由拉扎斯菲尔德等人在《人民的选择》一书中明确提出，并在《个人影响》一书中进一步阐释，意见领袖指在将媒介信息传递给社会群体的过程中，那些具备某种影响力的中介角色。今天，意见领袖的概念还在不断丰富，他们在舆情风险中，往往能发挥重要的补充作用，可对特定群体产生强烈的影响，因此不容忽视。

9.4.1 互联网时代意见领袖的演化

在互联网时代，一些传统意义上的“普通人”的被关注度发生了指数级的变化，过去一对一的影响力或私域空间的影响力，开始拓展到公共领域。

20 世纪在网络论坛(Bulletin Board System, BBS)诞生之初，昂贵的上网费用与操作的复杂性使能上网的主要为青年学生、计算机专业人士，当时的网络意见领袖主要是以受过高等教育的青年网民居多，他们关注的议题大多局限在计算机等相关领域。

20 世纪末至 21 世纪初，网络论坛所形成的虚拟社区成为当时网络中最成熟、最典型的发言渠道，也是意见领袖产生的摇篮。网站商业化运营开始成熟，除了新浪、搜狐、网易这三大门户网站的论坛之外，以天涯社区、西祠胡同、全球华人虚拟社区“ChinaRen”为代表的地方性论坛也逐渐兴起，开始成为意见领袖评论时事的阵地。

2003 年“非典”、黑龙江宝马车撞人事件等出现，网络媒体舆论监督功能显现，传统媒体出身的记者、专家学者更多地通过网络发声，成为网络意见领袖，更多的公共事件通过他们的声音进入中国网民的视野。

随着互联网的普及，越来越多的普通网民开始成为意见领袖。例如2007年“华南虎”事件，网络意见领袖分成“挺虎派”和“打虎派”两大阵营，除了专家加入，更多普通网友开始发声，网友“小鱼啵啵啵”通过人肉搜索，最早查出虎照的真实来源，最终使“华南虎”事件真相大白。2008年汶川地震后，汶川理县一带数十吨成熟的樱桃无处销售，网友“午后的水妖”得知此事后，将此消息发在“天涯论坛”，呼吁大家伸出援助之手。[2]

2009年微博诞生，意见领袖影响力进一步提升，对公共事件的监督能力也在提升。在“7·23”温州动车追尾事件中，新浪微博和腾讯微博成为网络舆论最重要的聚集与传播空间。事故发生仅4分钟，车厢内乘客在微博上发出第一条消息，称有两次强烈的撞击；事故发生13分钟后，乘客发出第一条求助微博；事故发生2小时后，温州有关部门在微博上发出献血号召，网友发布的血站实况转发量突破10万；事故发生12小时后，微博上相关讨论量已经突破200万条，其中寻人的转发量超过了50条。[3]其中有两类典型的意见领袖：一是如姚晨等社会各界名人；二是当事人，包括事件见证者、当事人、家属等。在这次事件中，意见领袖参与舆论的形成、发展与引导的全过程。

2014年以后，意见领袖即“大V”群体的活跃度明显下降。随着微信平台的上线、各类新平台的诞生，意见领袖的表现形态更加多元。微信平台上以公众号为代表，各种自媒体是意见领袖发表意见的新渠道。聚焦垂直领域私人化、平民化、普泛化、自主化传播的“自媒体人”逐渐取代微博“大V”，并被赋予新的民间舆论场话语权。此外，在知乎、B站等平台上，还诞生了各种新型意见领袖。这些意见领袖的圈层化现象更为明显，他们影响的人群细分越来越精准。知乎是网络问答社区，用户分享彼此的知识、经验和见解。用户围绕着某一感兴趣的话题进行相关讨论，同时可以关注兴趣一致的人。在这些平台上诞生的知乎“大神”同样担当起意见领袖的角色。

网络意见领袖还经历了一个从匿名到实名的过程，这是意见领袖演化过程中一个非常重要的变化。意见领袖实名化后，其影响力的稳定度也在不断提高，意见领袖成为一个“个人品牌”，需要对这个“品牌”的信誉负责。论坛时期的网络意见领袖大多以匿名形式存在，网络用户的稳定性不高，同一个用户可以注册多个马甲，以不同的身份存在，用户之间的流动性很大，因此论坛意见领袖比传统的意见领袖更加不稳定。但随着网络之间的交往愈加频繁，原本疏离、零散的匿名网络论坛逐渐发展成稳定的社区，网络用户的稳定度也在提高。[4]

9.4.2 意见领袖的引导作用

意见领袖的表达是一种个性化的表达，根据自己的喜好、价值观、立场、观点发表个人看法，在很大程度上从各种经济利益集团限制中解脱出来，但是也可能为了经济利益和个别利益集团的利益发声，置公众利益、国家利益于不顾。

从负面看，一是危机事件中，存在意见领袖散布网络谣言的现象。在一些重大突发公共事件中，少数意见领袖利用自身的影响力，肆意散布一些未经证实的虚假信息和网络谣言。许多网民不辨真伪就转发，成为网络谣言扩散的助推器。二是部分意见领袖发布低俗信息，炮制热门话题。少数意见领袖为了炮制热门话题，用一些挑逗性、低俗化的语言吸引公众眼球，提高点击率，形成轰动效应。三是部分意见领袖滥用网络话语权，制造网络暴力。部分微博意见领袖利用网络话语权，宣泄对社会的不满和抱怨，再加之中国网民趋于年轻化，容易盲从与冲动，意见领袖利用粉丝和网络水军进行网络围攻和网络骂战，用具有伤害性、侮辱性和煽动性的言论挑战社会道德底线，甚至是法律底线，形成网络暴力。网络暴力实质是社会暴力在网络世界的延伸，给网络文明空间营造造成巨大障碍。四是部分意见领袖营造优势意见，抑制反对意见的发表。部分意见领袖凭借其网络威望和人气营造出大部分网民认可的优势意见，这种优势意见会呈几何级数传播扩散，影响力加剧，呈现出一种舆论的假象，而持反对意见的声音因此受到压制。

从正面看，意见领袖能够得到公众的认可，很大程度上是因为他们的专业能力、社会责任感。在很多公共事件中，他们发挥出重要的作用，对舆情走向产生积极影响，是合理表达诉求、化解矛盾的有效渠道。从长远看，也只有这类意见领袖才可能具有持续成长的能力。

值得一提的是，过去意见领袖一般通过接受媒体采访对突发事件发表看法，或者通过自己的博客、微博、微信等自媒体形式直接发表信息与评论。今天意见领袖会直接通过网络发起某些活动，直接制造网络舆论热点。粉丝数是衡量意见领袖影响力的重要指标之一。意见领袖通过自己的言论对粉丝的行为产生影响。如 2011 年 1 月 25 日，中国社会科学院于建嵘发起“微博打拐”。他在新浪微博开设的“随手拍照解救乞讨儿童”账号协助警方民政解救帮助乞讨流浪儿童，目前有 20 余万粉丝。时隔多年，随着寻找被拐儿童的手段日益丰富，这一平台的作用已经弱化。

值得注意的是，今天围绕在各类网络名人这一广义意见领袖身边的粉丝团体，表现出更加专业化、商业化的运作特征。例如 2019 年以来广受关注的“饭圈女孩”，粉丝群体叫“饭”，他们组成的圈子叫“饭圈”“饭团”。从前追某个明星或乐队，最多就是买专辑、看演唱会，基本都是“散粉”，并没有“饭圈”的概念。近年来，随着粉丝群体扩大，偶像经济不断发展，催生出为偶像买周边（衍生产品）、租广告位做宣传、投票以及做慈善公益活动等多种方式。他们十分习惯网络虚拟空间中的扁平化管理模式，在日常的“饭圈”活动中，“饭圈”组织内部有明确的职能划分，有核心管理层，也有职能分工清晰的行动小组，如美工组、文案组、数据组、控评组、宣传组、财务组等多个小组。实际上，“饭圈女孩”每一次的“打榜”“反黑”“控评”活动都是各个小组在扁平化组织模式下协同运作。[5]过去这一群体很少受到关注，但是近年来他们在不少公共事件中引人注目。对这样的群体，要了解他们的表达方式，加强引导，对其中出现的侮辱谩骂、人身攻击、恶意举报等网络欺凌和暴力行为以及敲诈勒索、非法获取个人隐私等违法活动予以查处。

今天各类网络意见领袖层出不穷，对不同人群产生深刻影响，这也说明关注各种类型意见领袖的声音，与之形成良性互动的重要性，这是强化舆情引导效果不可忽视的重要方面。

参考文献

[1] 腾讯传媒研究院.众媒时代:文字、图像与声音的新世界秩序[M].北京:中信出版社,2000.

[2] 谢耘耕.舆情蓝皮书:中国社会舆情与危机管理报告(2013)[M].北京:社会科学文献出版社,2013.

[3] 肖国强.无“微”不至的微博力量:从温州“7·23”动车事故看微博的传播作用[J].新闻实践,2011(9):10-11.

[4] 钟瑛.新媒体社会责任蓝皮书:中国新媒体社会责任研究报告(2014)[M].北京:社会科学文献出版社,2014.

[5] 田丰.网络时代社会治理的反思与对策:以抗击疫情的“饭圈女孩”为例[J].青年探索,2020(2):16-24.

10　舆情风险管理实践

舆情风险复杂多变，在传播条件快速迭代的情况下，舆情风险管理理论快速发展，舆情风险管理的技术、方法也在不断丰富，这些方法大多来源于实践，还需要不断总结和丰富。本章我们结合实践，探讨、思考舆情风险管理的现实问题，从不同角度梳理经验，以期带来启发。一是围绕新冠肺炎疫情这一重大突发公共事件，分析伴生其中的舆情风险，并分析总结各类引导主体如何有效开展引导、促进公众形成共识。二是从企业层面，围绕企业日常舆情监测、风险研判等实践，总结企业舆情风险管理经验。三是聚焦一个领域，定向分析基础教育这个领域的舆情风险管理。

10.1　新冠肺炎疫情舆情引导实践

新冠肺炎疫情，是新中国成立以来发生的传播速度最快、感染范围最广、防控难度最大的一次重大突发公共卫生事件。面对来势汹汹的疫情，在以习近平同志为核心的中共中央坚强领导下，我国采取最全面、最严格、最彻底的防控举措，14 亿人民同舟共济，众志成城，同疫情展开顽强斗争，付出了巨大代价和牺牲。

2019 年 12 月底，湖北省武汉市疾控中心监测发现不明原因肺炎病例。2020 年 1 月 20 日，习近平总书记对新型冠状病毒感染的肺炎疫情作出重要指示，强调要把人民群众生命安全和身体健康放在第一位，坚决遏制疫情蔓延势头。要及时发布疫情信息，深化国际合作。1 月23 日，党中央毅然决定：在上千万人口的大武汉，对人员外流实施全面严格管控。有研究显示，自“封城”后，经过艰苦努力，疫情扩散得到有效遏制，有效传染数开始直线下降。一方有难，八方支援，打响疫情阻击战，四面八方的战“疫”力量火速向武汉、向湖北集结。自 1 月 24 日除夕至3 月 8 日，全国共调集 346 支国家医疗队、4.26 万名医务人员、900 多名公共卫生人员驰援湖北。19 个省份以对口支援 、以省包市的方式支援湖北省除武汉市外的 16 个市州及县级市。到 4 月 26 日，武汉在院新冠肺炎患者数字清零。湖北省成功治愈 3 000 余位 80 岁以上、7 位百岁以上新冠肺炎患者，多位重症老年患者是从死亡线上抢救回来的。[①] 5 月 2 日，湖北传来好消息：重大突发公共卫生事件应急响应级别由一级响应调整为二级响应。至此，全国 31 个省区市均宣布解除一级响应。在全国人民共同努力下，中国疫情防控形势持续向好、生产生活秩序加快恢

① https://www.scio.gov.cn/ztk/dtzt/42313/43142/index.htm.

复的态势不断巩固和拓展。

在这场疫情防控的人民战争、总体战、阻击战中，不同主体协同发力，及时发布权威信息，积极加强舆情引导。传播科学防控知识，提升公众科学素养，通过专业理性的声音，及时解疑释惑，拨开团团迷雾，向社会注入正能量。在全社会及早形成正确认知，推动公民自觉行动，从传统媒体到网络空间，中国抗疫的一幕幕场景被真实展现，强信心、暖人心、聚民心，及时有效地回应了各种争议、纾解公众情绪，激励全社会迸发“万众一心、众志成城，顾全大局、甘于奉献，一方有难、八方支援，命运与共、天下一家”的精神，维护了社会稳定，深刻诠释了社会主义核心价值观，展现了新时代中国人民的精神品格，确保了疫情防控取得重要成效。

10.1.1 概况：易引发舆情风险的主要议题

这场抗击疫情的人民战争、总体战、阻击战影响范围大、历时久，舆情热点随着疫情的发展、抗击疫情各项举措的全面启动和落地不断演化发展。在不同阶段，公众对信息的需求不同、关注的热点不同，潜在的舆情风险也不同。总体来看，全国范围内广泛关注疫情是从 2020 年 1 月 20 日开始，其后关注度迅速升温，各种议题快速迭代，公众情绪起伏跌宕。容易引发争议和公众负面情绪的议题一般围绕事件本身(是什么)、事件原因(为什么)、如何处置(怎么办)，其中如何处置又包括个人如何应对和相关管理部门如何应对。具体来看，以下议题公众广泛关注，处置不当则可能引发舆情风险。

(1) 病毒、疫情发展信息的透明度、发布的及时性。

(2) 各级政府、各类组织在抗击疫情、复工复产恢复经济中各项举措的合法、合理、合情。各项举措发布和执行的及时性。各项举措的执行情况，具体包括：执行过程中对老人、孩子等弱势群体是否关爱，对医护人员、一线抗疫工作人员等敏感人群是否关爱；执行过程中是否公平、公正、公开，例如是否涉及腐败；执行能力和水平。

(3) 在涉外舆情中，各国抗疫举措的比较等。

相关部门针对这些议题，迅速处置，及时回应公众关切，发挥出舆论监督的积极作用，同时将舆情风险带来的影响降到最低。

1. 关于疫情本身的不确定性和恐惧为谣言提供生存环境

2020 年 1 月 20 日，国家卫生健康委员会(以下简称“国家卫健委”)高级别专家组召开记者会，组长钟南山代表专家组通报，“现在可以说，肯定的，有人传人现象。”国家卫健委发布公告，将新冠肺炎纳入传染病防治法规定的乙类传染病并采取甲类传染病的防控措施；将新冠肺炎纳入《中华人民共和国国境卫生检疫法》规定的检疫传染病管理。1 月 23 日，武汉“封城”；1 月 23 日至 24 日，浙江、广东、湖南、湖北、安徽、天津、北京、上海、重庆、四川、江西、云南、贵州、山东、福建、广西先后启动重大突发公共卫生事件一级响应。全国舆情迅速沸腾。2 月 1 日，人民网研究院与百度联合发布的《新型冠状病毒肺炎搜索大数据报告》显示，用户通过百度搜索、浏览新型冠状病毒肺炎相关信息日均超过 10 亿人次。

1月20日至2月20日，全国新增确诊病例快速增加，防控形势异常严峻，最全面、最严格、最彻底的全国疫情防控正式展开，也是各类议题涌现、最可能引发舆情风险的时期。初期，公众关注的主要是疫情进展、防疫知识等和病毒、疫情本身有关的信息。例如，在1月20日钟南山通报人传人后，公众开始购买口罩，电商平台数据显示购买口罩的群体中，上海买家人数占据总购买人数的四分之一左右，为全国第一。[①] 事后看，这只是上海买家"快一拍"的选择，但从一个侧面反映出在公众层面，不同人群对新冠肺炎疫情的认识程度差别还很大，不少人心存侥幸，这种侥幸，在多地启动重大突发公共卫生事件一级响应后，依然广泛存在，置个人安危与社会防控措施于不顾，这又给社会带来了巨大的潜在危险。在这一阶段是否戴口罩是一个重要议题，后经过各种形式的引导，公众对戴口罩逐渐形成共识。

这个议题反映出公众对病毒还缺乏认识。这一时期，各种争议、谣言很大程度上表现如下：一是围绕病毒本身，二是围绕因为未知和恐惧催生的相关话题。

病毒在传播方式上和SARS有何异同等是公众十分关注的话题，"78%人类新发传染病与野生动物有关""康复期和出院患者没有传染性"等话题纷纷登上微博热搜。人民网研究院与百度2月1日发布的数据也显示，在过去近十年里，穿山甲和豪猪是人们最为关注的野味，占比近五成。而对蝙蝠和果子狸的关注度在"非典"后不降反升。新冠肺炎疫情暴发之后，人们对于"野味"的搜索和关注度达到了历史峰值，人们也开始意识到了"野味"的危害。2月1日前一周，百度全平台新增的阐述野味危害相关内容量是过去十年的总和，野味的危害、野味有哪些、蝙蝠携带的病毒等问题成为网民搜索野味时最关注的内容。[②]

由于对病毒还缺乏认识，公众中有明显的恐慌情绪在滋长，为一些谣言提供了温床。特别是1月23日武汉的"封城"举措，是新中国成立以来第一次，在公众心中产生巨大影响。这一时期各地都出现了关于病毒感染者"逃"出来的谣言。1月23日，"人民日报"微信公众号针对"北京肺炎患者跑了""1月20日成都经停武汉男子感染""武汉卫健委刘庆香到上海"等发布辟谣信息，很多谣言几乎是同一个主题在各地的本地化。其中关于刘庆香的谣言还涉及其在上海的豪宅等，广受关注，引发质疑，1月22日武汉市卫健委就此事辟谣后，仍传播不止。后多个平台都对此辟谣，详细澄清了她的个人信息、财产状况，并证明她当时身在抗疫一线。

2. 防控举措受关注，新议题不断涌现

随着各地启动一级响应，各项防控措施密集落地。公众对政府防控举措的关注更为强烈。公众的注意力从"天然不可控"的病毒转移到"人为"举措上来，这也是公众讨论、争议最多的时期。例如，2020年1月26日晚武汉疫情防控新闻发布会后，微博热搜榜＃500万人离开武汉＃话题阅读量达14.3亿[③]，＃离汉通道关闭后4项应急措施＃等话题高居前列。综合来看，引发

① 锋评|"上海人买口罩全国第一"就是怕死？你看到的只是第一层.新民网，2020-01-25.

② 面对疫情，人们都在关注些什么？人民网，2020-02-01.

③ 湖北疫情新闻发布会舆情特点解读.人民网，2020-02-13.

公众关注和追问的议题主要有：①抗疫过程中的物资保障；②医护群体的保障；③医院物资紧张；④市民网络求助；⑤患者收治情况；等等。围绕各种防疫、抗疫的虚假信息、谣言也层出不穷，给公众带来了一定的困扰。

（1）围绕生活物品和药品供应的议题成为公众关注的焦点。口罩、防护物资等话题被广泛关注。伴随对“是否要戴口罩”形成共识，如何购买、如何分配口罩迅速成为公众主要关注的议题。在抗击疫情早期，正值春节假期，口罩、防护服产能在恢复过程中，据2月2日国新办新闻发布会信息，当时我国口罩产能约为每天2 000万只，产能恢复率60%左右。[1] 显然在迅速恢复产能的同时，必须对口罩等物资供应进行严格统筹。如果不能有效传递信息，消除公众恐慌，有序购买或领取口罩，必然引发物资挤兑，严重影响防疫抗疫工作。

在2020年1月下旬和2月初，口罩的需求达到巅峰。从百度搜索指数①来看，1月19日以后，网民对N95口罩的搜索呈剧增态势，在1月21日达到第一个峰值；而对医用外科口罩、一次性医用口罩的搜索量相对延后上升，1月23日达到第一个波峰（图10-1）。一些地区还出现了因购买口罩排队争执的事件。后全国各地均对居民购买、发放口罩制订了详细的计划，通过各种渠道进行广泛宣传，引导公众有序领取或购买口罩，避免因信息不畅导致的挤兑。“口罩”关键词的百度媒体指数②从1月23日后逐步攀升，媒体报道的最高峰集中在2月初到2月18日，之后逐步下降（图10-2）。显而易见，媒体关注略滞后于公众的搜索，但百度媒体指数上升后，公众关于“口罩”的百度搜索指数相较于1月23日就迅速下降了，一升一降说明通过各种媒体、信息服务广泛告知后，公众心中有底，主动搜索口罩的行为就迅速减少了，信息的传播、引导发挥了作用。

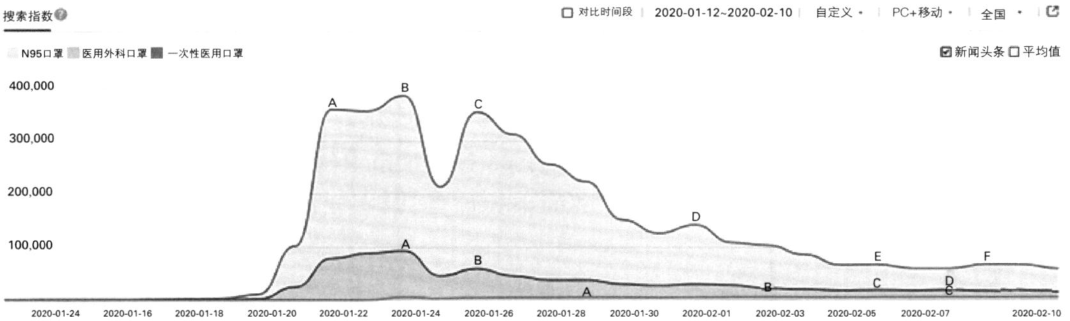

图10-1　2020年1月12日—2月10日不同类别口罩的百度搜索指数

（资料来源：百度指数官网）

---

① 百度搜索指数：互联网用户对关键词搜索关注程度及持续变化情况。算法说明：以网民在百度的搜索量为数据基础，以关键词为统计对象，科学分析并计算出各个关键词在百度网页搜索中搜索频次的加权和。根据数据来源的不同，搜索指数分为PC搜索指数和移动搜索指数。

② 百度媒体指数：各大互联网媒体报道的新闻中与关键词相关的、被百度新闻频道收录的数量，以新闻标题包含关键词作为统计标准。数据来源、计算方法与搜索指数无直接关系。

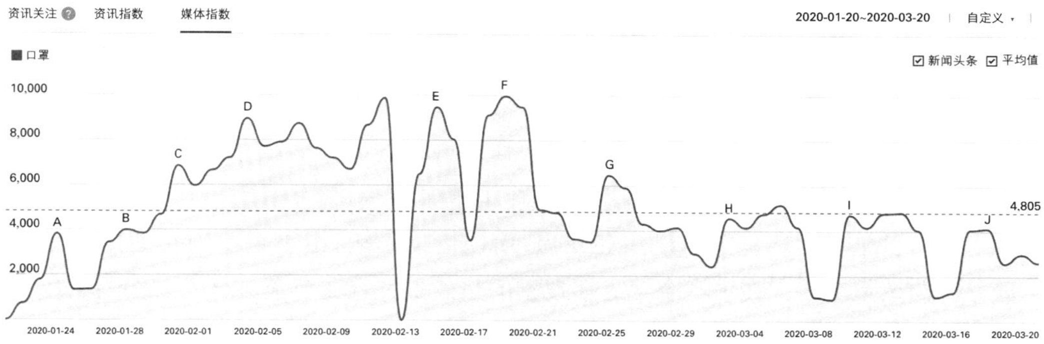

图 10-2　2020 年 1 月 20 日—3 月 20 日“口罩”的百度媒体指数

（资料来源：百度指数官网）

(2) 抗疫物资捐赠及分配引发质疑。湖北省红十字会、武汉市红十字会抗疫物资发放的公平公正、工作方法和工作效率引发了巨大的争议和质疑。1 月 29 日和 30 日，湖北省红十字会分别在“博爱荆楚”微信公众号和门户网站公布第一批次防控新型冠状肺炎捐赠物资使用情况，因口罩去向引发公众广泛关注和质疑。1 月 31 日和 2 月 1 日湖北省红十字会两次发布声明，却引发更多关注和质疑。2 月 4 日，湖北省红十字会 3 名领导被问责①。武汉市新型肺炎防控指挥部委派专业物流公司协助红十字会进行捐赠物资的仓储运营管理。后相关部门及时调整捐赠物资管理流程，提高了抗疫物资发放效率。从百度搜索指数看，在相关处置措施落实后，舆情关注迅速下降(图 10-3)。

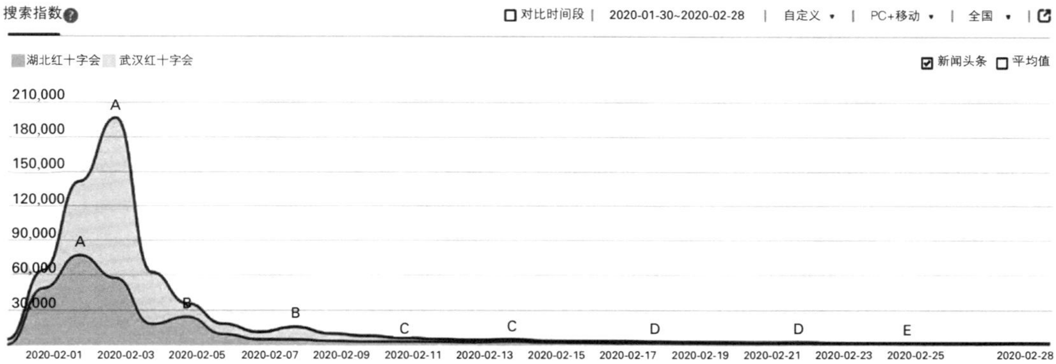

图 10-3　2020 年 1 月 30 日—2 月 28 日“湖北红十字会”和“武汉红十字会”②的百度搜索指数

（资料来源：百度指数官网）

① 湖北省红十字会 3 名领导被问责.央广网，2020-02-04.

② 通过百度搜索指数对比“湖北省红十字会”和只表达关键信息的“湖北红十字会”，“湖北红十字会”的搜索量明显高于表达相对规范的“湖北省红十字会”。考虑到网民的搜索习惯，笔者认为“湖北红十字会”更能代表网民的实际搜索，故选择“湖北红十字会”作为关键词进行比较。百度搜索指数显示“武汉红十字会”的搜索量也大于“武汉市红十字会”，故选择“武汉红十字会”为关键词。

3. 复工复产被热议，国际防控形势被关注

1）复工复产相关议题

春节假期结束，在防疫、抗疫各类议题被高度关注的同时，复工复产话题开始成为人们热议的焦点。2020 年 2 月 14 日，《百度新型冠状病毒肺炎搜索大数据报告——复工篇》发布，显示近 30 天“复工、开学”相关的搜索热度环比上涨了 8 倍(图 10-4)。其中，关于“返岗复工”这一话题，员工最关注复工防疫相关知识；而受疫情影响，中小企业则更关注开源节流、线上云办公与政策支持。在中小企业近期搜索的热点中，“企业节流方式”占比最高达 27%；“线上云办公”居次席，占比 22%；“扩大销售变现”则占比 19%，多数企业正积极寻求抗疫的有效方法。

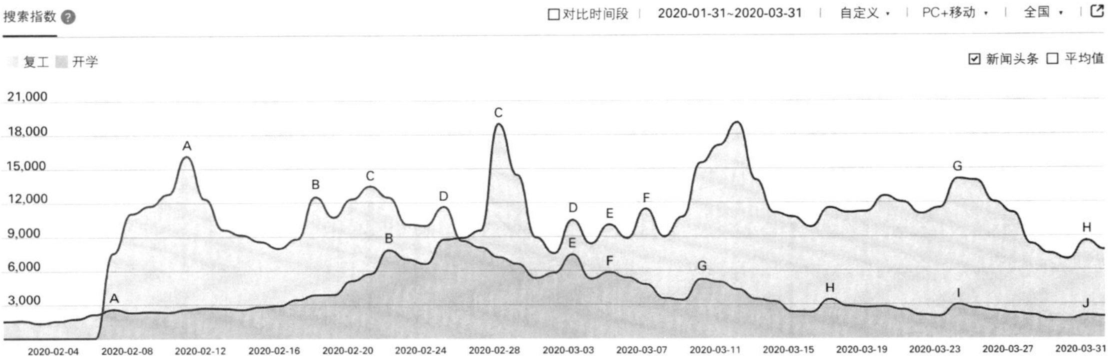

图 10-4　2020 年 1 月 31 日—3 月 31 日“复工”“开学”的百度搜索指数

（资料来源：百度指数官网）

特别是到 2 月中下旬，防控正处在最吃劲的关键阶段，各地努力变压力为动力，有序恢复生产生活秩序。防控与复工复产举措之间的梗阻之处、各地政策的差异之处常会引起局部的、一定范围内的舆情争议和追问。但随着各项复工复产保障措施的迅速落实，公众主动搜索减少。3 月 7 日，国务院联防联控机制召开新闻发布会，提及各级公共就业服务机构已累计发布就业岗位信息近千万条。截至 3 月 6 日，各地合计“点对点”运送农民工 263 万人。返岗复工的农民工达 7 800 万人，占春节返乡的 60%。广东、浙江外省农民工返岗复工率达到 70%，江苏外省农民工返岗复工率约 60%。

2）国际防控形势相关议题

进入 3 月，湖北省和武汉市疫情快速上升势头均得到遏制，全国除湖北省以外疫情形势总体平稳。3 月中旬，每日新增病例控制在个位数以内，疫情防控取得阶段性重要成效。与此同时，境外疫情发展备受关注。3 月 1 日，国务院联防联控机制召开新闻发布会，介绍依法有效防控海外疫情输入有关情况。世界卫生组织 3 月 13 日指出，欧洲报告的新冠肺炎确诊和死亡病例超过中国以外其他国家和地区的总和，欧洲已成为新冠肺炎“大流行”的“震中”。同日，特朗

普宣布“国家紧急状态”以应对美国新冠肺炎疫情。① 3 月 18 日，中共中央总书记习近平主持召开中共中央政治局常务委员会会议，强调要落实外防输入重点任务，完善应对输入性风险的防控策略和政策举措，决不能让来之不易的疫情防控持续向好形势发生逆转；指出要加强对境外中国公民疫情防控的指导和支持，保护他们的生命安全和身体健康。3 月 29 日，国务院联防联控机制新闻发布会上通报，本土疫情传播已基本阻断，要继续防范本土病例零星散发和境外输入病例传播的双重风险。

围绕入境输入，关于入境人员登记、入境人员隔离费用是否“超国民待遇”、外国人拒不遵守相关防疫政策措施的要求等话题在一定范围内引起关注。针对境外输入病例，我国防控措施启动早，媒体关注早，很多议题还在萌芽阶段，就通过有效的引导，化解了公众疑问，避免了争议。

“境外输入病例”的百度媒体指数显示，媒体关注在 2020 年 3 月 6 日形成第一个峰值，3 月 24 日达到最高峰(图 10-5)。这一时期各类媒体详细介绍了各种入境防控措施，公众对这一议题的主动搜索在 3 月 15—17 日间形成峰值，后逐步下降(图 10-6)。这也从一个侧面反映出，在媒体的关注与报道下，公众主动探寻的意愿下降。

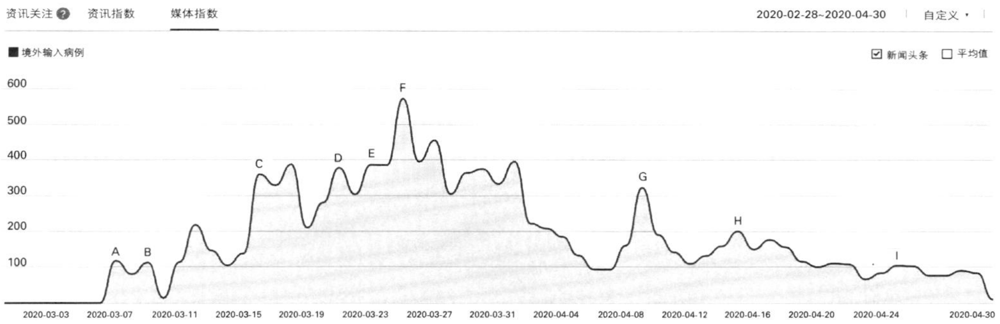

图 10-5　2020 年 2 月 28 日—4 月 30 日“境外输入病例”的百度媒体指数

(资料来源：百度指数官网)

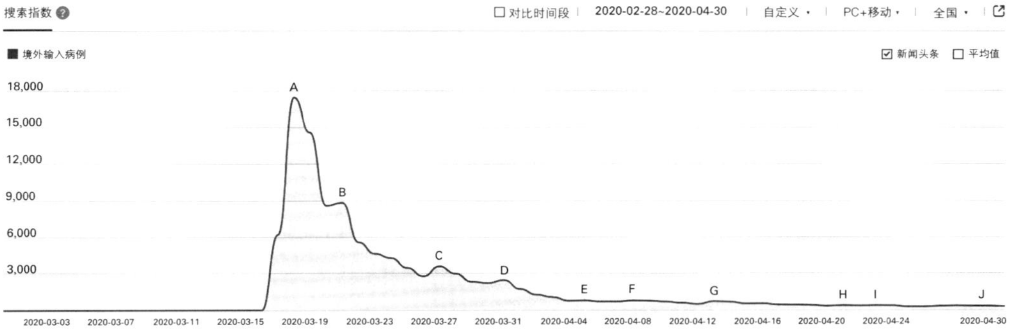

图 10-6　2020 年 2 月 28 日—4 月 30 日“境外输入病例”的百度搜索指数

(资料来源：百度指数官网)

① 特朗普宣布“国家紧急状态”应对美国新冠肺炎疫情.新华网，2020-03-14.

这期间，涉外谣言较多。据国家网信办消息，3 月以来，多个网络账号炒作“疫情之下的某国：店铺关门歇业，华商太难了”“多国渴望回归中国”“钟南山：5 月疫情将全面爆发”等“标题党”文章，散布虚假信息，造成极为恶劣的社会影响。据悉炮制“华商太难了！”的是名为“掌上瑞士”“掌上白俄罗斯”“掌上印度”“掌上都柏林”等 60 多个微信公众号，幕后是 3 个运营主体。① 这些网络账号为获取流量和广告进行恶意营销，有的无中生有造热点，引发社会恐慌；有的发布谣言误导公众，引发群体焦虑和不安。这些恶意营销行为扰乱了正常网络传播秩序，损害了广大网民利益，应予以坚决打击。国家网信办统一部署，2020 年 1—3 月，北京、上海、广东等地网信部门积极作为，腾讯、新浪、今日头条、网易、趣头条等网站平台主动开展自查自纠，全面排查平台内网络账号恶意营销问题，集中清理相关违法违规信息，严肃处理涉及恶意营销的网络账号。初步统计，清理相关文章 6 126 篇，关停账号 18 576 个。这些举措有效遏制了谣言的传播，守住了底线。②

经过百余天的努力，在党中央的坚强领导下，在全国人民群众的共同努力下，湖北保卫战、武汉保卫战取得决定性成果，疫情防控阻击战取得重大战略成果，统筹推进疫情防控和经济社会发展工作取得积极成效。这次疫情中，通过广泛的传播和引导，创新传播手段，丰富传播形式，以公众知情作为前提，构建了政府与公众之间的良性沟通互动，达成了共识，有效避免了各类舆情风险的产生，化解了争议，促使公众基于社会责任感和对政府的信任感而积极参与抗击疫情，形成“万众一心、众志成城”的局面。

10.1.2 全面落实新闻发布制度

危急时刻的新闻发布会对于减少公众恐慌、增加透明度、减少公众的不确定性至关重要。新冠肺炎疫情期间，建立日常新闻发布机制，第一时间公布疫情信息；建立分级分层新闻发布制度，坚持国家和地方相结合、现场发布与网上发布相结合；建立多层次、多渠道、多平台的信息发布机制，持续发布权威信息，及时回应国内外关注的疫情形势、疫情防控、医疗救治、科研攻关等热点问题。

武汉市从 2019 年 12 月 31 日起依法发布疫情信息，并逐步增加信息发布频次。2020 年 1 月21 日起，国家卫健委每日在官方网站、政务新媒体平台发布前一天全国疫情信息，各省级卫生健康部门每日统一发布前一天本省份疫情信息。2020 年 1 月 22 日，国新办举行新型冠状病毒感染的肺炎防控工作新闻发布会，召开主体有国务院新闻办公室、国家卫健委、中国疾病预防控制中心等，解答包括防控物资供应、企业经营、市场秩序保障、交通运输保障、春运返程防控等与民生息息相关、舆论高度关注的各类问题。各省市进行信息常态化发布。广东 1 月 21 日，湖北和安徽 1 月 22 日，天津 1 月 23 日，北京和河南 1 月 24 日，上海和重庆 1 月 26 日，浙江 1 月 27 日，四川、陕西和黑龙江 1 月 28 日，江西 1 月 29 日召开首场新闻发布会，相对较晚的是湖南，

① “多国渴望回归中国”？“扬我国威”却搞出外交争议，警惕这些“流量党”的生意经！上观新闻，2020-04-17.

② 国家网信办启动专项整治行动 严厉打击网络恶意营销账号.“网信中国”微信公众号，2020-04-24.

于2月10日召开首场新闻发布会。另外，2月3日起，国家卫健委英文网站同步发布相关数据。

截至2020年5月31日，国务院联防联控机制、国务院新闻办公室共举行新闻发布会161场，邀请50多个部门490余人次出席发布会，回答中外媒体1 400多个提问；湖北省举行103场新闻发布会，其他省份共举行1 050场新闻发布会。①

1. 发布内容：权威信息、回应关切、主动引导

国务院联防联控机制的新闻发布会以及各省市的新闻发布会主要包含三方面内容。

（1）发布疫情数据、各项防控措施等权威信息。新冠肺炎疫情暴发后，我国启动疫情数据日报制度，及时全面提供精准分类信息。新闻发布会以及国家卫健委在官方网站等政务平台每日通报前一日各地新增确诊病例、新增治愈出院病例、当日解除医学观察的密切接触者、新增重症病例、新增死亡病例、新增疑似病例、隔离治疗、重症病例、累计报告确诊病例、累计治愈出院、累计死亡病例、现有疑似病例、累计追踪到密切接触者、尚在医学观察的密切接触者和后期增加发布的无症状感染者相关情况，以及累计收到港澳台地区通报确诊病例等各种相关数据。各项防控措施进展、防控举措、权威科普信息等，都通过新闻发布形式及时传递给公众，形成头部传播效应，形成明确导向。

（2）及时回应公众关切。疫情防控涉及面广，除了每天及时发布疫情发展、防疫抗疫的整体情况，发布会还会设置专题，回应公众关注的各类议题。例如，2020年2月3日疫情防控重点医疗和生活物资保障情况发布会，2月7日支持疫情防控相关财税政策、缓解小微企业融资难融资贵发布会，2月11日切实加强疫情科学防控、有序做好企业复工复产工作发布会，2月14日疫情防控最新进展及关爱医务人员举措新闻发布会，2月15日春运返程疫情防控工作情况新闻发布会，2月20日阶段性减免企业社保费、医保费和缓缴住房公积金发布会，3月26日中国抗击疫情的国际合作新闻发布会，4月2日疫情期间中国海外留学人员安全问题新闻发布会等。

为了更具体地解答公众关心的问题，除了在充分调查的情况下主动发布信息，新闻发布会还通过各种形式，构建良性的沟通环境。例如，2月7日的国务院疫情联防联控新闻发布会上，在发布会已经结束的情况下，主持人临时增加了网民回应环节，让大家眼前一亮。当日专家对社交网络上“一次性口罩要不要消毒”“接触多长时间会感染病毒”等网民关心的话题予以解答，体现出新闻发布的真诚、尊重、互动和人文关怀。

（3）向前一步，主动引导。疫情打乱了原本的生活节奏，谁都无法置身事外，在疫情防控的不同阶段，在疫情风险级别不同的地区，公众关注和焦虑的问题各不相同，且不断发生变化。疫情对于社会生产生活的影响有目共睹，还有很多未知的风险，特殊时期，很多人难免无所适从，对未来充满迷茫和焦虑，还会产生很多困惑和无助。“告诉人们该怎么办”是发布活动中主动设置议程的重要内容。上海疫情防控新闻发布会增设常驻健康科普专家，急公众之所急，想公众

① 白皮书：中国举办千余场新闻发布会发布疫情信息.中华人民共和国国务院新闻办公室，2020-06-07.

之“未想”，从出行防护方式到办公室工作指南，从青少年用眼卫生到宅家锻炼方案，引导公众在各个方面做好防护。自2月21日起，在每天的发布会上专家都会发布一条实用的科普内容，抚慰困境中受众恐惧、恐慌的心情。2月14日，河南省教育厅厅长在河南省疫情防控工作新闻发布会快结束时一段饱含感情的陈述刷屏网络，也是在恰当的时间阐述了恰当的道理，更重要的是告诉了人们“我要怎么办”。

在中国疫情防控取得阶段性成果的时候，疫情呈现全球流行的趋势。各国政府应对措施、各国防控要求、国际间流行病防控合作等各类问题交错，国内外舆论场纷繁复杂，国家之间对待病毒防控问题意见复杂多元。3月4日，国新办疫情防控新闻发布会再次创新。通过北京和武汉远程视频连线，国新办首次举办全英文发布会，面对北京演播厅里记者的英文提问，国新办新闻发言人袭艳春和4位参与一线救治的医学专家在武汉用英文侃侃而谈。这也是在国际舆论场主动发声的一次实践。

2. 不断创新发布形式，贴近公众需求

新冠肺炎疫情期间，为了贴近公众需求，搭建良性沟通机制，数百场国务院联防联控机制的新闻发布会以及各省市的新闻发布会上，各种创新手段层出不穷。

(1) 这些创新充分体现了特殊时期新闻发布的人文关怀，受到公众的广泛肯定。例如2020年2月3日，北京聋协通过北京日报客户端发出倡议：如果情况允许，希望疫情能有手语翻译或字幕。这个倡议第二天得到了回应，2月4日召开的北京疫情防控新闻发布会新增一位手语翻译。此举引发示范效应，2月8日国务院联防联控机制新闻发布会和天津疫情防控新闻发布会也增加了现场手语翻译；2月20日，国新办官网新闻发布会直播画面增添手语主播；2月22日，上海发布会现场也出现了手语翻译。① 又如2月13日下午，安徽省新冠肺炎疫情防控工作领导小组办公室连续举办三场新闻发布会，新闻发布人全程站立发布信息、回答提问。发布人开场发布原则上不超过10分钟，每场发布会总时长原则上不超过30分钟。再如2月15日，国新办将疫情防控新闻发布会的现场，从北京搬到了疫情最严重的地区——湖北省武汉市，这也是近年来国新办首次在京外召开发布会。2月20日，在国新办于武汉举行的新闻发布会上，中央赴湖北指导组成员起立为英勇牺牲的医务人员和不幸去世的患者默哀。2月23日，国新办新闻发布会首次请普通工作者作为发布人。

(2) 新技术广泛运用，提升了传播效果。在新冠肺炎疫情暴发后，湖北作为全国疫情防控的重中之重，为减少病毒传播风险，提高新闻发布传播效果，2月2日以网络视频直播的形式举行新闻发布会，记者提问全部采取连线方式进行，此举不仅受到广泛好评，也探索了新的提问、发布形式，起到了示范效应。2月3日，外交部在微信群里召开了鼠年首场记者会，这是外交部有史以来首次在网上召开例行记者会。据了解，共有200多位中外记者朋友共同参与该次线上例行记者会，在65分钟的时间里，外交部新闻发言人围绕中方抗击疫情举措、疫情涉外信息等

① 疫情之下各地新闻发布“大考”成绩几何.人民网，2020-03-09.

在线回答了20个问题,还通过网站、微信、微博、抖音等发布网上例行记者会答问内容。[①] 浙江省从2月6日开始把发布会搬到网上。2月10日商务部召开首次网上新闻发布会,介绍在疫情防控背景下重要生活物资供应等方面的情况。四川省自2月12日一直在线召开网络新闻发布会。2月15日,国新办在武汉召开的新闻发布会首次采用5G直播,记者视频远程提问。

10.1.3 舆情引导参与主体多

为应对新冠肺炎疫情,全社会广泛动员,统一行动。主流媒体、官方发布作为主要新闻源头,提供主要首发信息内容,社交媒体、自媒体加速信息传播的深度和广度,意见领袖对不同圈层产生影响,各级政府利用县域融媒体解决传播"最后一公里"问题,不同主体在舆情引导中发挥了不同的作用。

1. 主流媒体牢记大局意识,提高主流声音的引导力

媒体宣传报道对引导舆论走向、凝聚社会信心起着重要作用。特别是主流媒体深入宣传党中央重大方针决策部署,充分体现党中央坚决打赢疫情防控阻击战的决心和信心,牢记大局意识,提高主流声音的引导力,才能抵御噪音干扰,利于全社会齐心合力防疫抗疫。全国各地445名新闻工作者主动请缨、奔赴武汉,与当地媒体并肩作战,第一时间多角度、全方位报道疫情救治防控情况,精心制作新闻作品50余万件,持续收集报送民生诉求2万余条。[②] 他们不仅提供大量首发信息,还通过各种评论性内容,明确舆论导向。

中央广播电视总台积极响应习近平总书记号召,投入5 500多人的采编播力量,先后派出216人的报道团队深入湖北防控一线组织宣传报道,超过2 200家国际主流媒体持续转发总台疫情防控报道,多项数据刷新海外传播纪录。[③] 同时,成立总台防控工作领导小组,坚持分级负责、分类指导、分区督导,严格执行"四个一律"、每日发热零报告等措施,全力以赴保障全体员工健康安全,取得积极成效。

1月20日,习近平总书记就疫情防控工作作出重要指示后,新华社立即启动重大突发公共事件应急响应机制,全社进入抗疫防疫报道"战时"状态。新华社迅速成立抗击疫情报道工作专班,围绕贯彻习近平总书记重要指示、重要讲话精神和党中央决策部署,跟踪疫情发展、策划报道选题、制订报道方案,有力有序组织全媒体报道。1月22日,新华社在武汉成立前方报道指挥部,从总社和全国各分社抽调骨干记者编辑增援湖北特别是武汉报道,与新华社湖北分社记者一起组成90多人的报道力量,奋战在湖北防控一线。随着疫情发展,陆续选派记者编辑组成黄冈报道团队、孝感报道团队,确保了在疫情严重地区始终有新华社来自一线的报道。1月25日,习近平总书记主持召开中央政治局常委会会议后,新华社进一步完善加强对抗疫防疫报道的组织指挥,总社各采编部门、国内各分社均成立应急报道专班和防控疫情报道小分队,全力

① 外交部微信群里开记者会,非常时期这些单位开启特殊办公模式!凤凰新闻,2020-02-05.

② 中央指导组与抗疫一线媒体记者座谈:讲好中国抗疫故事 强信心、暖人心、聚民心.新华网客户端,2020-03-27.

③ 加强全球抗疫合作 贡献智慧和力量.央视新闻,2020-09-21.

以赴投入疫情防控报道。全国各地充分报道各地区各部门联防联控措施成效，让民众始终了解党和政府正在做什么、还要做什么，充分反映广大党员干部和人民群众抗击疫情，特别是一线医务人员、社区工作者、志愿者以及公安干警和“下沉干部”的生动事迹，凝聚抗击疫情的精神力量，努力推动形成全国上下全面动员、全面部署、全面加强疫情防控的局面。

人民日报新媒体将权威信息及时、准确、高效发布作为重点，综合运用图文、H5、锐评、海报、视频等形式，还大量运用直播形式。《直击！近距离探访武汉“方舱医院”》《人民直播：探访武汉隔离点》《人民直播：湖北疫情防控工作发布会》……记者通过一场场直播以最快速度传递信息，也记录下大量鲜活细节，给网友呈现出一个真实的、与新冠肺炎病毒全力搏击的武汉。人民日报客户端首页日均发布权威信息超 200 篇，日均阅读量超 1.5 亿。“人民日报”微博日均主持微博话题超 100 个，微博稿件日均总阅读量超 10 亿。“人民日报”微信公众号日均推送相关报道 20 余篇，日均阅读量超 3 000 万。“人民日报”抖音账号抗疫相关视频日播放量超 1.8 亿。各平台用户数也同步猛增。①

针对疫情期间出现的各种社会乱象，各大主流媒体都推出评论性栏目，紧跟抗疫进程、紧扣社会关切，以理性声音引导舆论，汇聚共识、凝聚力量，竖起舆论场的鲜明“风向标”。

新华网推出“新华锐评”系列，直面问题、及时发声，澄清谬误、明辨是非，在网络上引发巨大反响。如针对黄石、重庆采购的口罩在经过大理时被“截”一事，新华网在核定事实的基础上，全网第一时间播发《新华锐评：大理，你“欠理”了！》，在舆论场上迅速引起转发和热议。“新华网”微信公号阅读量超过 100 万，法人微博阅读量突破 1 000 万，转评赞超过 80 万，话题热度迅速攀升至热搜榜第一位。“新华睿思”大数据分析平台监测结果显示，该报道发出后，大量网民点赞新华网。此外，《新华锐评：带上“同理心”去战斗》《新华锐评：疫情数据背后是一个个人，绝不允许随意加减！》等都积极回应公众关切，有效引导社会舆论。②

疫情动态瞬息万变，舆情走势纷繁复杂，人民日报坚持聚焦热点，“人民锐评”栏目每天刊发一至两篇评论文章。例如，人民日报客户端围绕抗疫行动中的形式主义、官僚主义等问题及时发声，《都什么时候了，还在搞“填表抗疫”》《别把基层干部逼成“三头六臂”》等成为网上热转热评文章，受到众多基层干部点赞。《别让一线防疫医院再“喊渴”》《战“疫”当前，严肃问责就是对生命负责》《截留口罩，岂有此“理”！》等原创评论都针对当日热点，理性客观，态度鲜明。

2. 各地融媒体平台充分发挥本地权威信息发布、引导功能

为阻断病毒传播，全国大范围严密控制人员流动。因此，本地疫情对当地公众影响最直接，这也要求各级党政机构要在第一时间做好本地信息发布。在这次疫情中，各级政府通过政务新媒体、县级融媒体中心发布权威信息，引导舆论，发挥巨大作用。新冠肺炎疫情期间，省级技术平台发挥支撑功能，协同各县级融媒体中心，多平台发声、多形式呈现、多渠道覆盖，并将传播触角深入社区，提升引导效果。在众说纷纭、鱼龙混杂的舆论场，这些立足本地的权威发布，起到

① 4 855 万超常规“增粉” 人民日报新媒体究竟有啥“料”. 人民网，2020-03-14.

② 战“疫”深思考：写好“硬核”评论非常时期有非常之道. 网易，2020-04-30.

了安定人心的作用，凝聚起众志成城、共克时艰的强大正能量。

长江云融媒体平台开设“湖北权威发布”平台解读重大政策。相关信息在省主要媒体、新媒体和各市县重点新闻网站置顶首发，在今日头条、微博、微信、抖音等商业平台同步发布，以最大覆盖面让群众知晓，到 2 月底转载量已达 6.2 万；针对就诊难、确诊难、住院难，医疗物资保障不足，社会捐款分配等群众关切，及时向涉事地方、部门核实督办并指导回应。长江云融媒体平台用户数日均增长 19.6 万，日均浏览量 2 700 万，为疫情发生前的 6 倍。[2]

上海东方网联合 16 个区的融媒体中心特别制作《抗击疫情 上海在行动》聚合类新媒体产品，2020 年 2 月 6 日 17 时在上海 16 个区的融媒体中心 App 同步上线。上海区级融媒体矩阵集体发声(图 10-7)，既能发挥网络公共平台优势，放大上海媒体声音，还能通过不同平台，实时更新疫情内容，满足基层群众的不同需求。产品从解决人民群众最关心、最现实、最直接的问题入手，包括疫情通报、实时动态、上海融媒联播等信息发布栏目，也包括确诊患者同程航班车次查询、防护用品生产企业查询、口罩预约方式查询、定点发热门诊导航等便民服务板块。此外，还嵌入疫情知识问答等交互式内容。这一产品帮助区级融媒实现了“媒体＋政务＋服务”功能，发挥了引导群众、服务群众的作用。

图 10-7 上海区级融媒体中心 App 相关页面截图

(资料来源：https://n.eastday.com/pnews/1581056617015526)

湖南日报社“新湖南云”、河北长城新媒体集团“冀云”、甘肃新媒体集团“新甘肃云”等各自发挥省级融媒体平台连通各地融媒体中心的功能，聚合传播资源，每天持续推出系列网络直播节目，内容聚焦基层一线抗击疫情的真实感人故事，同时也帮老百姓解决疫情带来的各种民生难题。

截至 2 月 6 日，安徽新媒体集团所属中安在线网站、中安新闻客户端、中安视频、安徽手机报、双微等平台共集纳抗击新型冠状病毒感染的肺炎疫情防控相关报道 5 523 条，总阅读量 9 000 多万。“安徽发布”“安徽省人民政府发布”等政务新媒体在抖音、快手等平台发布微视频，有 10 多个作品阅读量超过 500 万。“中安在线”微博话题 # 众志成城安徽抗击肺炎 # 阅读量 4 485.5 万，跟帖讨论 8 000 余条。①

社区是防控疫情的主战场。此次防疫的新闻和宣传已经进入“最后一公里”。在移动互联网已经高度普及的今天，社区和基层的数字化触达，不仅可以及时满足民众对周边信息的知晓需求，更可以了解基层大众对新闻及报道的喜好和习惯，从而针对性地调整信息送达时间、形式和内容，增加用户黏性。例如，北京市海淀区融媒体中心作为主流舆论阵地、综合服务平台、社区信息枢纽，围绕更好引导和服务群众，突出“四全媒体”优势，充分发挥县级融媒体中心在推进区域治理体系和治理能力现代化中的重要作用。北京海淀区融媒体中心的报道力求来源于社区、贴近社区、凝聚社区。运用社区大屏，实现零距离宣传。通过 500 块社区大屏滚动发布相关政策，推荐就近服务，宣传防护知识，服务社区防控和居民生活；携手文明实践力量，协同传播；借助新时代文明实践中心平台，共同在社区（村）开展宣传；主动对接医疗系统，搭建援助平台；接入海淀区卫健委家庭医生平台，供市民就近联系家庭医生、咨询疫情防控等相关内容，服务市民所需。

3. 大众传播和网络媒体加强针对性引导

实现全社会总动员，不仅要多层次高密度发布权威信息，全面反映抗疫救援、物资保障、疫苗研制、社会捐助等公众关心的重大问题，在舆情引导中起到方向性的作用；还需要广泛动员各类大众传播和网络媒体，加强针对性引导。疫情期间，全国范围内限制人员流动，对公众的心理、情绪产生很大影响，引导公众正确理性看待疫情，增强自我防范意识，依法行动、依法行事，着力化解公众存在的焦虑、恐惧心理，是舆情引导的重要内容。需要发挥网络媒体受众定位清晰、表达方式灵活的特点，有针对性地发挥其疏解公众情绪的作用。

在本次疫情中，除了主流媒体报道和政府官方发布，微博贡献了大量热搜话题，这其中包括政府机构的官微。根据 2021 年 1 月 22 日人民网舆情数据中心发布的《2020 年政务微博影响力报告》，自 2020 年 1 月 22 日至 3 月 23 日，共有超 3.7 万个政府官方微博参与发声，发布了相关微博 379 万余条，获得了超 848 亿的微博阅读量和超 1.9 亿的微博互动量。超 120 个中央部委及下属司局官微实时发布中央各项防控举措，累计发布 3.5 万余条抗疫相关微博，共获得了超 147 亿的阅读量和近 4 000 万互动量。在这段时间里，各地宣传官微同样 7×24 小时在线，及时通报疫情信息、发布防控措施、回应网民关切。全国有 4 300 多个地方政府宣传、网信及基层政府组织官微，实时发布本地疫情通报、防控工作措施等，累计发布 105 万条相关微博，获得 224 亿阅读量和 4 353 万互动量。

4. 不同社群专业意见领袖积极作用显现

还有大量信息来自各类意见领袖。首先，专家型的意见领袖在新冠肺炎疫情中受到广泛关

① 打好新媒体人“网上战‘疫’”. 中安在线，2020-02-07.

注，专业力量的回归是新冠肺炎疫情中一个可喜的变化。近年来，在自媒体潮水般的冲击下，越来越多的意见领袖向点击率、流量思维倾斜，甚至一些专业媒体也弱化自身的专业优势，向以抓眼球为目标的“标题党”靠拢，一味求快、赚取点击量，而对内容不加甄别、求证，造成假新闻案例增多。新冠肺炎疫情期间，公众需要理性、专业的声音，一批具有精益求精的专业精神和“爱国、创新、求实、奉献、协同、育人”的科学家精神的专业群体得到了公众的广泛认可，给社会和大众带来了战胜疾病的信心和安全感。中国工程院院士、著名呼吸病学专家、国家卫健委高级别专家组组长钟南山和国家卫健委高级别专家组成员李兰娟在抗疫一线表现出的爱国、专业、责任感给公众带来极大的信心。上海市医疗救治专家组组长、复旦大学附属华山医院感染科主任张文宏的专业、真性情、风趣语言同样受到了广泛的关注。他们通过舆论影响力增强全社会的科学防治意识。他们在扎实研究的基础上，通过各类发布会、接受媒体采访和互联网不断发布科学防治的权威观点和专业意见与建议，提高公众科学认知水平，指导科学防治，倡导科学消杀，特别是推动全面普及戴口罩、勤洗手、常通风等最简单、最有效的大众防护措施，提升了公众的自我防护能力。

其次，各个互联网平台上涌现出一批以科普为己任的自媒体、意见领袖，他们具备相当的专业知识，用各种形式解读专业问题，在新冠肺炎疫情期间迅速“出圈”，受到全社会的广泛关注。自媒体“回形针”发布的《关于新冠肺炎的一切》科普视频在 2020 年 2 月 2 日 9 时左右上线，14 时左右点击量达到巅峰，视频硬核、全面、严谨、可视化、具象化地展示新冠肺炎科普内容，收获了超 300 万粉丝的口碑。到 2 月 5 日，微信阅读数超 3 200 万，“在看”数超 49 万，微博播放量近 9 000 万，全网播放量达 1.5 亿。[3] B 站上发布的《为什么现在不能开学》也通过仿真动画的形式，通俗易懂地说明了校园传播路径，清晰地说明“为什么现在不能开学”，获得全网转发。

此外，一些明星的粉丝团体也积极行动，这些明星通过自己的影响力，以不同的方式传递正能量。2020 年 1 月 24 日，共青团中央及全国妇联联合指导的公益平台“能量中国”官方微博发布一则公告：“100 家粉丝团联合能量中国、青春湖北、湖北希望工程向武汉大学中南医院捐赠一次性医用手套 143 100 只。”由于想要加入的粉丝团数量巨大，在物资有限、需要多方筹措资源的情况下，反而需要控制参与名额。这是官方平台和“饭圈女孩”的协同合作，在线上线下一体化、扁平化的组织模式下，其组织动员能力相当突出。这些粉丝团以线上形式去组织，捐助、捐款都是采取粉丝习惯的方式，召集信息发出的瞬间，每一个粉丝群都会收到，信息扩散非常快。这都展现出了粉丝团惊人的协作能力。

10.1.4 舆情引导关注公众情绪

在新冠肺炎疫情中，公众情绪构成较为复杂，恐慌、焦虑、愤怒、悲观与理性、感动、积极相互交织。尤其是在防疫抗疫的早期，舆情热点更新迭代极快，随之而来的情绪波动也极大：对防护物资处置不当的愤懑，对医护人员防护不足的担心与愤怒，对火神山、雷神山医院惊人建设速度的自豪，对白衣战士披甲逆行的钦佩与感动，对弱势群体就医的关切和焦虑等。信息流多元爆发，传播、评论都极其便利，且数亿人居家，看电视、看手机成了很多人唯一的休闲，海量的信息扑面而来，公众情绪和态度起伏不定。

情感认同是形成社会共识的前提也是基础，甚至能超越价值判断，凝聚共识。找到传播内容与用户情感需求的契合点，在坚持正确舆论导向的前提下，既要在理又要有情，讲述富有温度、富有情感的故事，使内容和受众之间产生正向情感联结。这种情感联结，不仅要诉诸情感，也要增强内容深度。在公众复杂的情绪中寻求情感认同需要具有感同身受的共情能力，也需要从理性的视角梳理公众情绪，引导公众看到恐惧中孕育的勇气，焦虑中孕育的严谨，悲伤中涌现的生命意义，看到普通人在危机时刻的责任和担当。这样情感共振通过一个个具体叙事、具体报道被激发。

民以食为天，食物对于中国人来说是一个意象丰富的符号，代表了家乡，代表了温暖。如央视网找到了地域性食物代表载体——武汉热干面，以小吃代表每一个地区，形象生动地展现了全国人民对湖北的支持，独到的创意和暖心的风格深深打动广大网友，并获《长江日报》《武汉晚报》《新京报》《人民日报》等大量媒体账号自发转发，还在全网引发了一场再创作热潮，诸多媒体机构、个人创作者均以此为灵感进行了一系列的衍生创作。

在新冠肺炎疫情期间，上海复旦大学附属中山医院援鄂医疗队队员刘凯医生在护送一位87岁的患者做完CT回病房的路上，问老先生要不要看一眼落日，于是两人特意停下一起观看落日。这一幕被拍下，打动了无数网友，对生命的尊重与热爱浓缩在这样一幅画面中，成为一代人的集体记忆。

“人民日报”微博于2020年1月27日发布“医生父子隔防护玻璃打气”，展示了医生父亲随手在处方单上写上“加油”，隔着防护玻璃对着同为医生的儿子举起那张处方单，互相加油打气的场景。高度浓缩的感情让人瞬间泪目，“上阵父子兵”的经典意象也增强了公众的信心。“人民日报”微博于2020年1月29日发布“护士长面部浮肿勒出压痕”，护士长的面部浮肿与勒痕映射出工作强度之大。没有过多的渲染，也没有夸张的描述，只是截取“面部浮肿出现勒痕”这一片段，就使读者有一种情感的跳跃，增强了情感浓度。

央视新闻推出的“14亿人在战斗，每个你都算数！”系列海报（图10-8），《20分钟、12小时、74份、25 633》《450人，1 400人，2 600人！人民军队，出征！》等作品将抗击疫情过程中的拼搏、奉献以及战斗成果凝练成数字，鼓舞人心，极具冲击力，相关话题微博阅读量超过2.4亿；原创微视频《母行千里儿担忧》以抗击疫情一线的医护人员、警察等“逆行者”子女的视角讲述感人故事，彰显“舍小家为大家”的英雄情怀。

自2020年2月20日，由多方力量组成的中国摄影家协会摄影队在一个多月时间里，先后为全国各地驰援湖北各地的医疗队共4.2万余名队员拍摄了个人肖像，基本完成这项中国摄影史上首创、世界摄影史上罕见的重大摄影工程。这项摄影工程努力让白衣执甲、逆行出征的每一个面孔都留在时间的长河中，烙印在更多人心中。

除了专业媒体通过有温度、有深度的报道和作品激发公众情绪中的正能量，在互联网平台上，各种展现人们对生活热爱的内容也广泛传播，其中不乏各类组织和明星网红的引导。抖音

图 10-8　央视新闻推出系列海报

（资料来源：“央视新闻”微信公众号）

平台上，居家美食的教程广受欢迎，一些知识服务平台上的读书活动等，都在不同层面疏解了公众的情绪。

此外，国家卫健委发布《新型冠状病毒感染的肺炎疫情紧急心理危机干预指导原则》，实施分类干预；国务院联防联控机制印发《关于设立应对疫情心理援助热线的通知》，各地在原有心理援助热线基础上设立应对疫情心理援助热线；高校开通疫情心理支持热线和网络辅导服务；互联网医院及相关企业、机构提供网络在线、电话热线等社会心理服务。2020 年 4 月 4 日 10 时，习近平等党和国家领导人同 14 亿中国人民一起默哀 3 分钟，深切悼念抗击新冠肺炎疫情斗争牺牲烈士和逝世同胞，也让全国人民通过这样的仪式寄托了哀思，让我们更加懂得，没有什么比生命更宝贵。

这些报道和举措都贴近人民，与人民共情，为防疫、抗疫凝聚共识，积淀了丰厚的情感土壤。

10.1.5　信息载体多样，覆盖面广

新冠肺炎疫情期间，直播、短视频、音频、图片等不同形式的信息载体各自发挥其作用，提升了信息触达受众的效率。媒介的改变拓宽了信息表达方式，满足了不同受众的需求。

2020 年 1 月 27 日，中央广播电视总台“央视频”客户端“疫情 24 小时”专题页面开启了武汉火神山和雷神山两家医院建设现场的慢直播，24 小时不间断呈现现场施工实时画面（图 10-9），开通直播不到三天时间，累计访问量超过 2 亿。① 之后又提供了全景 VR 直播，使广大网友化身“云监工”，在线围观、监督施工进展。不同于传统的新闻直播，慢直播无解说、无剪辑、无任何加工，只有固定的机位与多个画面呈现角度。慢直播提供了一种不加修饰的全场景内容呈现，其

---

① 直播不到 3 天访问量破两亿 史上最强“云监工”的幕后故事.腾讯网，2020-02-07.

真实性、透明性、参与性赋予观看者一种“控制感”，有助于缓解大众对于“事件发展不可控制”的焦虑，在一定程度上放松心情。广大网友通过弹幕进行互动，一场慢直播成为数亿人交流的平台。网友们在这样的互动中，感受事物发展的全貌，给每一台设备起了网名，这种拟人化的表达，更能寄托举国上下共同的关注和感情。“慢直播＋VR”的配置进一步消除空间距离，带来自主式、沉浸式的观看体验，且可以切换多个视角，使事件的呈现更加立体、直观。建设者、“云监工”在同一个时空内同频共振。

图 10-9　央视网武汉雷神山医院建设现场慢直播截图

围绕火神山、雷神山医院建成交付使用，新华网推出《卫星图告诉你，火神山医院是如何炼成的?》《卫星高空“监工”，看雷火双神山如何迅疾如雷》等系列卫星新闻，运用卫星图、创意海报、短视频等多种形式融合呈现火神山、雷神山医院建设全过程，展现“雷火”齐聚对抗击疫情发挥的重要作用。

短视频作为一种低语境的传播语言，具有门槛低、可视化、互动性强等优势，能够以简单易懂、清晰直观的方式将重要的事实性信息传达给受众。同时，不同于有着完整的叙事结构的长视频或者图文形式，短视频要求在尽量短的时间内进入故事核心、突出信息关键，从而具有极高的传播效率和快速传递要点的能力。以短视频语言传播疫情信息，能够帮助受众快速抓住主要信息，给予其即时报偿的满足感。

疫情期间，短视频的发布主体来自两个方面：一是广大传统媒体主动利用短视频传递疫情一手信息，创新重大主题报道；二是大量用户原创内容通过B站、微博、抖音、快手等平台传播。新冠肺炎疫情期间，大量讲述亲身经历的Vlog成为公众了解抗疫细节的重要渠道。在疫情最严重的武汉，许多博主拍摄Vlog的初衷是想帮助大家看到城市的真相，消除恐惧。这些Vlog以主人公的第一视角进行叙事，在强调真实性和现场感的同时，满足了受众的好奇心，打破了以往新闻报道严肃刻板的形式。同时，Vlog的风格自然随意，加入了口语化、情绪化和具有互动性的表达。普通人的讲述带给观众更强烈的现场冲击感和精神共鸣。

新冠肺炎疫情期间，大量UGC被传统媒体纳入新闻生产体系。如人民日报发布的“疫”线Vlog专题视频，很多都来自抗疫一线护士、普通武汉市民的拍摄、讲述，多篇报道获得“10万＋”点击量。封面新闻将Vlog系列视频作为展现一线疫情防控进展的重要手段，以日记体形式记录了真实奋战中的武汉。《战疫Vlog：与口罩和消毒液度过的一天一夜》《战疫Vlog：仙桃境内，村与村之间的路被堵了》《战疫Vlog：抢建黄冈版“小汤山”的志愿者们，他们心里是有希望的》等Vlog播放量超过3 000万。人民日报客户端、央视频，以及以专题形式推荐呈现的封面新闻抗疫Vlog，全网点击量共计超5亿，条均播放量1 000万。这种“用户生产内容＋专业媒体把关”为传统媒体的内容生产注入了新的活力。①

10.1.6　信息发布与信息服务相结合

随着新技术的应用，信息发布与信息服务的结合成为可能。在重大公共卫生事件中，信息服务不仅可以提升工作效率，实现精准防疫；还可以有效提升政府的公信力，增强权威信息的传播效果，及时发现公众关注焦点，纾解公众情绪，避免舆情风险的爆发，促进社会共识的形成。

1. 媒体平台向前一步开展信息服务

新冠肺炎疫情暴发以来，众多媒体平台开展了形式多样的信息服务，拓展了平台功能。利用媒体广泛的传播力、影响力，对接各种资源，服务社会，从一个侧面起到了凝聚共识的作用。

2020年2月5日，在有关部门支持下，人民日报新媒体推出“征集新型冠状病毒肺炎求助者信息”平台。“人民日报”微信公众号多次发布“紧急扩散”类文章，寻找与确诊患者同乘人员；2月5日发布《请扩散！新型冠状病毒肺炎求助通道开启》，集中收集未被收治的新型冠状病毒肺炎患者信息，并反馈给相关部门，成为实现“应收尽收，”政府承诺的重要助力之一。这种利用媒体广泛的传播力、影响力，直接对接救助资源的服务方式，受到了广泛肯定，提升了救助效率，在很大程度上弥补了地方政府信息搜集方面的力有不逮，也提升了媒体的公信力。截至3月11日，求助平台累计收集转交湖北省求助信息2.7万余条，帮助很多群众及时获得检测和收治，受到广泛肯定。人民日报新媒体在媒体中最早推出“确诊患者同行程查询工具”（图10-10）。截至3月11日，查询工具已入库“寻人”信息3 173条，网民查询总次数已经超过2亿，成为同类工具中查询次数最多的平台。②

图10-10　确诊患者同行程查询工具
（资料来源：人民日报客户端）

① 疫情期间的融媒体传播特点分析.人民网，2020-03-09.

② 4 855万超常规“增粉” 人民日报新媒体究竟有啥“料”.人民网，2020-03-14.

新冠肺炎疫情发生后，新浪微博迅速成为物资救助信息发布传播、公益机构以及网友获取救助信息的重要平台。据新浪“微公益”官方微博数据显示，截至2月2日24时，社会各界发布求助微博19万条，被阅读3.56亿次；1.7万名医生参与在线义诊，90万人次受益；273家企业捐出63.62亿元款物并通过微博公示；2 085万人主动传播公益信息，被阅读46.2亿次。

疫情突如其来，人们的生产生活受到不同程度的影响，停工停产停课、农产品滞销等引发舆论担忧。作为媒介平台，不少融媒体中心充分发挥全媒体优势，精准发声，融合传播，探索推出多元化、特色化的服务，成为引导群众、服务群众的好帮手。

浙江长兴传媒集团推出“云帮扶”战疫助农公益活动，通过融媒体直播，为受疫情影响的滞销农产品寻找买家。直播期间，买家可通过直播链接或“长兴鲜”微信公众号下单认购，也可以直接联系农户订购。《吉林日报》通过融媒体平台帮助全省的农产品代言，策划推出“兴农帮·帮老乡”活动。在吉林省委组织部的大力支持下，通过驻村第一书记获得第一手信息，在吉林日报全媒体平台、“学习强国”吉林学习平台、新时代e支部等新媒体平台上推广，精准宣传，帮助农户解决卖难问题。此外，融媒体中心还探索线上直播销售的模式。比如，四川雅安石棉县融媒体中心的新闻工作者帮果农促销黄果柑。

疫情期间，学生停课问题牵动千家万户，不少媒体平台推出“云学习”服务，依托电视、电台等传统媒体，开展线上教学活动，让学生停课不停学。比如，河南项城融媒体中心联合教育部门搭建“空中课堂”，18万名中小学生实现“停课不停学，离校不离教”。天津津云新媒体集团股份有限公司联合天津广播电视网络有限公司与天津市教委合作推出“广电云课堂”学习平台，平台以广电机顶盒和津云App为载体，电视大屏和手机小屏互联互通，以满足延期开学期间学生的学习需求。此外，随着“停课不停学”的开展，新兴短视频平台也加入其中，2020年1月下旬，字节跳动面向武汉开放在线授课直播服务；2月初，抖音、西瓜视频、今日头条等宣布请名校名师为全国中小学生提供免费上课服务，快手也开通了“在家学习”专区，推出公益直播课堂等。

通过推动企业招聘需求与求职者应聘需求的对接，有效解决复工复产中劳动力匹配问题。2020年3月6日，阿里云联合多家广电传媒企业，成立融媒体战疫复工联盟，上线融媒体战疫复工平台。通过在各地以电视、网页、客户端、公众号、微博等多种途径进行信息发布，让更多的企业主和民众获取信息，帮助企业和民众建立连接、匹配劳动资源。

2. 政务服务平台提供丰富的信息服务

疫情期间，国家及各地区一体化政务服务平台提供疫情信息服务，推行线上办理，协助推进精准防疫，应用成效越来越大，已经成为创新政府管理和优化政务服务的新渠道。这些平台将服务功能和信息发布功能结合，形成了正向互动。

2020年2月28日，国务院客户端小程序上线一周年。中国政府网通过官方微信告诉广大用户：小程序总访问量达5亿次，疫情服务专区访问量达2亿次，成为首个注册用户达千万级的国家级政务小程序。国务院客户端贴近群众实际需求，在疫情期间，推出了“疫情防控线索征集”专区，并联合国家卫健委等部委先后推出“患者同乘接触者查询”“全国心理援助热线查询”等 11 项便民服务小程序应用。尤其是“全国‘菜篮子’供应信息查询”应用，通过几十万网友的转发，农业部电话回访发现有超五成的合作社接到了电话订单咨询。3 月 6 日，小程序通过升级迭代后，增加了水果、畜禽蛋奶、鱼虾水产品等多个品种，还增加了供应信息报名渠道，这些小程序应用引领了线上政务服务。

政务服务平台第一时间发布防控工作相关指令文件，实时更新、集中报道，以便人民群众通过电视、公众号、微博、微信等多种途径，及时收到防控动态。深入县域的服务平台，充分发挥了最接近基层群众的区位优势，大幅提升信息传播的时、度、效。同时，服务平台也为各级领导干部了解群众所思所想、了解群众诉求以及他们的呼声提供了方便快捷的途径，是传播政策与了解社情民意的重要渠道。

新冠肺炎疫情期间上海市 16 个区级融媒体中心多渠道收集百姓呼声，开通疫情防控工作问题建议征集渠道，面向市民征集疫情防控工作问题建议。市民可登录各区融媒体客户端，或通过各区政府门户网站、政务微信、政务微博等平台反映问题，提出建议。通过这种方式，把政府服务延伸到基层，便于相关部门及时有效地获得基层最真实的情况，也有利于问题解决。如上海市杨浦区融媒体中心依托自主客户端上的“我要问政”功能，通过区里的“扬声器”工作平台，建立了同步联动相关单位快速协调解决问题的工作机制。根据疫情防控需要，在“杨浦区疫情防控工作问题建议征集平台”上线后，进一步完善工作机制，做到了在平台上反映的小区防控不到位问题两小时内即可通知到相关街道并接到反馈。

3. 全面开通“辟谣平台”

此次疫情相较以往的重大事件，谣言“寿命”明显减短。据百度搜索大数据显示，“醋”“板蓝根”“板蓝根作用与功效”等谣言的搜索指数都呈直上直下的趋势（图 10-11），刚刚引发关注就因为“被辟谣”而被公众“抛弃”。这很大程度上得益于各种辟谣平台对谣言的实时洞察，多渠道推送权威信息，科普知识及时跟进，通过强大的信息“对冲”打击谣言，覆盖谣言。

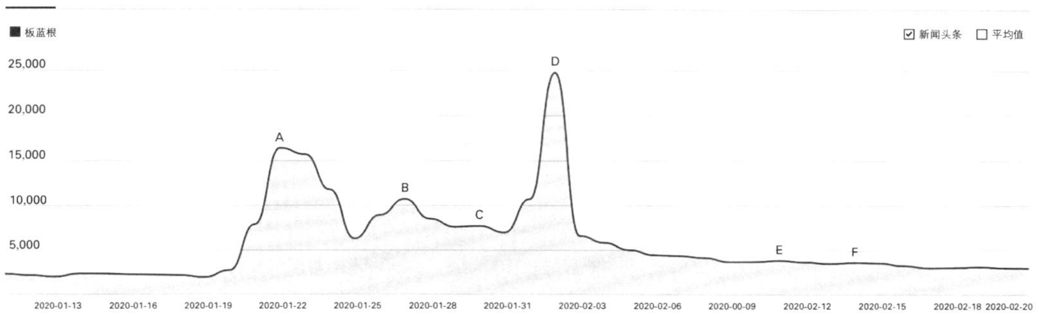

图 10-11　2020 年 1 月 10 日—2 月 20 日“板蓝根”的百度搜索指数

（资料来源：百度指数官网）

疫情前期，据百度发布的《新型冠状病毒肺炎搜索大数据报告》显示，一系列辟谣信息占据搜索大数据前列，包括“盐水漱口预防肺炎”“抽烟喝酒预防肺炎”等内容被证实为谣言。随着各地全面建立辟谣平台，公众可以非常便捷地识别谣言。

(1) 媒体融合，确保权威信息触达公众，挤压谣言传播通道。

全国各级政务服务平台、各地主流媒体均开辟了辟谣平台，这些平台汇集每天传播最广的谣言，进行澄清辟谣(图 10-12)。辟谣信息还被制成短视频、H5、图说等多种形式的融媒体产品，进行全平台推送。

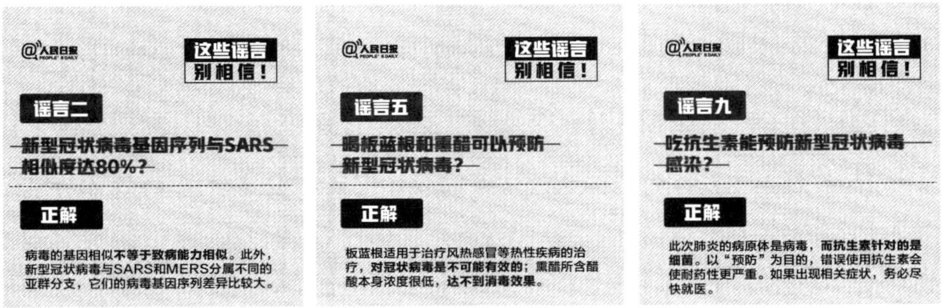

图 10-12 “人民日报”微信公众号定期发布辟谣信息

(资料来源：“人民日报”微信公众号)

此外抖音、快手、微视等平台，成为主流媒体通报最新疫情、专家观点、科普知识的前沿，也成为用户信息获取的重要渠道。央视在抖音开设“央视新闻”“小央视频”和“新闻联播”等多个账号，对战“疫”信息成矩阵规模性输出。

一些短视频平台也主动策划科普和辟谣内容传播。腾讯微视开展了“疫情知识官”系列策划，将疫情防治知识点融入视频中，通过引导用户答题及传播科普知识的方式，传播疫情防范科普知识。各大媒体均制作了十分便于手机传播的科普海报，提升用户对真假信息的辨别能力。

对于自媒体发布的优秀科普内容，主流媒体也通过转载等方式，调动起不同主体参与辟谣的积极性，取得良好效果。

(2) 多主体联动，运用大数据技术识别谣言、防控谣言。

在全国范围内，各种辟谣平台也发挥出了巨大作用。中国互联网联合辟谣平台由中央网信办违法和不良信息举报中心主办、新华网承办，该平台得到了中共中央党校、国家发展和改革委员会等 27 家指导单位的帮助，以及中央重点新闻网站、地方区域性辟谣平台、门户网站和专家智库的大力支持，构建了对网络谣言“联动发现、联动处置、联动辟谣”的工作模式。

腾讯较真平台的专家和机构合作伙伴超过 500 个。新冠肺炎疫情期间腾讯新闻联合中国医师协会健康传播工作委员会推出的针对新型冠状病毒谣言的辟谣平台，通过焦点辟谣可以直观了解谣言与真相的内容。

2019 年，阿里达摩院基于各类高效算法研发的“AI 谣言粉碎机”，用其 81%的识别准确率击败美国诸多研究院所。2020 年 1 月 28 日，阿里巴巴“疫情服务直通车”功能升级，新增疫情直播、紧急寻人、谣言粉碎机、权威解读等功能。在支付宝 App 首页腰封位置，或上支付宝搜“抗击疫情”，便能进入该页面。

百度辟谣平台的核心由信息处理技术、辟谣平台数据库及辟谣信息分发机制所组成。其中，对谣言的信息处理技术应用了百度搜索多年来在自然语言处理、大数据以及人工智能技术上的积累，可以第一时间发现网络上的疑似谣言；而辟谣平台数据库则通过引入全国官方机构、专业机构、各领域专家学者，可以鉴别谣言并有针对性地产出辟谣文章。

新浪新闻利用 AI 技术整合《人民日报》、新华社等权威媒体进行内容聚合分发，帮助用户及时了解实时疫情动态，同时对用户防疫科普、谣言甄别等潜在需求进行预判，向用户展示科普和辟谣信息。

今日头条在其新冠肺炎疫情实时追踪中也上线了“谣言终结者”功能，通过里面的官方新闻，可以最大程度识别哪些是谣言，哪些不是谣言。

这些平台广泛采用各种新技术，使公众可以非常便捷、低成本地识别谣言，有效地抑制了谣言的传播，有利于全社会形成广泛共识，为抗疫成功夯实基础，是防范舆情风险、实现舆情引导的重要组成部分。

新冠肺炎疫情中，我国在以习近平同志为核心的中共中央坚强领导下，建立中央统一指挥、统一协调、统一调度，各地方各方面各负其责、协调配合，集中统一、上下协同、运行高效的指挥体系，迅速开展社会动员、发动全民参与，坚持依法、科学、精准防控，在全国范围内实施史无前例的大规模公共卫生应对举措。我国以对生命负责、对人民负责、对历史负责、对国际社会负责的态度，建立最严格且专业高效的信息发布制度，第一时间发布权威信息，速度、密度、力度前所未有。在这一过程中，传统媒体、各地融媒体平台、大众传播和网络媒体与新闻发布工作协同，都发挥了重要作用。贴近人民，关注公众情绪，运用多种传播手段，采用先进传播技术，使持续、权威、清晰的疫情信息触达个体，将权威信息传播与信息服务结合，提高传播、互动、引导、融合能力，有效回应了公众关切、凝聚了社会共识，为社会动员、全民参与、开展精准防控奠定了基础。

10.2 企业舆情风险应对探索与实践

围绕企业产生的舆情风险常见的有突发事件舆情风险（例如质量安全事故舆情风险），合法、合规、诚信经营舆情风险等。舆情风险产生的主要原因如下。

一是围绕企业形成的刻板印象。在舆情事件中，企业面对的是员工、消费者以及社会公众，围绕企业形成的刻板印象大多是“强势”“垄断”“店大欺客”，多数利益群体或公众普遍采取“宁可信其有”的态度，轻则影响企业的声誉和品牌形象，重则危害企业的生存与发展。还有很多企业对舆情事件处置不当，可能导致所在行业都深受其害，甚至成为公共舆情事件。例如与环境保护、食品安全相关的公共议题，一般是由个别企业引发，进而通过舆情波及整个行业，造成全行业的委顿。

二是专业化社会的发展。在高度分工的社会中，围绕企业的各种专业知识、法律法规、科学技术繁杂而细致，这种专业思维很难被公众全面深刻地理解。比如，是不是所有的化工厂都是高污染企业？天气变化对用电量有多大影响？核电企业是不是安全？这些专业问题容易引发舆情热点。如果处置不当，则可能引发公众广泛关注，甚至导致群体性事件。

三是随着互联网的不断普及，特别是以微博为代表的社交网络平台诞生后，网络舆情带给企业的影响越来越大。企业行为越来越被置于公众视野中，过去遵循的公共关系管理维护与管理方法不能有效防控网络舆情对企业带来的影响，舆情风险管理工作也因此成为不少企业经营管理工作中的一项重要内容。

10.2.1 企业的声誉管理

有学者认为，企业声誉就是媒体、公众及各个利益相关方对企业等组织形成的认知。突出的企业形象可以快速通过商标、广告、公关等手段在较短的时间内获得；而声誉是对企业特点的价值判断，和简单的企业形象不同，它的塑造过程十分漫长，需要企业有长期的优秀表现。过去公众对品牌的感知和认知主要来自企业提供的产品和服务，企业声誉的积累则来自更广泛的领域，例如对于供应商的诚信、内部职工的职业健康安全、对所在区域的环境保护等。但是随着互联网的发展，企业行为日益透明，今天公众可以较低的成本获得企业发展、管理等各个方面的信息，公众对企业品牌的感知和评价也变得日益丰富。因此，在今天的传播条件下，声誉是品牌的有机组成，二者很难分割。

从企业舆情风险的角度看，可能影响企业声誉的因素就是导致企业舆情风险的因素。企业的声誉塑造，应着重采取适宜的传播策略来影响媒体和公众对组织的认知，既可以是维持和提升组织的美誉度，也可以是修复组织因各种原因受损的形象和声誉。[4]有效的危机传播能够修复组织受损的声誉，即对组织进行“矫（正）型传播”；更为理想的状态是化危为机，借助于危机发生前后媒体和公众对于组织的密集关注，重塑其声誉和品牌，实现“塑（造）型传播”。

和应对舆情危机的短期效应不同，声誉塑造是一种长效机制，是企业行为方式的综合呈现。它可以为组织建立“情感银行”或“光环效应”。特别是在一些专业要求高的行业，其长期形成的声誉会在公众认知中形成刻板印象。有研究证明，在日常公关中注重声誉管理的企业在遇到突发事件时，能为企业消解部分负面影响，能够在一些事件中更容易得到公众的理解。在同等情况下，媒体和公众对于那些有着良好声誉的企业会表现得更为宽容。

在实践中我们发现，涉及公众服务、高危行业的企业在日常工作中尤其要注重声誉塑造。例如，上海隧道股份这样的企业涉及“国企背景”“高危行业”“公共服务”，发生任何有损声誉的事件，都极易引发广泛关注。特别是 2012 年养护运营等公众服务类板块的加入，更使该公司发生突发舆情危机的可能性和处置难度达到了前所未有的高点。与此同时，充分竞争的业态环境和新一轮深化改革中隧道股份“公众公司”的定位，使始终保持良好的品牌形象成为集团顺利推进改革深化和保持稳定市场业绩的“刚需”。具体来讲，2006 年上海城建（集团）公司迎来挂牌成立 10 周年纪念。10 年的市场化经营，不仅让上海城建（集团）公司完成了从政府事业机构向市场竞争型企业集团转型的蜕变发展，也让当时的上海城建（集团）公司对企业品牌建设与品牌声誉维护有了更强的认知和需求。与此同时，“世博大建设”带来的企业大发展，“世博后时代”企业该如何继续凭借核心竞争能力和品牌美誉度安然度过市场空窗期，走出一条新的蓬勃发展之路等危机意识、市场意识和品牌意识也是触动当时的上海城建（集团）公司加强企业应急处置工作的动因之一。特别是 2016 年，隧道股份接受原母公司上海城建（集团）公司所有国有资产，实现整体上市。更广的业务范围、市场区域和更高的市场、公众关注度，促使隧道股份进一步完善这方面工作。这些积累让隧道股份在突发事件中能够更好地与媒体沟通，与公众沟通，及时传递有效信息，在突发事件中维护好企业声誉。

2016 年 5 月 23 日，上海中环高架被货车压断，一时引发舆情关注，各种讨论瞬间爆发，其中不乏关于桥梁质量的质疑，后经过调查，证明了事故与桥梁质量无关，这一信息迅速传播。同时隧道股份的迅速反应能力，也给公众留下了深刻印象。可以说是在一场危机中，隧道股份很好地展示了企业的能力，为企业赢得声誉（图 10-13）。

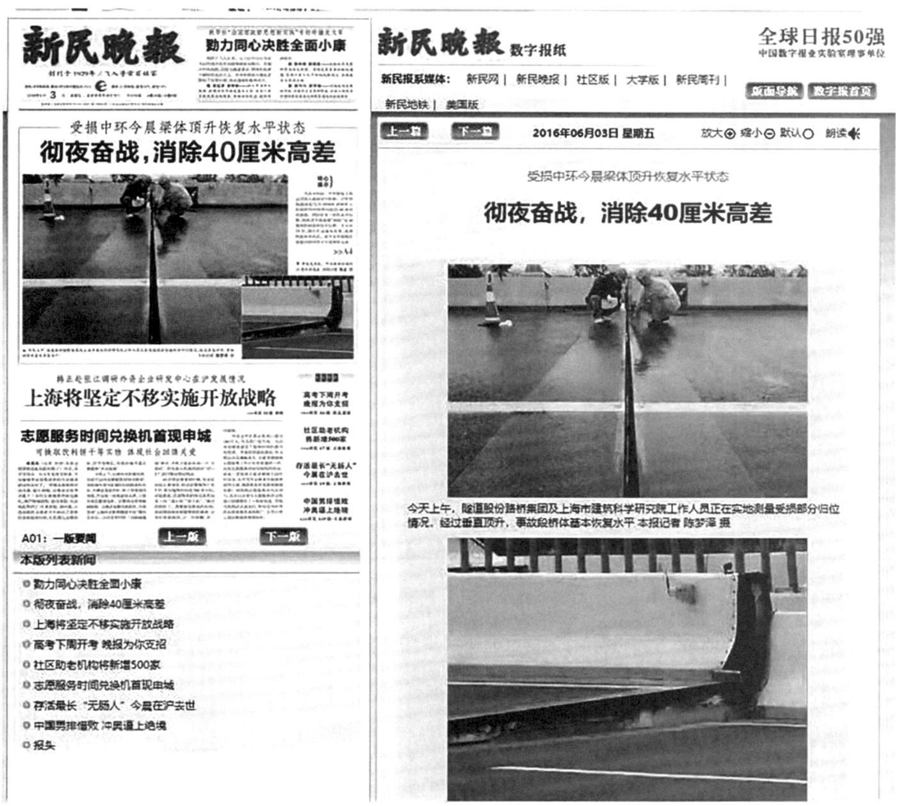
新民晚报
勠力同心决胜全面小康
受损中环今晨梁体顶升恢复水平状态
彻夜奋战，消除40厘米高差
上海将坚定不移实施开放战略
志愿服务时间兑换机首现申城
A01：一版要闻　上一版　下一版
本版列表新闻
- 勠力同心决胜全面小康
- 彻夜奋战，消除40厘米高差
- 上海将坚定不移实施开放战略
- 高考下周开考 晚报为你支招
- 社区助老机构将新增500家
- 志愿服务时间兑换机首现申城
- 存活最长“无肠人”今晨在沪去世
- 中国男排惜败 冲奥遭上绝境
- 报头

新民晚报 数字报纸　全球日报50强
新民报系媒体：新民网 | 新民晚报 | 社区版 | 大学版 | 新民周刊 |
新民地铁 | 美国版
版面导航　数字报首页
上一篇　下一篇　2016年06月03日 星期五　放大　缩小　默认　朗读
受损中环今晨梁体顶升恢复水平状态
彻夜奋战，消除40厘米高差
今天上午，隧道股份路桥集团及上海市建筑科学研究院工作人员正在实地测量受损部分归位情况。经过垂直顶升，事故段桥体基本恢复水平 本报记者 陈梦泽 摄

图 10-13　《新民晚报》关于上海中环桥面的报道截图

（资料来源：http://xmwb.xinmin.cn/html/2016-06/03/content_1_2.htm）

10.2.2 企业舆情监测评估

近年来，越来越多的企业开始关注舆情监测、研判评估工作，通过监测、研判评估加强舆情风险防范，通过事后评估不断总结经验，提升引导、处置能力。

1. 识别研判企业舆情风险点

识别企业舆情风险，可以通过各种有效渠道，通过对内部员工、客户、渠道商、投资者和其他利益相关者的有效沟通和研究，考虑企业面临的基本舆情状态，并结合企业的具体内部因素和整个行业的舆论形象等，来识别企业舆情的风险点，描绘企业的基本舆论形象。

一般来说可以通过以下四个维度来分析。

(1) 企业性质：国有企业、股份制企业、民营企业等不同性质的企业，公众关注的焦点不同。例如，国有企业是否具有垄断性质？是否存在不公平竞争？是否存在贪污腐败？这些议题都极易引发关注。民营企业中，如果企业家较为高调，其负面行为就十分容易形成关注焦点。

(2) 行业特征：结合行业特征分析潜在舆情风险。公众对本行业的总体印象如何？行业服务对象是否具有广泛性？服务对象是否为敏感人群？是否是高污染行业？

(3) 企业管理模块：按照企业内部管理模块来分析潜在舆情风险(表 10-1)。

表 10-1　　企业管理模块常见舆情风险

一般管理模块	常见舆情风险议题
供应商管理	供应商关系
	供应商安全
质量管理	产品、服务的质量和安全
人力资源管理	劳资关系和员工职业健康安全
	管理团队、领导团队变更、信誉等
环保管理	环保、污染事件
财务管理	诚信经营
	合法合规等
客户关系管理	产品服务价格波动
	不正当竞争

(4) 敏感时期：政策调整期，行业季节性波动期，与企业相关的重大公共活动期，企业新产品上市、品牌推广、广告投放、市场推广、公关推介等特殊活动时期，进行舆论风险预警研判，以有效降低企业在实施相关的活动和策略后面临舆论风险考验的可能性。

这些维度为分析企业舆情风险的框架，结合历史数据，从这些角度可以梳理出高风险议题，分析企业在舆论场中的形象，有针对性地制订日常舆情预警标准和应急舆情事件处置应对措施，明确各部门的职责划分与有效配合。

例如，国网上海市电力公司梳理的新闻突发事件主要包括自然灾害、电力生产事故、电力设施破坏、电力设备故障，以及公司内外部发生的可能引发媒体或公众关注和传播的突发事件，新闻突发事件可能对公司品牌形象造成负面影响。

2. 舆情监测常态化

舆情监测常态化，可以清晰地为企业勾勒舆论形象。在专业舆情监测系统的基础上，关注企业日常舆情动态，定期撰写企业舆论风险预控报告，并进行深入研判和总结近期企业舆论的现状和变化，提高突发事件处置能力。

不同企业可根据自身的规模、行业特征选择舆情监测方法。有些企业每天进行简单的舆情采集就可以满足需求。一是浏览当地网站的热点板块和行业网站。很多本地论坛和行业网站、平台是舆情信息发布的首选爆料网站，主要借助公众对本地信息和行业的关注，达到在有限可控范围内实现自己各种诉求的愿望。从舆情风险管理的角度来说，及早关注这些信息，可以有效避免事态扩大。二是借助各类通用搜索平台、大数据服务平台进行定向搜索。前提是建立本企业的关键词搜索词库，可以结合前文提出的分析维度，以及历史信息、同类企业信息，逐步建立关键词搜索词库。借助通用平台，如百度、新浪、微信内搜索、天涯、知乎等，进行搜索，可以涵盖大量信息。三是购买专业监测服务，这同样需要结合企业特征研判关键词。因为目前大多数的舆情监测软件还是建立在关键词的检索基础之上。随着舆情监测市场的发展，购买服务的成本也逐年下降。专门服务小企业的、定制化的简易服务可以满足很多企业的需求。

3. 定期研判，编制预案

在监测基础上定期研判舆情，可以更加准确地识别舆情风险，可以行业为单位开展舆情监测，为所属企业舆情风险防范提供指导，奠定基础。例如，电力行业会定期发布舆情报告，识别行业热点。

2018 年，中电传媒能源情报研究中心监测发现，从行业月度走势来看，舆论关注在前期有较小波动，相关信息在 11 月、12 月呈现爆发性增长。新闻关注与微信传播出现同步波动。1—6 月，舆论关注波动性较小，但两会期间，《政府工作报告》明确一般工商业电价平均降低 10%，引发不少关注。6 月底，国务院印发《打赢蓝天保卫战三年行动计划》的通知，媒体图文并茂对其进行解读，舆论关注持续时间长。7—9 月是电力需求旺季，舆论关注重点在于电力供需、电网负荷情况。上半年电力供需情况、企业半年报及行业总结类信息传播力度大，进入 10 月，供暖季开始，清洁能源取暖事关民生，多方舆论聚焦。自 10 月份以来，庆祝改革开放 40 年活动渐入高潮，能源领域对于行业发展的回顾与展望类信息增多，关于增量配电、电力现货市场建设的信息也出现一波关注热潮。年底，全国能源工作会议在北京召开，指明 2019 年能源工作方向，依然是舆论关注焦点。这些信息共同助推媒体传播量陡增。这样从时间维度分析的方法，在相当一段时间内对行业内所有企业都具有指导意义。各地企业可结合本地特征，进一步细化，提高对舆情风险的预判能力。

针对本企业具体情况和可能发生的突发舆情事件，应制订配套应急预案。在应急预案执行机制中，要明确职能划分，也要有具体的操作指导。不仅要有危机发生后应对各种可能情况的多套行动方案，如遏制危机、处理危机、消除危机，重建或恢复正常状态等，更要通过培训、演练提高应急系统的指挥能力和应变能力。例如，国网上海市电力公司新闻突发事件应急预案包括：编制目的和编制依据、适用范围、工作原则、危险源分析和危害程度分析、事件分级、应急指挥机构、风险监测和预警响应、应急响应、信息报告、后期处置、培训与演练、奖惩、附则等内容。

针对舆情风险的特征，还应考虑针对核心风险议题编制具体操作指导，借鉴公共领域舆情风险处置经验，编制敏感议题问答提纲，为突发舆情处置提供指南。通过演练等方式，提高企业信息发布效果。可以通过对同类企业舆情风险处置复盘演练，提高企业预警处置能力。

10.2.3 企业的突发舆情处置

企业突发舆情的处置是一个系统工作。在处置过程中，重点要分析舆情事件对利益相关方的影响。利益相关方包括政府、供应商、客户、社区、员工等不同群体，分析不同群体的诉求，有助于制订具体策略。

要确保信息传递路径通畅。积极沟通，及时化解公众、媒体的疑问和情绪，获得认同和支持。处理好与相关部门以及媒体的协作关系，及时向公众发布信息，第一时间与主流媒体、有影响的市场化媒体、都市类媒体和网络媒体主动沟通，澄清事实，增信释疑，做好宣传解释说明工作。运用企业自身的发布平台，及时发布权威、准确信息，输出事实、观点，对舆情产生影响。跟踪舆情指数变化，及时调整举措，保护企业声誉。

例如，上海建工集团建立《安全事故与突发事件报告和处置的规定》制度，明确要求安全事故和紧急事件发生后，现场负责人应立即逐级上报至本单位负责人，国内市场发生的事故应同时报告集团的相应区域公司负责人。事故单位应于 1 小时内报告至集团相关管理部门；情况紧急时，应于 30 分钟内报告至集团相关管理部门。事故发生后，事故单位应于 1 小时内向事故发生地的区县级以上人民政府相关管理部门和行业主管部门报告。事故报告要按照“快报事实、慎报原因”的原则上报。事故初报应当包括以下内容：①事故发生单位（项目）概况；②事故发生的时间、地点以及事故现场情况；③事故的简要经过；④事故已经造成或者可能造成的伤亡人数（包括失踪的人数）和初步估计的直接经济损失；⑤已经采取的措施；⑥其他情况。事故发生后，事故单位应当立即启动应急救援预案，安排对应部门落实应对措施，组织现场进行应急抢险救援工作，并应积极配合政府主管部门进行事故调查，妥善安排事故善后处理及现场检查、整改、教育等工作。

经过多年来的宣贯和实践指导，上海建工集团下属单位的信息报送意识非常强，落实了相关责任人，建立了相应的工作机制和办法。好的信息、负面信息基本都能在第一时间按时上报。运转相对比较成熟的安全生产条线、宣传条线、行政办公条线等，多管齐下，确保重要信息不遗漏、不错过。企业的公众服务类信息，主要在企业党组织的指导下，由党委宣传处和各单位宣传主管部门负责与公开媒体对接。上海建工集团目前与20余家主流媒体保持良好合作关系，主要发布企业参与的时政热点信息、工程建设动态、企业新兴业务、标杆团队与先进人物等，展示企业的品牌、业务、文化，塑造一个负责任的公众公司形象。

相关链接　2015年中铁建三高管马里酒店恐怖袭击遇难事件舆情处置分析

1. 事件概述

2015年11月21日2时31分，中铁建设集团有限公司（以下简称“中铁建”）从中国驻马里大使馆处确认，公司赴马里交通部洽谈合作项目的3名员工在马里巴马科丽笙酒店恐怖袭击事件中不幸遇难。3名员工分别是中国铁建国际集团总经理周天想、中国铁建国际集团副总经理王选尚、中国铁建国际集团西非公司总经理常学辉。

截至当地时间20日16时许，马里官方表示，人质劫持事件结束，两名袭击者被击毙，事件造成27人死亡，多人受伤。中国驻马里大使馆证实，3名中国公民在袭击事件中遇难，另有4名中国公民获救。央视新闻报道，其中1名获救公民是中铁建的翻译人员。①

11月21日，习近平主席就3名我国公民在马里人质劫持事件中遇害作出重要批示，对这一残暴行径予以强烈谴责，向遇难者家属表示深切慰问，要求有关部门加大投入和保障，加强境外安全保护工作，确保我国公民和机构安全。

李克强总理表示，中国政府强烈谴责极端组织杀害中国公民的残暴行径，并向遇害者家属表示深切慰问，要求有关部门协助家属做好善后工作。李克强总理还表示，中国政府高度重视海外中国公民的安全，将一如既往加强境外中国公民和机构安全保护工作。

2. 中铁建舆情应对情况

11月21日，中国铁建股份有限公司（以下简称“中国铁建”）官网发布声明称，公司3名赴马里交通部洽谈合作项目的员工在马里恐怖袭击事件中遇难，“中国铁建对3名员工罹难深表悲痛，对遇害者家属表示深切慰问，并强烈谴责恐怖分子的残暴行径”，并将全网以及微博、微信公众号颜色均变为灰白。

声明表示，得知3人不幸遇难后，时任中国铁建董事长孟凤朝，党委书记齐晓飞，执行董事、副总裁庄尚标于21日2时50分召开会议，部署有关处置工作。4时07分，孟凤朝董事长与中国驻马里大使陆惠英进行电话沟通，请求协助落实有关善后事宜。

11月21—22日，中国铁建全系统各单位已纷纷自发开展各种形式的悼念活动，寄托哀思、表达愤慨，同时切实加强海外员工安全防范保障工作，在悲恸中继续坚定地“走出去”。

11月23日，中国铁建决定在全系统范围内举行哀悼活动。9时，股份公司本级，所属各二级、三级单位机关将统一举行集体默哀仪式。同时，停止一切非工作必需的公共娱乐活动，以表达对马里巴马科丽笙酒店袭击事件中不幸遇害的3名同事的哀思。

中国铁建治丧委员会决定，在举行全系统默哀仪式的同时，同步开通中国铁建沉痛哀悼

---

① 中铁建高管马里袭击中遇难 官网哀悼.搜狐，2015-11-21.

2015年11月20日在马里共和国巴马科丽笙酒店因公殉职同事纪念网。

11月23日13时11分，中铁建官方微博转载了新华社权威发布的《救援马里被劫持中国人质始末》的文章。

3. 媒体及网友反应

《人民日报》：王毅表示对中国同胞在马里不幸遇难深感痛心

11月21日，中国外交部长王毅在吉隆坡应询就3名中国同胞在马里人质劫持事件中不幸遇难表示，我们对这一惨无人道的暴行表示强烈谴责，中国领导人高度关注此事，要求我们做好一切必要工作。中国驻马里大使馆将全力以赴处理好相关事宜。

王毅说，不幸遇难的3名中国公民都是工程技术人员，他们到马里去是为了帮助非洲发展，为了增进非洲人民福祉，我们对他们的不幸遇难非常痛心，表示哀悼，相信所有非洲人民也都会强烈谴责和反对这一残暴行径。

王毅还表示，中国一贯反对一切形式、在任何地方发生的恐怖主义，认为国际社会应切实形成合力，共同打击恐怖主义。

新华社：痛悼|他们本为非洲福祉而去，不料却在马里遇难

"他们到马里去是为了帮助非洲发展，为了增进非洲人民福祉，"外交部长王毅在吉隆坡说，"我们对他们的不幸遇难非常痛心，表示哀悼，相信所有非洲人民也都会强烈谴责和反对这一残暴行径。"

凤凰网：马里遇难的3名中国人是谁?

专栏作者第一时间根据中铁建官网上三位遇难者的照片，以及官网上对他们的相关报道加以总结成文，介绍了三人的生平事迹，包括参与的重大工程、获奖、发表的文章、讲话等，较为生动翔实。

网友"roylipost"：

其他遇难者都是什么身份？会不会暴恐分子被幕后金主和提供线报与设计行动的畜生们当枪使了？如果有幕后黑手，是想恐吓中国，或要把中国拖下水去那些地方乱放炮，我们怎么办？非洲是中国要大力帮助发展基础建设的大区域。对低层次的暴恐分子当然要打击，但一定要严厉打击幕后的黑手！

4. 媒体关注度走势

从新浪微指数中对"马里酒店"这个关键词的搜索走势可以看出，21日事情发生时的关注度最高，而后22日、23日的默哀行动并未引起太大关注。

必须指出的是，现代媒体周期短、更新快，对一个事件关注的最高峰通常是在事件爆发的24小时之内；24小时之后，关注度则会迅速下降。因而，这个24小时的媒体注意力高峰期，也是必须集中精力、充分运用的达成传播效果的关键时间。

中国铁建在事发后迅速采取行动，于21日6时多发布官方声明，抢占舆论阵地，发出主流权威声音，值得肯定。

1) 官方微博及时发声

从效果来看,该条微博共被直接转发 1.3 万次,评论超 4 500 条。

2) 大 V 关注

对该条微博进行路径追踪与分析发现,"中国铁建"官方微博是舆论场中心,自有平台传播作用明显。

与此同时,中国铁建周围密布舆论意见领袖,包括主流媒体、网络大 V,他们在此次事件传播中助力明显,值得关注。多位百万级网络大 V 发声。主流媒体如百度新闻、环球时报、广州日报等也参与其中,助力扩散。

5. 舆情处置评估

马里酒店的恐怖袭击事件紧跟全世界关注的巴黎恐怖袭击之后,而且此事件中有遇害的中国公民,必然引起媒体和人们的极大关注。遇难者的身份又是中铁建的高层领导,对于此事的积极应对尤为重要。

对于此次重大事件,在舆情应对和引导方面,目标为及时公布信息,消除负面猜测、潜在的不良影响、对企业长期发展规划的质疑等。

媒体对此事件的关注分为两个阶段:第一阶段快速报道事件本身,第二阶段深度解读事件的背景和影响。

事件发生后,中铁建在第一时间公布了遇难者的身份,用最简单的文字公开事实,如参与此事的高层领导名单、参与时间以及具体行动,言简意赅,可见公司高度重视的态度与高效有力的行动力,化解了网友对于遇难者身份的质疑。高层领导迅速开展工作,将官网、微博、微信公众号等宣传媒体设为黑白色以表哀思,符合人性关怀以及人们的情绪反应。之后,中铁建官网、微博密切关注事件动态,及时转发了党中央领导习近平、李克强和外交部长王毅对此事件作出的指示,传递了我国政府对这一事件的态度,消除了供应商等利益相关方对公司长期发展方向的质疑。

10.3 基础教育网络舆情的特征、问题及管理思路①

目前网络上关于基础教育的舆情涉及安全、公平等多个方面,舆情主体、媒介平台等均具有明显的个性特征。通过对基础教育网络舆情的内容及形式的研究可以发现,目前基础教育网络舆情工作还存在很多问题,可以从体制机制、专业能力及社会舆论环境等维度加强基础教育网络舆情的管理。

中国现阶段的广义基础教育包括幼儿、小学、初中及高中教育。基础教育网络舆情工作是维护校园安全稳定、保障师生权益和维护学校声誉形象的重要基础,也是贯彻党的教育方针的重要体现,其重要性是不言而喻的。与此同时,基础教育面临着复杂的网络舆情环境,使得基础

① 本节作者段洪涛,上海教育系统网络文化发展研究中心副主任,副研究员。

教育网络舆情一般具有属地化、体量小、解决快、影响小的特征。虽然引起全社会关注的重大社会舆情相对较少，但这并不意味着各地教育主管部门及各校在处理这一问题上较为成熟。从近年来各地爆发的舆情事件的处理上看，在思想认识、体制机制、工作方法、资源投入等方面的弊端和疏漏日益凸显。事实上，目前学界对基础教育网络舆情的研究也相对较少，因此，加强对这一问题的研究，分析基础教育网络舆情的特征及现存问题，探索解决相关问题的对策路径，具有重要的理论意义和现实意义。

10.3.1 基础教育网络舆情的特征

基础教育校园丰富多彩，人员基数大、防护能力弱，对教师素质、基础设施、工作细节等要求高，并且在后勤管理、教学管理、校媒管理、安全管理、教师管理等方面的风险点较多且充满变数。在传统媒体时代，信息呈线性模式传播，在强把关效应下舆情传播具有速度慢、范围小的特点。但在融媒体时代，信息传播已经由以往的"一点对多点"变成了"多点对多点"，网络催生各类社会舆情事件，并使得网络舆情呈现出传播形式与路径的多元化、传播信息的分散化及碎片化等特点，这导致对舆情的调控与管理面临严峻挑战。因此，充分剖析基础教育网络舆情的内容和形式，对于做好网络舆情应对和管理工作具有重要意义。

1. 基础教育网络舆情的内容特征

根据舆情生发的动因不同，可以将基础教育网络舆情内容分为内生型舆情和外加型舆情两类。其中，内生型舆情指由学校内部事件所引发的舆情，涉及安全、公平、质量以及权益四个方面；外加型舆情与社会因素、政治因素相关，涉及社会和政治两个方面。

（1）安全问题是基础教育领域最基础的话题。安全与每位师生息息相关，更关涉每个家庭，受到整个社会的密切关注。与安全相关的议题大体可分为三大类：人身安全、食品安全以及校舍安全。人身安全问题，如伤害、自杀、跳楼、疾病、偷拍、霸凌、火灾、中毒等；食品安全问题，如食材霉变、厨房卫生、食品卫生等；校舍安全问题，如甲醛超标、有毒塑胶跑道、宿舍意外死亡等。上述相关事件都曾引发广泛关注和讨论，并且重大安全事故的影响会跨越空间的界限，带来全国范围内的持续性影响。

（2）公平问题体现了教育资源的分配问题，是舆情的重要风险点。公平问题经常涉及入学招生、评优评奖以及考试测试等环节。入学招生公平问题，如招生考试公平、学区划片公平、入学资格获取公平、考试资格获取公平等话题，是近年来舆情的焦点问题；评优评奖公平问题，如奖项设置是否科学、主办单位有无资质、评奖过程是否合理、评奖结果是否公平等，也是网民关注的重点；考试公平问题，如泄题、作弊、发错试卷、统一考试不同考场不同要求等，也是学生网民关注的焦点，尤其是在对升学有重大影响的考试中，这些问题的关注度会大大提高。

（3）质量问题是基础教育舆情经常关注的问题。与质量相关的问题包括两大类：教学质量和管理质量问题。教学质量是基础教育的核心，包括课堂教学内容、课堂管理、学校排名、试卷质量、作业内容等方面，不仅对学生的学习和发展有深远的影响，更容易成为家长关注的焦点。

管理质量与学生在校生活息息相关，管理方法不当、资源分配不均、暴力管理、餐食管理、学生隐私、师生关系、师风师德等也都会成为舆情焦点。

（4）权益问题往往是网络舆情的外延性问题，偶发性较强。根据维权主体的不同，可以将权益类问题分为两大类：学生、家长权益问题以及教师权益问题。学生、家长权益问题的主体为学生和家长，维权关注点包括经济损失、校园环境、校舍变动、反腐倡廉等；教师权益问题主体为教师，是近年来基础教育领域新增的维权主体，教师维权关注点包括人身安全、职称职级晋升、薪资待遇、声誉形象等。如 2018 年 5 月 27 日引起社会广泛关注的六安教师讨薪维权事件，其舆情焦点主要是薪资问题。

（5）以社会为关键词的基础教育网络舆情包括社会舆论裹挟类及社会舆论附加类两方面。前者为由校外商业培训机构引发的舆情被归咎于基础教育体系问题，如培训机构关门损害学生和家长权益、学生有无入学和考试资格等，此类问题并不是学校能够解决的问题，应归属于社会问题，但往往却归咎于学校；后者为由失实言论或报道所引发的网民对事实的误判问题。

（6）以政治为关键词的基础教育网络舆情涉及的事件总体数量较少。该类型案例的主要特征是将偶发管理类个例事件放大化，将其上升为社会问题、政治问题。如某机关幼儿园国旗倒挂，被质疑教育环境是否利于孩子健康成长。

2. 基础教育网络舆情的形式特征

基础教育网络舆情的涉事主体是与幼儿教育、小学教育及普通中等教育紧密相关的个人、群体或组织。涉事主体的限定化决定基础教育网络舆情具有特殊的形式特征。笔者将从舆情主体、传播内容、传播媒介、传播动力、传播周期、舆情应对六方面来进行分析。

（1）舆情主体既包括舆情涉事主体，也包括舆情工作主体。总体来看，舆情主体呈现简单化与复杂化交织的特点。舆情主体按照与事件的相关程度可以分为两类：直接主体和间接主体。直接主体指与舆情事件有直接关系的人或组织，包括学生、家长、教师等，他们是舆情主体简单化的体现。间接主体指与舆情事件主体没有直接关系的人或组织，包括学校、教育局、教委等单位，以及媒体、校友、围观者、谋利者等群体。他们是舆情主体复杂化的体现，是推动舆情发酵、制造不同声音的主要力量。具体来看，不同舆情主体有各自不同的形式特征，主要体现在以下三方面。

① 学生心理成熟化与脆弱化并存。近年来发生的学生伤害事件，按照受害对象不同可以分为伤他和自伤两类。伤他表现为校园欺凌、校园暴力等，集中体现学生早熟化的特征，是学生急于在伤害中追求心理优越感、向成人靠拢的不当行为。自伤表现为自杀、自残等，集中体现学生脆弱化、自卑化的特点。

② 教师权益维护的网络诉求声量越来越大。从近年来的网络维权舆情事件来看，一方面，随着社会开放程度的加大，新生代教师利益诉求的迫切性和明确感增强；另一方面，网络行为具有传染性，人的行为会被邻接的其他人的行为所感染，然后再把这种行为影响传染给其他人。[5]如在 2018 年 5 月 27 日六安教师讨薪维权事件造成轰动后，不久湖南新化县近百名退休教师也就福利待遇被拖欠相关问题到新化县政府上访。

③ 在近年来发生的重大基础教育舆情事件中，学校的身份特征越来越明显。而学校身份特征明显主要体现在三个方面：网民对事件命名多采用“学校＋事件”的方式；网民关注焦点在学校；当进入舆情长尾期，记忆产生模糊时，人们往往会忘记发生过什么事件或事件发生的过程，但记得对应学校。

(2) 舆情传播内容是围绕涉事主体展开的，呈现琐碎化和焦虑化相互强化的特点。琐碎化体现在舆情内容大多为小事，如某网民吐槽师德评选没有意义等。焦虑化的深层原因是家长望子成龙、望女成凤的期望，体现在家庭与家庭、家长与家长之间的暗自较劲和攀比中。一方面，“别人有，我却没有”的心态增加家长的焦虑感；另一方面，当家长的焦虑感无法释放的时候，只能找一个归咎点来释放焦虑，有时会将其归咎于教育问题、社会问题等。随着家长在网络上接收的琐碎和焦虑信息越来越多，其焦虑感会越来越强，如此形成恶性强化效应。

(3) 舆情传播媒介平台具有限定化与开放化交织的特点。根据媒介平台受众规模不同，可以将媒介平台分为微社区和开放型社区两类。微社区诸如某某帮论坛、某某山论坛、微信群、微信朋友圈等媒介平台，此类平台受众规模较小，是对某些特定话题感兴趣的网民的聚集地，具有论坛化、圈群化特点，是教育网络舆情媒介平台限定化特征的集中体现。由于微社区中的话题具有相对集中的特征，此类平台的讨论内容可能成为舆情的信息源。开放型社区主要指微博、微信公众号、主流网站及媒体网站、电视等媒介平台，此类平台受众规模较大，是对新鲜话题感兴趣的网民的聚集地，具有开放化特点，是教育网络舆情媒介平台开放化的集中体现。

(4) 网络舆情的传播动力呈现自发化与大 V 化交织的特点。按照网民的影响力大小可以将其分为两类：普通用户和大 V 用户。其中，普通用户粉丝数较少，作为单个用户的网络影响力较小；而大 V 用户的粉丝数较多，具备舆情传播的基础力量，因而作为单个用户的网络影响力较大，可以成为舆论意见领袖，有引导舆论的作用，并且舆情观点或事件能在最开始获得注意力往往离不开大 V 的意见领袖作用，这是网络舆情传播动力大 V 化的集中体现。与此同时，舆情观点或事件获得大量关注和讨论的前提之一是其能引发广泛的共鸣，所以网络共鸣是网络传播动力自发化的集中体现。

(5) 网络舆情传播周期总体呈现周期缩短、节奏加快的特点。究其原因有三方面。第一，感性使然。日常出现在网络中的舆情事件多为小事，影响范围小且呈现情绪化、个体化、吐槽化的特点。第二，审美疲劳。随着越来越多相似舆情事件进入网民的视野，网民新鲜感降低，对类似事件的关注度下降。第三，焦点频出，注意力匮乏。随着舆情事件呈现小事频发的特点，每天进入网民视野的焦点过多，分散网民注意力。

在舆情发展的缓解期，如果没有再次激起舆论爆发的舆情点，舆情将进入漫长的长尾期，而舆情长尾效应具有记忆化和联想化的特征。记忆化特征体现在一旦再发生同类事情，此前的事情就会被重新翻出并不断对其进行添油加醋的炒作。如 2019 年 4 月，湖南一小学发生砍人事件，在该事件的舆论观点中就有部分网民重新提及 2018 年 6 月上海浦北路持刀杀人案，出现“上海的事情才发生不到一年，其他地方政府难道就不重视吗?”等言论。联想化特征体现在事件中某些缺少的环节会被补充完整并被无限演绎。如 2018 年 6 月上海浦北路持刀杀人案发生后，网上相继出现“嫌疑人因子女被学校劝退，75 万赞助费未归还引发报复”“嫌疑人是学校教职员工”“死亡人数不止 2 人”等不实信息。

(6) 网络舆情应对方面呈现学校和普通教师网络舆情应对能力普遍不足的特点，使得学校在面临突发舆情时不能及时、恰当地处理，不仅导致舆情不能得到很好的控制，延长了舆情持续的时间，扩大了舆情影响的范围，还可能引发负面次生舆情，加剧舆情的负面影响程度。

10.3.2 基础教育网络舆情现存问题

1. 基础教育网络舆情相关体制机制不够健全

网络舆情应对工作的完备，既需要保证每一个基本步骤的建立健全，也需要组建一支具有专业舆情素养的舆情工作团队，而现实中基础教育网络舆情相关的体制机制尚不够健全，主要体现在两方面。第一，舆情监管的归口不明。不同学校的舆情管理部门各不相同。如某些学校的舆情工作归党政办管理，某些学校的舆情工作归宣传口管理，还有些学校的舆情工作没有明确的管理部门，统一归上级教育主管部门管理。监管的归口不明会直接导致权责不明的问题，造成舆情发生时不能及时有效地应对和处置。第二，资源投入不够。目前基础教育发展普遍存在的问题是重业务提升而轻环境建设，直接导致在舆情工作上资源投入不够，如没有设置专门的舆情工作部门及从业岗位，场地、经费有限等。

2. 舆情工作人员专业性不足

体制机制的不健全与资源投入的不够，直接导致基础教育网络舆情工作人员的专业性普遍不足。主要体现在三方面。第一，对舆情工作的重视度不高。目前学校里的舆情工作人员一般都是以兼任身份存在，对本职工作的重视程度高于对舆情工作的重视程度。第二，对舆情工作的了解不够深入。舆情工作有完整的工作体系和专业的工作流程，舆情的发生和演化具有一定规律性，舆情的应对和处置具有一定的策略和方法，而目前对学校舆情工作人员的专业培训不够，同时可供工作参考的相关资料较少，导致其对舆情工作的了解较少。第三，舆情工作人员自身舆情意识不强，专业素养差异较大。舆情工作人员需要对舆情事件要有敏锐的洞察力，才能在充分了解舆情发生和演化规律的基础上，及时全面地掌握舆情发展的动态，做出应对处置的策略和建议。目前学校舆情工作人员对舆情事件的敏感度普遍不高，使得在监测、研判、处置方面都具有相对滞后性。

3. 舆论环境复杂

融媒体时代的到来，不仅使传播空间更广阔，传播环境更复杂、多层次化，还使传统的大众传播方式开始受到小众传播和个人传播的挑战。[6]一方面，数量庞大的网民既可以是舆情受众，也可以是传播者，这让热点事件舆论爆发的几何级数量增长成为可能。人人都可以成为舆论环境中的重要节点，对舆情的发生和演化都起着重要的推动作用，大众传播时代的强“把关人”效应越来越被弱化，直接导致舆情演化的不可控因素大大增加。另一方面，随着网民参与社会监督的意识越来越强，受众对问题的敏感度、对事件的聚焦度都大大提高，各种观点混杂，信息良莠不齐，使得舆论环境更为复杂。

4. 学术研究较少

通过在知网学术平台上进行检索发现，目前学界对教育网络舆情的研究以高校为主要研究对象，与基础教育网络舆情相关的研究很少。一方面，这体现了学界对基础教育网络舆情研究的重视程度不够，该项研究是教育网络舆情学术研究的一个“缺口”，有待进一步加强；另一方面，这使得在实际的舆情工作中，相关人员缺少了重要的参考资料。

10.3.3 基础教育网络舆情管理建议

1. 建立、健全基础教育网络舆情相关体制机制

健全的网络舆情体制机制是网络舆情工作顺利开展的重要保证之一。第一，应从意识层面提高对基础教育舆情工作的重视程度，虽然基础教育网络舆情的经济代价不如社会舆情事件，但其社会代价高于社会舆情事件，基础教育网络舆情工作是值得长期进行投入的事业之一。第二，应该明确归口，权责分明，做到责有所属，既能提高舆情工作分工的专业程度，又能提高舆情工作的效率，避免因权责不明出现的“踢皮球”现象。第三，加大对舆情工作的资源投入，重视舆论环境的建设，设置专门的舆情工作部门，配备专业的舆情工作人员，并为舆情工作的开展提供充足的场地、经费等支持和保障。

2. 提高舆情工作人员的专业性

舆情工作是一个复杂化、系统化的工作，对时效性、专业性都有着极高的要求，因此，舆情工作人员一定要具备专业的工作素养。第一，要充分了解舆情工作系统的每一个环节，网络舆情工作具体包括信息搜集、汇总分析、态势研判、舆情引导、应对处置、舆论环境建设等基本步骤。[7]每个步骤都有相应的工作重心和策略。第二，对舆情工作人员进行系统化、专业化的培训。用科学、有效、标准化的流程开展舆情工作，既可以提高工作效率，也能够提升工作效果。第三，加强工作人员的舆情意识，舆情工作人员要善于从工作中总结发现基础教育网络舆情规律，加强日常管理，做好风险评估和提前部署，以达到有效预防网络舆情发生的目的。

3. 进行科学的舆论引导

网络舆论引导是以议程设置为核心的全方位式引导，基本策略包括四方面。第一，策划议题。根据网络舆情的具体情况进行适当的议题设置、议题转移、议题聚类、议题更新等。第二，抢占阵地。在设置议题的基础上对其进行分类布局、统筹安排和精准投放。第三，统一战线。与媒体和意见领袖合作，充分扩大议题影响力。第四，无形干预。通过网站平台、网信部门、网安部门的联手协作，于无形中进行舆情引导和氛围营造，达到“润物细无声”的结果，以减少受众的“排异反应”。

4. 进行周全的舆情应对

进行周全的舆情应对是处理复杂舆论环境下舆情事件的重要策略之一，主要包括四个方面。一要制订周全的策略，如提前制订舆情风险评估预案、舆情应对处置预案（分类处置）、舆情引导预案等，以便在舆情发生时进行有据可依的处理。二要进行有效的信息沟通，即与涉事主体，如网民、媒体、当事人、主管部门、领导、协作单位等，进行适当而有效的沟通。三要占领“德”与“法”的高点，掌握话语权。四要善于借力打力，因势利导，齐心协力。经过分析发现，凡处理较好的重大舆情事件，均是网络多条线、多角度进行干预和线下处理妥当的综合结果，越为严重的教育网络舆情事件越倾向于复合干预的方式。舆情事件的影响力越大，所涉及的面也越广，更需要多方合力打好组合拳。

5. 加强学术研究

学术研究是基础教育网络舆情工作的重要组成部分之一，不仅能为舆情工作提供强有力的理论支撑，还有助于工作系统、工作方法、工作策略等的提升和改进。加强基础教育网络舆情学术研究，一要提高学界对其的重视程度；二要提高对相关学术主题的学术激励；三要形成良好的学术氛围，培养学术意识，善于从工作中思考、发现与总结问题。

参考文献

[1] 王政.口罩产能恢复率六成：工信部表示将多措并举，加强医疗物资供给[N].人民日报，2020-02-03(2).
[2] 张建红.长江云：融为一体，合而为一[J].传媒评论，2021(2)：23-25.
[3] 张莹，刘西平.短视频中的科学传播策略分析：以“回形针 PaperClip”为例[J].今传媒（学术版），2020，28(11)：98-100.
[4] 史安斌.全媒体时代的新闻发布和媒体关系管理[M].北京：五洲传播出版社，2014.
[5] 王世龙，谢光明.社会网络中的行为传染研究述评[J].人民论坛，2016(8)：164-166.
[6] 邓香莲.新媒体环境的信息传播特征[J].编辑学刊，2011(2)：14-17.
[7] 段洪涛，于子森.关于高校网络舆情研判引导方法的思考[J].思想理论教育，2015(9)：79-83.

名词索引